이 책은 어린선수 부터 프로선수 까지
다양하게 볼수있게 꾸며진 책입니다
특히 취미 사회인야구를 시작하는 분들도
충분히 이해를 할수있는 내용입니다.

2010. 9月 최홍석

KANGAERU CHIKARA WO MINITSUKERU YAKYU RENSHU MENU 200
KOJINGIJUTSU • SOSHIKI PLAY
ⓒIkeda Publishing Co., Ltd. 2008
Originally published in Japan in 2008 by Ikeda Publishing Co., Ltd.
Korean translation rights arranged through TOHAN CORPORATION, TOKYO.,
and EntersKorea Co., Ltd., SEOUL.

이 책의 한국어판 저작권은 (주)엔터스코리아를 통하여
일본의 Ikeda Publishing Co., Ltd.와 독점 계약한 싸이프레스가 소유합니다.
신 저작권법에 의하여 한국 내에서 보호를 받는 저작물이므로
무단전재와 무단복제를 금합니다.

BASEBALL
MASTER GUIDE
야구 마스터 가이드

에토 쇼조(전 요미우리 자이언츠 코치) 지음
김정환 옮김 | 김인식 감수

01
SPORTS MASTER GUIDE

싸이프레스

■ 프롤로그

오랫동안 코치로 몸담고 있으면,
다양한 선수들과 만나게 됩니다.
공을 처음 만져 보는 아이들부터
프로 선수를 지망하는 학생들,
그리고 취미로 즐기는 사회인까지
다양한 선수들을 만나게 되지요.

다들 야구를 너무나 좋아하는 사람들입니다.
좋아하기 때문에 계속하는 것이지요.

경기에서 이기는 것만을
목표로 삼지 마십시오.
먼저 개개인의 장점을 찾아내십시오.
그리고 개개인의 장점을 발전시키십시오.

이 책에는 200가지 훈련법이 소개되어 있습니다.
이 훈련 방법이 선수들의 장점을 발전시켜
더욱 좋은 플레이를 할 수 있게 되는 데 참고가 된다면
그보다 기쁜 일은 없을 것입니다.

에토 쇼조(전 요미우리 자이언츠 코치)

■ 감수글

야구를 처음 시작한 것이 배문중학교 2학년 때이니 야구와 인연을 맺은지도 어느 덧 50년이란 세월이 흘렀다. 사람이 한 가지 직업에 50년 동안 종사한다면 거의 달인의 경지에 오르지 않을까 싶지만, 나는 지금까지도 야구는 하면 할수록 어렵고 그래서 배울게 늘 많다고 생각했다.

나는 감독으로서 한 가지 지론을 가지고 있다. 프로팀 감독이라면 최소한 400패는 해봐야 야구의 맛을 알 수 있다는 것이다. 수많은 패배를 당해봐야 그만큼 많이 배울 수 있고 비로소 자기만의 색깔을 낼 수 있다는 철칙을 가지고 있다. 나 역시 현역 통산 900승 이상을 달성했지만 반면에 900패 이상을 당하면서 야구의 참 의미를 계속 깨달아 갔다.

선수도 마찬가지다. 항상 완벽한 플레이를 할 수 있다면야 더 이상 바랄 것이 없겠지만 그것은 불가능에 가깝다. 타자는 3할, 투수는 6이닝 3실점 이하를 꾸준히 기록하면 좋은 선수라고 평가받는 것도 반대로 말하면 잘 할 때보다는 못할 때가 많을 수밖에 없기 때문이다. 따라서 선수도 극심한 슬럼프를 겪으면서 자신의 결점을 되돌아보고 그것을 극복해 가는 과정이 결국은 위대한 선수를 만드는 것이다.

이러한 것이 가능해지려면 평소 훈련에 임할 때 훈련을 어떻게 소화해내느냐에 따라 결과는 완전히 달라진다. 경기를 하다보면 예기치 못한 다양한 상황에 직면하게 되는데 이러한 상황을 어떻게 대처해내고 해결하느냐에 따라 경기의 흐름이 달라지고, 그것이 결국 승패로 이어지게 된다. 따라서 훈련 방법을 체계적으로 잘 짜고 그것을 제대로 소화해내야 꾸준한 페이스를 유지할 수 있는 능력을 발전시킬 수 있다. 또한 개인의 능력뿐만 아니라 팀 전체의 유기적인 플레이를 위해서는 보다 차별화된 연습이 필요하다. 즉, 연습을 할 때 공격과 수비의 다양한 상황을 가정하여 훈련을 해야 실전에서의 완벽한 팀워크를 발휘할 수 있고, 감독의 입장에서는 경기 운영의 묘를 가질 수 있는 것이다.

이러한 점에서 〈야구 마스터 가이드〉는 매우 훌륭한 교본임에 틀림없다. 포지션별 선수들의 기술 훈련뿐만 아니라 선수들 간의 연계 플레이가 매우 자세하게 소개되어 있다. 또한 100개에 이르는 다양한 상황을 가정한 공수 포메이션 훈련법은 실제 경기를 치르는 데 없어서는 안 될 훌륭한 연습법이다. 어린 리틀야구 선수부터 초중고 야구 선수들, 그리고 최근 늘어나고 있는 사회인야구단의 선수들을 위한 기본적인 프로그램들이 다양하게 소개되어 프로팀의 코치를 두고 연습하는 것과 같은 훈련 성과를 기대할 수 있을 정도로 매우 잘 정리되어 있다.

또한 기존의 야구 교본들이 대부분 오래 전에 출간된 구간이어서 보기에 불편함 점이 많았던 것이 사실이다. 하지만 〈야구 마스터 가이드〉는 상세한 컬러 사진으로 연습 동작을 보기에 매우 편하고, 특히 공수 포메이션 부분의 일러스트 처리는 프로선수들의 전략전술 연습 방법과도 매우 흡사하다. 일본 최고 명문구단인 요미우리 자이언츠에서 10여 년 동안 코치로 활약했던 저자의 노하우가 〈야구 마스터 가이드〉에 그대로 녹아 있다고 해도 과언이 아닐 정도다.

이 책의 저자인 에토 쇼조에 관한 일화가 있다. 1995년 제2회 한일슈퍼게임 대표팀 감독이었던 나는 제1회 대회 때의 열세를 뒤엎고 2승 2무 2패라는 호성적을 기록했다. 당시 일본 언론과 야구계는 한국 야구를 다시 보게 되었는데, 에토 쇼조 코치도 한국 야구에 깜짝 놀란 사람 중 한 명이었다. 몇 년 후 그가 한국프로야구 코치 진출에 관하여 김성근 감독(현 SK 와이번스)에게 자문을 구했고, 김성근 감독이 당시 일본 오이타현 쓰쿠미에서 스프링캠프에 참가 중인 나에게 이 문제를 의논한 적이 있다. 그러나 시즌이 임박한 시점이라 한국 진출은 못했던 기억이 있다.

야구 인생 50년을 되돌아보니, 선수와 감독으로서 그라운드 위에서 선수들과 뒹굴며 보낸 수많은 영광의 순간들이 머릿속을 스쳐 지나가는 기분이다. 기아 타이거즈의 전신인 해태 타이거즈에서의 첫 프로 코치직, 프로 진출 후 처음 감독을 맡았던 쌍방울 레이더스의 감독 부임 순간, OB 베어스에서의 첫 번째 한국시리즈 재패와 두산 베어스에서의 또 한 차례 한국시리즈 재패 그리고 올림픽과 아시안게임, WBC 등 지금도 생각만 하면 가슴 벅찬 순간들이었다. 여기에 야구 인생 처음으로 책 작업에도 참여하게 되어 개인적으로도 매우 의미 있고 소중한 경험이 되었다.

앞으로 여러분들의 큰 사랑으로 한국야구가 더욱 발전할 수 있기를 기대하는 바이며, 나 역시 영원한 야구인으로서의 삶에 최선을 다할 것이다.

2010년 9월
김인식

이 책의 사용법

각 항목의 내용을 설명했다. 본문으로 들어가기 전에 읽어 보도록 하자.

훈련 메뉴와 목적
훈련의 목적과 내용이다.

LESSON 119
주루를 돕기 위한 번트 플레이

• 인원 | 그룹
• 시간 | 3분 정도

목적 »» 주루를 성공시키기 위해 타자가 번트 자세를 취해 주자가 달리기 쉬운 상황을 만든다.

번트 자세를 취한다.

플레이를 잘했는지는 포수가 판단한다.

훈련 방식
1. 내야는 수비 자세를 취하고 1루에 주자를 둔다.
2. 주자가 도루를 노리고 달리기 시작한다.
3. 타자는 번트 자세를 취해 포수의 견제를 늦춘다.
4. 타자를 순서대로 교대한다.
5. 이 연습을 반복한다.

POINT TIP!
이 훈련에 관한 보충 설명이나 주의해야 할 점 등을 정리했다.

POINT TIP!
도루를 노릴 때 타자가 번트 자세를 취하면 포수가 공을 던지기 힘들어진다. 이 작전은 노아웃에서 사용한다.

원 포인트 레슨
투구의 궤도를 최대한 감출 수 있도록 번트 자세를 취한다. 또 번트를 경계해 1루수가 전진하기 때문에 주자가 스타트하기 쉬워진다.

레벨업 훈련
주자의 위치와 목적을 바꾼다
똑같은 상황에서 보내기 번트를 대거나 주자를 3루에 두고 스퀴즈를 해보자. 모든 신호를 사인으로 내면 사인을 외우거나 생각해서 번트를 대게 된다.

코치의 한 마디!
상대의 수비력과 연계 플레이 능력을 파악한다
경기 시작 후 1, 2회에는 상대의 연계 플레이 능력을 살펴보면 좋다. 베이스 커버를 들어가는지 멍하니 서 있는 선수나 판단이 늦은 선수는 누구인지 등이 관찰 포인트다. 상대의 연계 플레이 능력이 낮을수록 이 전술의 성공률이 높아진다.

포인트 칼럼
이 훈련의 발전형 방법과 반드시 체크해야 할 사항들 그리고 단편 지식을 소개했다.

LESSON 120
더블 스틸 시도하기

- 인원 | 그룹
- 시간 | 3분 정도

목적 ≫ 주자 1, 2루에서 두 주자가 동시에 도루해 상대 수비진을 흔들어놓음으로써 성공을 노린다.

훈련 방식
1. 내야는 수비 자세를 취하고 1, 2루에 주자를 둔다.
2. 도루를 노리며 두 주자가 동시에 스타트한다.
3. 타자는 헛스윙을 해서 포수의 송구를 늦춘다.
4. 타자를 순서대로 교대한다.
5. 이 연습을 반복한다.

주자는 되도록 동시에 스타트한다.
타자는 상황을 보고 헛스윙을 한다.

POINT TIP!
더블 스틸을 노리는 타이밍은 1아웃까지다. 또 3루 도루를 100퍼센트 성공시키는 것이 중요하다. 그러므로 3루로 공을 던지기 힘든 좌완 투수나 포수의 어깨가 약할 때가 기회다.

원 포인트 레슨
코치의 사인을 확인하고 상대 팀에 간파당하지 않도록 동시에 달리도록 한다.

훈련 데이터
인원수나 훈련 시간, 필요한 도구를 정리했다.

원 포인트 레슨
훈련할 때 주의해야 할 사항들을 정리해 놓았다.

사진 또는 일러스트와 훈련 방법
훈련 방법을 사진 또는 일러스트와 문장으로 설명했다. 전체의 흐름은 '훈련 방법'을, 상세한 내용이나 이미지는 '사진 또는 일러스트'와 '그 밑의 글'을 참고하기 바란다.

차례 CONTENTS

- 프롤로그 ·· 4
- 감수글 ·· 6
- 이 책의 사용법 ··· 8

CHAPTER 01 송구 THROWING

- 송구의 기본 ·· 22
- 송구의 기본 설명과 훈련 방법 ······························ 24
  - **Lesson 001** 팔꿈치를 직각으로 만들어 던지기 ······· 26
  - **Lesson 002** 팔꿈치를 끌어올려 던지기 ··················· 27
  - **Lesson 003** 2미터 거리에서 토스 받아 던지기 ······· 28
  - **Lesson 004** 목적이 있는 캐치볼하기 ······················ 29
  - **Lesson 005** 4인 1조로 캐치볼하기 ························· 30
  - **Lesson 006** 무릎 꿇고 캐치볼하기 ························· 31
  - **Lesson 007** 걸으며 캐치볼하기 ······························ 32
  - **Lesson 008** 빠르게 캐치볼하기 ······························ 33
  - **Lesson 009** 멀리 던지기 ·· 33
  - **Lesson 010** 각 루에서 거리를 벌려 송구하기 ········· 34
  - **Lesson 011** 내야 공 돌리기 ····································· 35
  - **Lesson 012** 러닝 스로 익히기 ································· 36
- 칼럼-미국과 일본 투수의 차이 ···························· 37

CHAPTER 02 포구 CATCHING

- 포구의 기본 ·· 40
- 포구의 기본 해설과 훈련 방법 ······························ 42
  - **Lesson 013** 공을 캐치할 때 반대쪽 손을 덮개로 사용하기 ······· 44
  - **Lesson 014** 공을 캐치한 후 몸 앞으로 가져오기 ··· 45
  - **Lesson 015** 맨손, 한 손으로 캐치한 후 그대로 송구하기 ······· 46
  - **Lesson 016** 평소보다 작은 글러브로 캐치하기 ······ 46
  - **Lesson 017** 연속으로 빠르게 캐치한 후 던지기 ····· 47

Lesson 018 풋워크 훈련하기 ·········· 47
Lesson 019 허리를 들지 않고 좌우에 있는 공 캐치하기 ·········· 48
Lesson 020 바운드 볼 처리 위치 익히기 ·········· 49
Lesson 021 하프 바운드 캐치하기 ·········· 50
Lesson 022 글러브 핸들링 익히기 ·········· 51

CHAPTER 03 타격 BATTING

- 타격의 기본 ·········· 54
- 타격의 기본 설명과 훈련 방법 ·········· 56
  Lesson 023 파워 포지션에서 배트와 손목의 각도를 90도로 만들기 ·········· 58
  Lesson 024 그립 끝이 공을 향하게 하기 ·········· 59
  Lesson 025 손목을 중심으로 배트 휘두르기 ·········· 59
  Lesson 026 세 방향으로 타구 보내기 ·········· 60
  Lesson 027 긴 막대기로 스윙하기 ·········· 60
  Lesson 028 다리를 최대한 벌리고 티 배팅하기 ·········· 61
  Lesson 029 연속 티 배팅하기 ·········· 61
  Lesson 030 3보 앞으로 걸어가며 배팅하기 ·········· 62
  Lesson 031 뒤에서 토스해 준 공 배팅하기 ·········· 63
  Lesson 032 축이 되는 손으로만 배팅하기 ·········· 64
  Lesson 033 스펀지 공 때리기 ·········· 65
  Lesson 034 앉아서 티 배팅하기 ·········· 66
  Lesson 035 하프 배팅하기 ·········· 66
  Lesson 036 밀어치기 ·········· 67
  Lesson 037 몸쪽 공 치기 ·········· 68
  Lesson 038 커브 치기 ·········· 69
- 번트의 기본 ·········· 70
- 번트의 기본 설명과 훈련 방법 ·········· 71
  Lesson 039 한 손으로 번트 대기 ·········· 72
  Lesson 040 눈과 배트를 가까이 위치시키고 번트 대기 ·········· 73
  Lesson 041 낮은 공은 무릎을 구부려 번트 대기 ·········· 73
  Lesson 042 번트 청백전 ·········· 74

Lesson 043 보내기 번트 ···················· 75
Lesson 044 세이프티 번트 ···················· 76
Lesson 045 푸시 번트 ···················· 77
Lesson 046 주자를 두고 상황에 따른 번트 공방 ···················· 78
칼럼-이치로의 성공은 항상 더 높은 곳을 지향하기 때문이다 ···················· 79

CHAPTER 04 주루 BASE RUNNING

- 주루의 기본 ···················· 82
- 주루의 기본 설명과 훈련 방법 ···················· 84

Lesson 047 이상적인 라인 따라 달리기 ···················· 86
Lesson 048 팀 나눠서 베이스러닝 하기 ···················· 87
Lesson 049 주루 스타트 반복 연습(10, 20, 30미터) ···················· 88
Lesson 050 세이프티 리드 거리 파악하기 ···················· 89
Lesson 051 제2리드 하기 ···················· 90
Lesson 052 1루 주자의 주루 플레이 ···················· 91
Lesson 053 2루 주자의 주루 플레이 ···················· 92
Lesson 054 2, 3루 주자의 주루 판단법 ···················· 93
Lesson 055 스트레이트 슬라이딩 ···················· 94
Lesson 056 헤드 퍼스트 슬라이딩 ···················· 95
Lesson 057 훅 슬라이딩 ···················· 96
Lesson 058 투구 모션 훔치는 요령 ···················· 97
Lesson 059 런다운 플레이에서 빠져나오는 방법 ···················· 98
Lesson 060 타구 판단력 기르기 ···················· 99

CHAPTER 05 투구 PITCHING

Lesson 061 누워서 수직으로 공 던지기 ···················· 102
Lesson 062 발을 앞뒤로 벌리고 캐치볼하기 ···················· 102
Lesson 063 보폭을 최대한 벌리고 던지기 ···················· 103
Lesson 064 앞발을 높은 곳에 올려놓고 던지기 ···················· 104
Lesson 065 거울을 보며 섀도 피칭하기 ···················· 105
Lesson 066 목표한 곳에 공 던지기 ···················· 106

Lesson 067 라이브 피칭 훈련 ·· 106
Lesson 068 직구 던지기 ·· 107
Lesson 069 커브 던지기 ·· 108
Lesson 070 슈트(역회전볼) 던지기 ·· 109
Lesson 071 체인지업 던지기 ·· 110
Lesson 072 그 밖의 변화구 그립(미·일의 변화구) ············ 111
Lesson 073 변화구 스냅으로 볼 토스하기 ···························· 112
Lesson 074 포수를 상대로 견제 훈련하기 ···························· 113
Lesson 075 주자를 두고 견제 훈련하기 ································ 114
Lesson 076 1루 베이스 커버 훈련하기 ·································· 115

CHAPTER 06 포수 CATCHER

Lesson 077 포수의 기본 자세 ·· 118
Lesson 078 오른팔을 허리에 붙인 채 포구하기 ·················· 118
Lesson 079 고무줄 아래로 지나 공 잡기 ······························ 119
Lesson 080 뒤에서 굴린 땅볼 처리하며 풋워크 강화하기 ···· 119
Lesson 081 4인 1조 번트 처리 훈련 ······································ 120
Lesson 082 블로킹의 기본 ·· 121
Lesson 083 홈플레이트 위에서의 태그와 블로킹 ················ 122
Lesson 084 한쪽 발을 원 안에 넣은 채 포구&태그 ············ 123
Lesson 085 숏 바운드 캐치 훈련 ·· 124
Lesson 086 2루 송구하기 ·· 125
Lesson 087 내야 땅볼 백업하기 ·· 126
Lesson 088 포수 플라이 처리 ·· 127

CHAPTER 07 내야 INFIELD

Lesson 089 3인 일렬로 릴레이 캐치볼하기 ·························· 130
Lesson 090 더블 플레이 때 베이스 들어가는 법 ················ 131
Lesson 091 펑고볼을 스텝&스로로 1루에 송구하기 ·········· 132
Lesson 092 런다운 플레이의 철칙 ·· 133
Lesson 093 태그 플레이 ·· 134

Lesson 094 숏 바운드 캐치법 ·········· 135
Lesson 095 캐치 후 즉시 베이스 밟기 ·········· 136
Lesson 096 전진해서 캐치한 후 러닝 스로 ·········· 137
Lesson 097 라인 근처 타구 백핸드 캐치하기 ·········· 138
Lesson 098 내야 포지션별 수비 범위 ·········· 139

CHAPTER 08 외야 OUTFIELD

Lesson 099 거리를 정해 시간을 재며 멀리 던지기 ·········· 142
Lesson 100 토스한 공을 달려오며 캐치하기 ·········· 143
Lesson 101 빠르게 달려가 원 바운드 볼 처리하기 ·········· 144
Lesson 102 빠르게 달려가 플라이 볼 처리하기 ·········· 145
Lesson 103 달려가다 뒤돌아서 플라이 볼 처리하기 ·········· 145
Lesson 104 던지는 손 쪽 발을 앞으로 하고 땅볼 캐치하기 ·········· 146
Lesson 105 달리며 땅볼 캐치하기 ·········· 146
Lesson 106 아메리칸 펑고 ·········· 147
Lesson 107 펜스 플라이 볼 처리하기 ·········· 148
Lesson 108 외야 포지션별 수비 범위 ·········· 149

CHAPTER 09 공격 포메이션 OFFENSE FORMATION

Lesson 109 공격 전술의 중요성 ·········· 152
Lesson 110 보내기 번트의 철칙 ·········· 153
Lesson 111 주자를 2루로 진루시키기 위한 보내기 번트 ·········· 154
Lesson 112 주자를 3루로 진루시키기 위한 보내기 번트 ·········· 155
Lesson 113 스퀴즈 번트의 철칙 ·········· 156
Lesson 114 스퀴즈 번트 성공시키기 ·········· 157
Lesson 115 히트앤드런의 철칙 ·········· 158
Lesson 116 주자를 2루로 진루시키기 위한 히트앤드런 ·········· 159
Lesson 117 런앤드히트의 철칙 ·········· 160
Lesson 118 도루를 돕기 위한 헛스윙 플레이 ·········· 161
Lesson 119 주루를 돕기 위한 번트 플레이 ·········· 162

Lesson 120 더블 스틸 시도하기 ·· 163
Lesson 121 카운트별 타율 ··· 164

CHAPTER 10 수비 포메이션 DEFENSE FORMATION

Lesson 122 각 포지션별 수비 범위 ·· 168
Lesson 123 커트 플레이의 철칙 ·· 169
Lesson 124 주자 없음, 좌중간 장타 ·· 170
Lesson 125 주자 없음, 좌익수 앞 안타 ··· 171
Lesson 126 주자 없음, 좌익선상 장타 ·· 172
Lesson 127 주자 1루, 좌익수 앞 안타 ·· 173
Lesson 128 주자 1루, 좌중간 장타 ·· 174
Lesson 129 주자 2루, 좌익수 앞 안타 ·· 175
Lesson 130 주자 1, 3루, 좌익수 플라이 ······································ 176
Lesson 131 주자 1, 2루, 좌익수 방면 깊은 플라이 ···················· 177
Lesson 132 주자 3루, 좌익수 플라이(주자 2, 3루, 만루도 동일) ····· 178
Lesson 133 주자 1, 3루, 3루 후방(좌익수 정위치 근처) 파울 플라이 ····· 179
Lesson 134 주자 없음, 중견수 앞 안타 ··· 180
Lesson 135 주자 1루, 중견수 앞 안타 ·· 181
Lesson 136 주자 2루, 중견수 앞 안타 ·· 182
Lesson 137 주자 3루, 중견수 플라이 ·· 183
Lesson 138 주자 1, 2루, 중견수 앞 안타 ····································· 184
Lesson 139 주자 2루, 중견수 플라이(주자 1, 2루도 동일) ········ 185
Lesson 140 주자 2, 3루, 중견수 플라이(주자 만루도 동일) ······ 186
Lesson 141 주자 없음, 우익수 앞 안타 ··· 187
Lesson 142 주자 없음, 우중간 장타 ·· 188
Lesson 143 주자 1, 2루, 우익수 앞 안타(주자 만루도 동일) ···· 189
Lesson 144 주자 1루, 우중간 장타 ·· 190
Lesson 145 주자 1루, 우익수 앞 안타 ·· 191
Lesson 146 주자 없음, 우익선상 장타 ·· 192
Lesson 147 주자 1루, 우익선상 장타 ·· 193
Lesson 148 주자 2루, 우익수 깊은 플라이(주자 1, 2루도 동일) ····· 194
Lesson 149 주자 3루, 우익수 플라이 ·· 195
Lesson 150 주자 2, 3루, 우익수 플라이(주자 만루도 동일) ······ 196

Lesson 151 주자 1, 3루, 1루 후방의 파울 플라이 ········· 197
Lesson 152 더블 플레이의 철칙 ········· 198
Lesson 153 노아웃 또는 1아웃에 주자 1루, 투수 땅볼(1-6-3 또는 1-4-3) ········· 199
Lesson 154 노아웃 또는 1아웃에 주자 1루, 1루 땅볼(3-6-3) ········· 200
Lesson 155 노아웃 또는 1아웃에 주자 1루, 2루 땅볼(4-6-3) ········· 201
Lesson 156 노아웃 또는 1아웃에 주자 1루, 유격수 땅볼(6-4-3) ········· 202
Lesson 157 노아웃 또는 1아웃에 주자 1루, 3루 땅볼(5-4-3) ········· 203
Lesson 158 번트 시프트의 철칙 ········· 204
Lesson 159 주자 1루일 때의 5가지 사인① ········· 205
Lesson 160 주자 1루일 때의 5가지 사인② ········· 206
Lesson 161 주자 1루일 때의 5가지 사인③ ········· 206
Lesson 162 주자 1루일 때의 5가지 사인④ ········· 207
Lesson 163 주자 1루일 때의 5가지 사인⑤ ········· 207
Lesson 164 주자 1, 2루일 때의 4가지 사인①(주자 2루도 동일) ········· 208
Lesson 165 주자 1, 2루일 때의 4가지 사인② ········· 208
Lesson 166 주자 1, 2루일 때의 4가지 사인③(주자 2루도 동일) ········· 209
Lesson 167 주자 1, 2루일 때의 4가지 사인④ ········· 209
Lesson 168 더블 스틸(주자 1, 3루) 저지 ········· 210
Lesson 169 주자 1, 3루 런다운 플레이 ········· 211
Lesson 170 게임 펑고로 연계 플레이 강화하기①-각 포지션의 더블 플레이Ⓐ ········· 212
Lesson 171 게임 펑고로 연계 플레이 강화하기②-각 포지션의 더블 플레이Ⓑ ········· 213
Lesson 172 게임 펑고로 연계 플레이 강화하기③
　　　　　　-각 포지션에서 1루 송구 후 공 돌리기Ⓐ ········· 214
Lesson 173 게임 펑고로 연계 플레이 강화하기④
　　　　　　-각 포지션에서 1루 송구 후 공 돌리기Ⓑ ········· 215
Lesson 174 게임 펑고로 연계 플레이 강화하기⑤
　　　　　　-외야 각 포지션에서 2루 송구 ········· 216
Lesson 175 게임 펑고로 연계 플레이 강화하기⑥
　　　　　　-외야 각 포지션에서 3루 송구 ········· 217
Lesson 176 게임 펑고로 연계 플레이 강화하기⑦
　　　　　　-좌익수 홈 송구 후 공 돌리기 ········· 218
Lesson 177 게임 펑고로 연계 플레이 강화하기⑧
　　　　　　-중견수 홈 송구 후 공 돌리기 ········· 219
Lesson 178 게임 펑고로 연계 플레이 강화하기⑨
　　　　　　-우익수 홈 송구 후 공 돌리기 ········· 220

Lesson 179 게임 펑고로 연계 플레이 강화하기⑩
　　　　　　 −포수 땅볼을 처리한 후 공 돌리기 ·················· 221
Lesson 180 게임 펑고로 연계 플레이 강화하기⑪
　　　　　　 −주자 1, 3루에서 1루측 파울 플라이 ················· 222
Lesson 181 게임 펑고로 연계 플레이 강화하기⑫
　　　　　　 −주자 1, 3루에서 3루측 파울 플라이 ················· 223
칼럼−기억에 남는 포메이션 플레이 ···························· 224

CHAPTER 11　워밍업과 피지컬 트레이닝 WARMUP & TRAINING

○ 훈련 전, 경기 전의 워밍업 ································· 228
Lesson 182 [머리, 목] 머리와 목 돌리기 ······················ 229
Lesson 183 [머리, 목] 어깨 으쓱거리기와 돌리기 ················ 229
Lesson 184 [어깨] 팔 돌리기(팔꿈치와 팔 전체) ················· 230
Lesson 185 [어깨] 매달리기 ································· 231
Lesson 186 [어깨, 손목] 손목을 위아래로 굽히고 팔 전체 뻗기 ······ 231
Lesson 187 [어깨] 어깨의 내전과 외전 ························ 232
Lesson 188 [어깨] 어깨의 굴곡과 신전①−크로스 오버 암 ·········· 233
Lesson 189 [어깨] 어깨의 굴곡과 신전②−코너 스트레칭 ··········· 233
Lesson 190 [상체] 신체의 측굴 ······························ 234
Lesson 191 [상체] 신체의 회전 ······························ 234
Lesson 192 [상체] 백 아치 ·································· 235
Lesson 193 [상체] 제자리 뛰기 ······························ 235
Lesson 194 [손목] 양손과 손목 회전 ·························· 236
Lesson 195 [발목] 무릎과 발목 회전 ·························· 237
Lesson 196 [하체] 허벅지 앞쪽 근육 늘이기 ···················· 238
Lesson 197 [하체] 무릎 주변 풀어주기 ························ 238
Lesson 198 [하체] 등 주변 풀어주기 ·························· 239
Lesson 199 [전신] 단체 달리기 ······························ 239
Lesson 200 피지컬 트레이닝 ································ 240
　　　 • [어깨 주변 강화] 프론트 레이즈 ····················· 240
　　　 • [어깨 주변 강화] 사이드 레이즈 ····················· 241
　　　 • [어깨 주변 강화] 벤드 오버 사이드 레이즈 ············ 241
　　　 • [손목 강화] 리스트 컬 ···························· 242

- [손목 강화] 리버스 리스트 컬 ········· 242
- [팔 강화] 바이셉스 컬 ········· 243
- [팔 강화] 콘센트레이션 컬 ········· 243
- [목 강화] 넥 익스텐션 ········· 244
- [목 강화] 넥 사이드 플렉션 ········· 244
- [엉덩이 주변 강화] 킥백 ········· 245
- [엉덩이 주변 강화] 런지 ········· 245
- [엉덩이 주변 강화] 컬 레이즈 ········· 246
- [다리 강화] 레그 컬 ········· 246

칼럼–미국과 일본 트레이너의 차이 ········· 247

CHAPTER 12 코칭 기술 COACHING SKILL

- 코치를 위한 어드바이스 ········· 250
  - 좋은 팀을 만들기 위한 3요소 ········· 250
  - 개인 평가 ········· 251
  - 선수 개개인의 장점 찾아내기 ········· 251
  - 그룹 평가 ········· 252
  - 팀 전체 평가 ········· 252
  - 진도표 샘플(야수1) ········· 253
  - 진도표 샘플(야수2) ········· 254
  - 진도표 샘플(투수) ········· 255
  - 진도표 샘플(포수) ········· 256
  - 프로의 훈련 스케줄 ········· 257
  - 시기별 코치의 마음가짐 ········· 258
  - 필패법에서 배우는 승리 전략 ········· 259
  - 무엇보다 중요한 펑고 기술 ········· 262

칼럼–이상적이었던 팀 강화 체험 ········· 263

CHAPTER 13 부록 APPENDIX

- 장비 소개 ·· 266
  - 공 ··· 266
  - 방망이 ·· 267
  - 포수 미트 ··· 268
  - 1루수 미트 ··· 268
  - 야수 글러브 ··· 269
  - 투수 글러브 ··· 270
  - 헬멧 ··· 270
  - 유니폼 ·· 271
- 구장 규격 ·· 272
- 타석 및 포수석 규격 ·· 273
- 투수 마운드 규격 ··· 274
- 각 베이스 규격 ··· 275
- 페어볼 ··· 276
- 파울볼 ··· 277
- 스트라이크 존 ··· 279
- 투구자세 ··· 280
- 야구용어 ··· 282

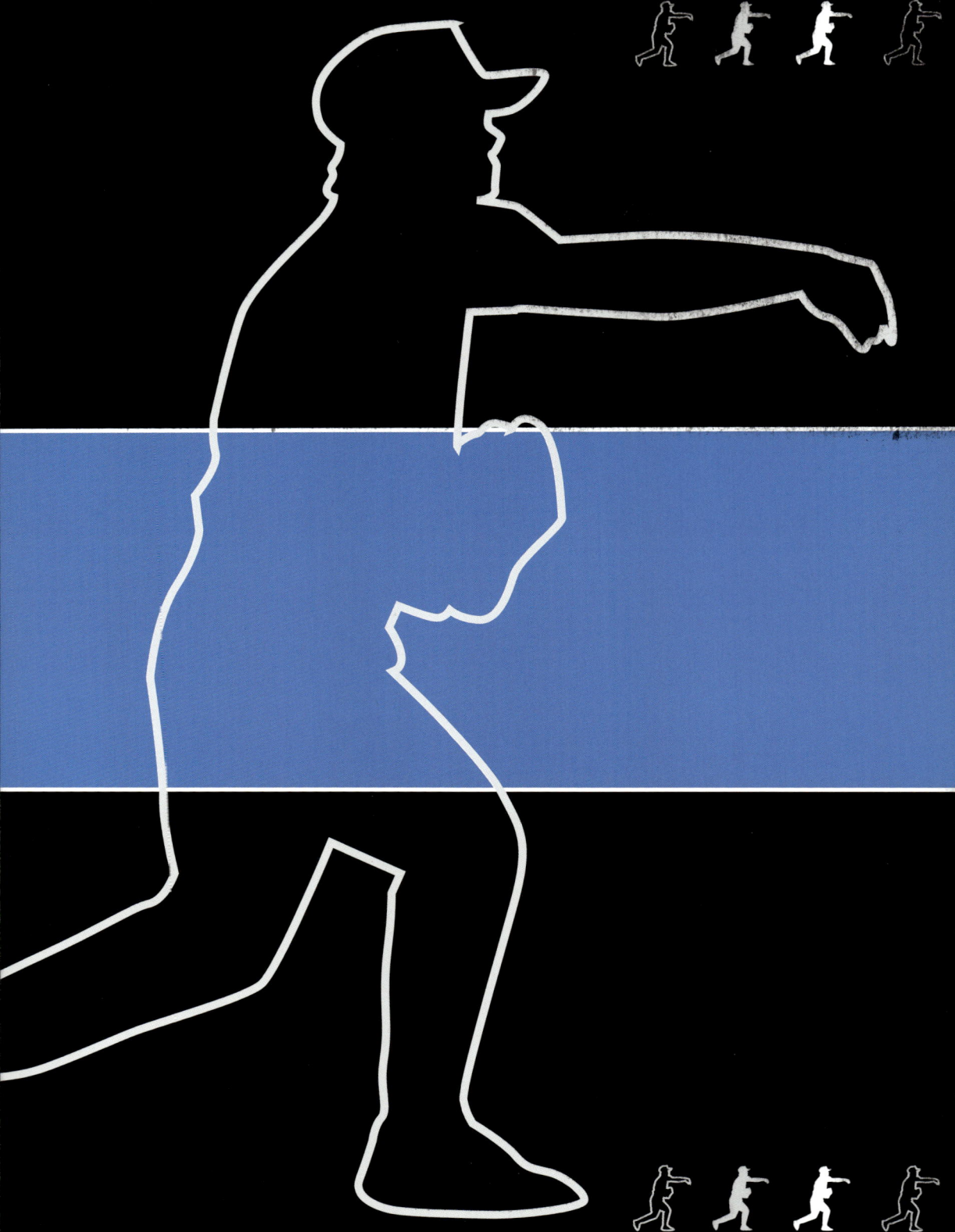

CHAPTER 01
송구
THROWING

일단 몸에 배인 투구법을 단기간에 고치기란
매우 어렵다. 그러므로 끊임없이 반복해
올바른 투구법을 습관화하도록 하자.

송구의 기본

POINT 1 체중을 뒷발에 싣는다.

POINT 2 팔을 앞뒤로 벌리고, 스텝을 밟는 발을 내딛는다.

POINT 3 팔의 각도를 직각으로 유지하며 손목의 스냅을 이용한다.

공의 위치

공을 몸의 중심에 놓는다.

상반신

상반신을 곧게 세우고 팔을 앞뒤로 벌리며, 양팔을 약간 구부린다. 오른팔은 뒤로 곧게 테이크 백 한다.

팔

몸의 중심에서 원을 그리듯이 팔꿈치를 중심으로 돌리며 채찍질을 하듯이 던진다.

22 | 야구 다스터 가이드

Baseball

 POINT 4 공을 수직으로 회전시키듯이 오버스로로 던진다.

 POINT 5 투구 후에는 팔로스루를 충분히 한다.

 POINT 6 체중을 앞발에 싣는다.

팔꿈치
팔꿈치 각도를 직각으로 유지하며 손목 스냅을 활용한다.

발끝
내디딘 발은 발꿈치부터 착지하며, 발끝은 던지는 방향을 향한다.

체중 이동
릴리스 포인트에서 뒷발(축이 되는 발)을 강하게 차며 모든 체중을 앞발에 싣는다.

CHAPTER 01 송구 | 23

송구의 기본 설명과 훈련 방법

공의 위치 공을 몸의 중심에 모은다

- 2미터 거리에서 토스 받아 던지기 ······················· 28
- 빠르게 캐치볼하기 ·· 33

상반신 몸의 축을 곧게 세운다

- 팔꿈치를 끌어올려 던지기 ······························· 27
- 2미터 거리에서 토스 받아 던지기 ······················· 28
- 무릎 꿇고 캐치볼하기 ·· 31

팔 몸의 중심에서 원을 그리듯이 팔을 돌린다

- 팔꿈치를 끌어올려 던지기 ······························· 27
- 2미터 거리에서 토스 받아 던지기 ······················· 28
- 무릎 꿇고 캐치볼하기 ·· 31

팔꿈치 팔꿈치 각도를 직각으로 유지한다

- 팔꿈치를 직각으로 만들어 던지기 ·· 26
- 목적이 있는 캐치볼하기 ·· 29
- 무릎 꿇고 캐치볼하기 ··· 31
- 러닝 스로 익히기 ·· 36

발끝 앞발의 발끝은 던지는 방향을 향한다

- 목적이 있는 캐치볼하기 ·· 29
- 4인 1조로 캐치볼하기 ··· 30
- 걸으며 캐치볼하기 ·· 32
- 빠르게 캐치볼하기 ·· 33
- 멀리 던지기 ·· 33
- 각 루에서 거리를 벌려 송구하기 ··· 34
- 내야 공 돌리기 ··· 35

체중 이동 모든 체중을 앞발로 이동시킨다

- 걸으며 캐치볼하기 ·· 32
- 빠르게 캐치볼하기 ·· 33
- 멀리 던지기 ·· 33

LESSON 001
팔꿈치를 직각으로 만들어 던지기

- 인원 | 1명
- 시간 | 3분 정도

목적 ⟫ 팔꿈치를 90도보다 크게 벌리지 않고 던지는 것이 기본이다. 팔꿈치를 너무 크게 벌리면 힘이 제대로 실리지 않을 뿐만 아니라 팔꿈치에 부상을 입을 확률이 높아진다.

양 팔꿈치의 각도를 90도로 만든다.

척추를 중심으로 양 팔꿈치를 앞뒤로 돌린다.

훈련 방식

1. 정면을 향해 양 팔꿈치를 어깨 높이까지 들어 올리고 팔꿈치를 직각으로 굽힌다.
2. 던지는 손의 팔꿈치를 몸 뒤쪽으로 당기고, 반대쪽 팔꿈치를 던지고자 하는 방향으로 향한다.
3. 팔꿈치가 90도보다 더 벌어지지 않게 하면서 몸의 회전을 이용하여 던진다.
4. 이 동작을 반복한다.

던지고자 하는 방향으로 팔을 뻗는다.

옆에서 본 동작

POINT TIP!
이 투구법을 습관화하지 못하면 구위가 약해지거나 멀리 던지지 못하게 된다. 또 투수의 경우는 테이크 백을 할 때 공의 그립이 노출되어 상대에게 구종이나 코스를 알려주게 된다.

원 포인트 레슨
'팔꿈치를 90도보다 크게 벌리지 않고 던지기'를 철저히 습관화하자. 나쁜 습관이 들면 고치기가 매우 어렵다.

LESSON 002
팔꿈치를 끌어올려 던지기

• 인원 | 2명
• 시간 | 5분 정도

목적 ⫸ 손목의 회전을 이용하여 던지는 훈련이다. 내려가 있는 팔을 끌어올리면서 손목의 스냅을 이용하여 던진다.

옆을 향하고 공을 잡는다.

팔꿈치를 끌어올린다.

훈련 방식

1. 다리는 어깨너비보다 넓게 벌리고 옆을 향한다. 양손은 아래로 내려놓는다.
2. 공을 잡으면서 손목을 굽히고 팔꿈치와 함께 들어 올린다.
3. 뒤에서 공이 보이도록 손목을 꺾는다. 이때 팔꿈치의 각도는 90도이다.
4. 손목의 회전을 의식하며 공을 던진다. 이 동작을 반복한다.

팔꿈치의 높이가 어깨보다 높아지면 손목을 바깥쪽으로 비튼다.

손목을 꺾듯이 던진다.

POINT TIP!

손목을 효과적으로 사용하지 않으면 송구의 컨트롤과 구위 모두 나빠진다. 이 훈련은 손목 스냅의 사용법을 확인할 수 있는 좋은 훈련 방법이다. 또 송구 공포증(Yips)의 교정에도 효과적이다.

원 포인트 레슨

내리고 있는 손을 끌어올리는 시점에서 손목을 조금 굽혀 손목에 긴장감을 살짝 준다. 투구할 때 손목 회전을 이용할 수 있도록 팔꿈치를 어깨보다 높이고 손목을 바깥쪽으로 비튼다.

LESSON 003
2미터 거리에서 토스 받아 던지기

• 인원 | 2명
• 시간 | 5분 정도

목적 >>> 공을 받은 뒤 던지는 동작을 익히기 위한 훈련이다. 공을 받은 후 일단 몸 중심으로 공을 가져가는 것이 포인트이다.

토스 받은 공을 잡아 몸 중심으로 가져간다.

양손을 크게 벌려 던진다. 이것을 일정 횟수 반복한다.

훈련 방식

1 2미터 정도 떨어진 곳에서 파트너가 공을 천천히 던져 준다.

2 맨손으로 잡은 공을 몸의 중심에 놓는다.

3 공을 쥔 손은 뒤로, 반대쪽 손은 앞으로 향한 다음 양팔을 크게 벌린다.

4 목적한 곳으로 던진다. 이 동작을 반복한다.

POINT TIP!
어떤 자세로 공을 잡든, 공을 잡은 후에는 양손을 반드시 몸 중심으로 가져가는 것이 중요하다. 송구를 하려는 마음이 너무 앞서면 이 움직임을 소홀히 하기 쉽다. 이 동작이 잘되지 않을 때는 '포구→몸 중심→송구'에 이르는 동작을 천천히 하도록 하여 움직임을 확인한다.

원 포인트 레슨
공을 잡으면 반드시 몸의 중심으로 가져온다. 그런 다음 공을 쥔 손은 뒤로, 다른 팔은 공을 던질 방향으로 향한 뒤 던진다. 양손을 몸의 중심으로부터 크게 벌리도록 하자.

레벨업 훈련
공의 절반 부분에 색을 칠하기
송구가 정확히 되었는지는 공이 수직 방향으로 회전하느냐를 보면 알 수 있다. 공의 절반 부분을 검게 칠하면 공의 회전을 보기가 쉬워진다. 던진 공이 수직으로 똑바로 회전한다면 검은색과 흰색이 확실히 구분되어 보인다.

체크포인트
그립 확인
공에 회전이 제대로 걸리지 않을 때는 그립을 확인하자. 검지와 중지 사이를 손가락이 하나 들어갈 정도로 벌리고, 손가락 끝을 공의 실밥에 걸치도록 한다.

LESSON 004
목적이 있는 캐치볼하기

• 인원 | 2명
• 시간 | 5분 정도

목적 >>> 캐치볼을 통해 ①발의 방향, ②팔꿈치의 높이, ③공의 회전을 의식하며 기초를 쌓는다.

공을 던질 때 내딛는 발은 착지할 때 조금 안쪽을 향하며, 엄지발가락 아래쪽 볼록한 부분에 체중을 싣는다.

손에서 공이 떨어지는 시점, 즉 릴리스 포인트에서 발끝은 목표 방향을 똑바로 향한다.

훈련 방식

1. 두 명이 서로 마주 향한다.
2. 한 명이 공을 던진다. 이때 위의 목적 중 어느 한 가지를 의식하며 던진다.
3. 받는 쪽도 던지는 쪽이 기본을 제대로 지키는지 확인한다.
4. 서로 이 동작을 반복한다.

POINT TIP!
발의 경우는 공을 던질 때 발을 내딛는 요령이나 던진 뒤의 발끝의 방향을, 팔꿈치의 경우는 각도가 90도 이내인지를 확인하기 바란다. 공의 회전의 경우는 공이 수직 방향으로 똑바로 회전하고 있는지 확인하면서 캐치볼을 하도록 한다. 한 번에 여러 가지를 확인하지 말고 한 가지씩 확인하도록 하자.

LESSON 005
4인 1조로 캐치볼하기

• 인원 | 그룹
• 시간 | 10분 정도

목적 ⟫ 좌우로 공을 던지는 등 캐치볼을 효율적으로 할 수 있는 방법이다. 두 그룹을 만들면 8명이 동시에 캐치볼을 할 수 있다.

훈련 장소가 좁을 때는 8명이 동시에 캐치볼을 할 수도 있다.

훈련 방식
1. 각각 4명씩 두 그룹을 만든다.
2. 각 그룹이 사각형을 그리도록 자리를 잡는다.
3. 미리 정해 놓은 횟수를 소화하면 던지는 방향을 바꾼다.
4. 이것을 2, 3세트 반복한다.

POINT TIP!
여기에서는 4인 1조로 훈련하는 방식을 소개했지만, 5~6명으로 그룹을 만들면 더욱 효율적으로 훈련할 수 있다. 또 같은 방향으로만 공을 돌리지 말고 호루라기 신호에 맞춰 던지는 방향을 바꾸는 식의 방법을 도입하면 더욱 효과적이다.

LESSON 006
무릎 꿇고 캐치볼하기

- 인원 | 2명
- 시간 | 5분 정도

목적 »» 상반신의 움직임을 확인하기 위한 훈련 방법이다. 팔과 허리를 크고 정확하게 움직이는 것이 중요하다.

레슨 002의 팔의 움직임을 의식한다.

공을 잡아 송구하기를 반복한다.

훈련 방식

1. 2인 1조가 되어 10미터 간격으로 선다.
2. 그 자리에서 무릎을 꿇는다.
3. 캐치볼을 한다.
4. 상반신의 움직임이 올바른지 확인한다.
5. 이 연습을 반복한다.

POINT TIP!
하반신의 움직임을 제한함으로써 상반신의 움직임을 확인해 강화한다. 어깨와 팔꿈치, 손목의 움직임이 각각 정확한지 확인하기 바란다. 훈련 전에 섀도피칭으로 움직임을 확인하는 것도 좋다.

원 포인트 레슨
몸 전체를 사용하지 않는 만큼, 평소보다 힘이 들어가 상반신이 흔들리고 머리가 앞으로 기울지 않도록 주의하자. 또 멀리 던지려는 의식이 지나치게 강해 팔꿈치가 90도 이상으로 벌어지지 않도록 하자.

레벨업 훈련
포구 연습과 병행하기

상반신을 효율적으로 이용하는 선수라면 이 훈련은 확인 정도로 충분하다. 그럴 때는 레슨 022와 같은 핸들링 훈련과 혼합하거나 바운드를 섞어 캐치볼을 하면 핸들링이나 포구 훈련도 된다.

코치의 한 마디!
실전에서의 움직임으로 연결시킨다

이것은 상반신을 이용하는 법을 익히거나 확인하는 훈련법이다. 하지만 이 훈련을 단독으로만 해서는 실전에서의 움직임으로 이어지지 않는다. 이 훈련에 이어서 캐치볼이나 수비 훈련 등 실전 요소가 강한 훈련이 병행되어야 훈련 효과가 좋다.

LESSON 007
걸으며 캐치볼하기

• 인원 | 2명
• 시간 | 5분 정도

목적 >>> '글러브로 잡는다, 글러브 속의 공을 잡는다, 던진다.'라는 송구에 필요한 기본 리듬을 걷기 스텝 속에서 익힌다.

왼발을 내딛으며 공을 잡는다.

오른손으로 공을 쥘 때 오른발을 내딛는다.

훈련 방식

1. 2인 1조가 되어 10미터 간격으로 선다.
2. 한 명은 앞으로, 다른 한 명은 뒤로 걸으면서 캐치볼을 시작한다.
3. 앞으로 걷는 사람이 '1, 2, 3'의 리듬으로 송구한다. 오른손잡이의 경우는 왼발을 내딛는 타이밍에 던지도록 스텝을 맞춘다.
4. 끝까지 갔으면 이번에는 반대 방향으로 걸으며 다른 한 명이 훈련을 시작한다.
5. 이 연습을 반복한다.

왼발을 내딛으면서 공을 쥔 팔을 뒤로 빼고, 왼발에 체중을 실으며 던진다.

오른발을 내밀면서 균형을 잡고 포구 준비를 한다.

POINT TIP!
송구의 기본인 '스텝&스로'를 앞으로 걸으면서 익힌다. 반드시 한 발을 내딛으면서 공을 던질 수 있도록 계속해서 연습한다. 포구에서 송구까지 리듬이 맞는지 항상 확인한다.

원 포인트 레슨
다소 타이밍이 어긋나더라도 계속 걷는 것이 중요하다. 리듬이 흐트러졌을 때는 잡는 타이밍에 스텝을 맞추면 원활한 송구 동작으로 이어진다.

LESSON 008
빠르게 캐치볼하기

• 인원 | 2명
• 시간 | 30초

목적 >>> 공을 잡아 빨리 던지는 법을 익힌다. 확실한 포구를 의식하면서 빠른 동작으로 송구하는 습관을 들인다.

공을 정확히 잡는다.

즉시 공을 쥐고 송구한다.

훈련 방식

1. 2인 1조가 되어 18미터 간격으로 선다.
2. 30초 동안 왕복 10회 이상 캐치볼을 한다.
3. 4세트 반복한다.

POINT TIP!
반드시 시간을 재서 기록하도록 하자. 처음에는 10회를 목표로 삼는다. 단시간에 집중해서 훈련을 하기 바란다. 참고로 프로 선수는 30초 동안 17회를 소화한다.

원 포인트 레슨
빠른 송구를 하려면 올바른 포구를 의식해야 한다. 최대한 몸의 정면에서 공을 잡고, 가슴으로 끌어당기면서 공을 쥐어 송구하는 동작으로 연결한다.

LESSON 009
멀리 던지기

• 인원 | 2명
• 시간 | 10분 정도

목적 >>> 어깨 관절을 부드럽게 움직여 멀리까지 공을 던짐으로써 어깨를 강화하는 훈련이다.

도움닫기를 하며 송구 자세로 들어간다. 머리위치에 주의하며 던진다.

훈련 방식

1. 3~5보 도움닫기를 한다.
2. 축이 되는 발(뒷발)에 체중을 싣고 있다가 앞발로 이동시킨다.
3. 앞발 엄지발가락 아래쪽 볼록한 부분으로 땅을 힘차게 내딛으면서 팔꿈치가 90도 이상 벌어지지 않도록 하며 던진다.
4. 낮은 궤도를 의식하며, 고개가 내려가지 않도록 머리를 든다.
5. 이 연습을 반복한다.

POINT TIP!
너무 멀리 던지려다 보면 몸에 지나치게 힘이 들어가 머리가 앞으로 숙여지거나 보폭을 너무 넓혀 균형을 잃기 쉽다. 기본 동작에 따라 던지도록 하자. 프로 테스트의 기준은 100미터다.

LESSON 010
각 루에서 거리를 벌려 송구하기

• 인원 | 그룹
• 시간 | 10분 정도

목적 » 각 루의 간격보다 거리를 벌리며 송구 훈련을 함으로써 속도와 컨트롤의 정확성을 습득하는 훈련 방법이다.

훈련 방식
1. 각 루에서 3미터 정도 떨어진다.
2. 상대에게 정확하게 공이 가도록 던진다.
3. 공을 잡아 상대에게 다시 던진다.
4. 이 연습을 반복한다.

평소의 수비 위치
이 훈련에서의 위치

상대가 잡기 쉬운 위치로 재빨리 송구한다.

POINT TIP!
거리를 30~33미터로 설정한다. 이 거리에서 정확히 던지는 훈련을 해두면 실제 경기에서 베이스간 송구를 할 때 여유를 가질 수 있다. 이 훈련도 지나치게 힘을 주지 않도록 기본 움직임을 의식하며 공을 던지도록 하자.

원 포인트 레슨
던지는 위치나 상대를 계속 보면 쓸데없이 힘이 들어가지 않게 된다. 또 머리를 움직이지 않도록 계속 의식하도록 하자. 포물선을 그리는 송구가 아닌 빠르고 낮게 던져야 한다.

레벨 업 훈련
훈련은 어려운 조건에서!
훈련을 할 때 일반적인 베이스간 거리보다 먼 곳에서 공을 던지면 실제 경기에서는 송구가 쉽게 느껴진다. 이 느낌이 여유를 갖게 하며, 나아가 좋은 플레이를 유도한다. 이와 같이 훈련을 할 때는 좀 더 어려운 조건에서 하는 것이 좋다.

NG! 반드시 노바운드로 던질 필요는 없다
거리를 늘리면 반드시 노바운드로 던지려는 선수가 있다. 그러나 이 훈련이 실전에서 어떤 작용을 할지 생각해야 한다. 실전에서 중요한 것은 재빨리 공을 던져 진루를 저지하거나 주자를 아웃시키는 일이다.

LESSON 011
내야 공 돌리기

• 인원 | 그룹
• 시간 | 10분 정도

목적 >>> 포구에서 송구까지의 움직임을 계속 반복함으로써 기술과 체력, 정신력을 높이는 훈련이다.

훈련 방식
1. 내야수가 각 포지션에 위치한다.
2. 내야에서 계속해서 공을 돌린다.
3. 한계까지 계속한다.

내야의 각 포지션에 자리를 잡고 공을 최대한 계속해서 돌린다.

POINT TIP!
무작정 계속해서 공을 돌린다. 도중에 긴장을 풀지 않도록 모두가 소리를 내며 템포를 유지하면서 공을 돌린다. 이와 같은 힘든 훈련은 팀의 연대감을 강화시킨다.

원 포인트 레슨
상대의 이름을 부르면서 리듬감 있게 공을 돌리면 팀의 결속력이 강해진다. 또 지쳐서 실수를 하더라도 주위에서 격려하며 훈련을 계속하면 힘든 훈련이 편하게 느껴진다.

레벨업 훈련
호루라기 등의 신호에 따라 반대로 돌리기
코치 등의 신호에 맞춰 공을 돌리는 방향을 반대로 한다. 팔로만 공을 던지거나 컨트롤이 흔들리면 '스텝&스로'를 반복하자. 선수들이 훈련을 능숙하게 소화해낼 때는 포구 직전에 신호를 하면 난이도가 높아진다.

코치의 한 마디!
횟수나 시간을 경쟁시킨다
다른 사람과 경쟁을 붙이는 등 훈련에 게임성을 도입하면 선수의 의욕이 높아질 때가 많다. 이 훈련뿐만 아니라 기계적인 반복 훈련이 되기 쉬운 내용일 때는 게임성을 추가할 것을 권한다.

LESSON 012
러닝 스로 익히기

• 인원 | 2명
• 시간 | 10분 정도

목적 »» 한 명이라도 더 많은 주자를 아웃시키기 위해 조금이라도 빨리 공을 잡아 던지는 동작을 익힌다.

달리면서 공을 잡는다.

스텝과 동시에 공을 고쳐 쥐고 재빨리 송구한다.

훈련 방식

1 미리 일직선으로 놓아 둔 공을 달리면서 맨손으로 잡아 목표(각 루)를 향해 던진다.

2 이 연습을 반복한다.

POINT TIP!
맨손으로 잡아도 부상을 입지 않을 정도의 땅볼일 때는 직접 맨손으로 잡아 송구한다. 그러나 타구가 강하거나 바운드가 불안하면 무리하지 말고 글러브로 잡은 뒤 송구한다. 이 때 몸(특히 겨드랑이 근육)을 다치지 않도록 주의하자.

원 포인트 레슨
맨손으로 잡을 수 있는 공인지 아닌지 재빨리 판단한다. 또 공을 잡을 때 지나치게 몸을 앞으로 기울이면 던질 때 균형을 잃기 쉽다. 발을 움직이며 포구한다는 의식을 갖도록 하자.

레벨업훈련
계속해서 빠르게 던지기
공을 3미터 간격으로 5개 정도 놓아둔다. 그리고 달리면서 공을 잡아 차례차례 목표 장소에 던지도록 하자. 균형이 무너져 컨트롤을 잃기 쉬우므로 정확히 던지는 것을 목표로 해야 한다.

 어려운 코스로 빠르게 굴러가는 타구를 능숙히 처리해낼 수 있다면 그보다 좋을 수는 없을 것이다. 그러나 선수의 역량과 지나치게 차이가 나는 난이도의 훈련은 의미가 없다. 코치는 선수의 역량에 맞춰 타구의 강도와 코스를 조정해야 한다.

⚾ B a s e b a l l   C o l u m n

미국과 일본 투수의 차이

많은 일본인 투수들의 목표는 '교과서적인 폼과 곧고 깔끔한 공의 궤적'이다. 이것은 자신의 만족을 중시하는 '자기주의적' 사고방식이다. 그러나 미국에서는 '타자가 치기 어려운 공'을 목표로 삼는다. 상대가 치기 어려운 공을 던질 수 있다면 폼은 아무래도 좋다는 것이다. 이것은 '상대주의적'인 사고방식이다.

실제로 타자가 싫어하는 공은 어느 쪽일까? 물론 치기 어려운 공일 것이다. 일본인은 교과서 같은 깔끔한 투구폼에 연연할 때가 많다. 분명히 외국인에 비해 몸도 왜소하고 근력도 떨어진다. 힘이 없는 만큼 기술을 중시하는 것도 효율적이라고 할 수 있다. 그러나 결과적으로 요구되는 것은 타자가 때리지 못하는 공이다. 교과서와는 거리가 먼 투구폼이라 할지라도 타자가 치기 어려운 공을 던진다면 팀의 승률은 높아진다.

따라서 모든 투수가 똑같은 투구폼을 가질 필요는 없다. 선수 한 사람 한 사람의 장점을 발전시키고 개개인에게 맞는 폼을 찾아내야 한다. 그 좋은 예가 긴데쓰 버펄러스를 거쳐 메이저리그에서 활약한 노모 히데오 선수의 토네이도 투구법과 그를 육성한 오기 아키라 전 감독이다.

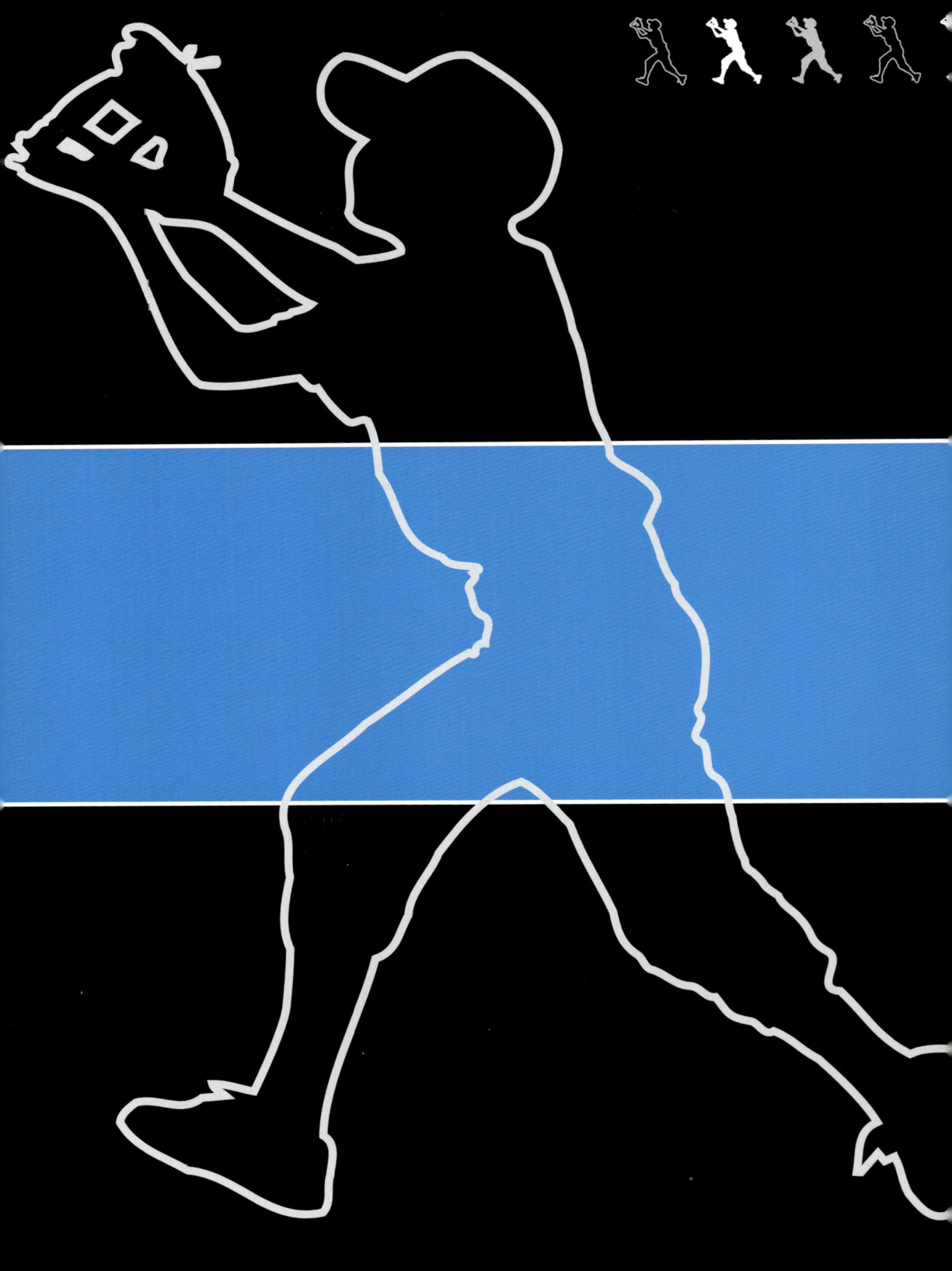

CHAPTER 02

포구
CATCHING

수비 실책으로 점수를 허용하는 경우를 자주 볼 수 있다.
부주의한 실책으로 팀을 어려움에 빠뜨리지 않도록
확실한 포구법을 익히도록 하자.

포구의 기본

POINT 1 무릎을 굽혀 중심을 낮추며 자세를 취한다.

POINT 2 글러브를 열고 잡기 쉬운 위치로 글러브를 위치시킨다.

POINT 3 포구와 동시에 글러브를 닫고 반대쪽 손으로 덮는다.

기본

다리
전후좌우상하로 우연하게 움직일 수 있도록 무릎을 굽히고 중심을 엄지발가락 아래쪽 볼록한 부분에 모은다.

허리
중심을 낮게 유지하기 위해 깊게 숙인다.

팔
반대쪽 손을 글러브 옆에 위치시켰다가 포구와 동시에 글러브를 덮는다.

공의 위치
가슴 앞에서 잡는다.

글러브
잡기 쉬운 위치에 글러브를 대고, 집게손가락 아래쪽 부분으로 공을 받는다.

POINT 1 글러브 모양을 가로로 한다.
① 시야 방해 방지
② 낙구 방지

POINT 2 반대쪽 손을 덮개로 이용해 글러브를 닫는다.

뜬공

시선
공을 잡을 때까지는 공에서 눈을 떼지 않는다.

던지는 손
즉시 공을 쥐고 송구 준비를 한다.

 POINT 1 상체를 숙이고 몸의 정면에서 공을 기다리며, 공을 잡을 때까지 고개를 들지 않는다.

POINT 2 글러브를 내린 상태에서 양손으로 공을 잡는다.

땅볼

글러브
공이 굴러 올라오도록 글러브의 각도를 조절한다.

오른손
반대쪽 손을 덮개로 이용한다.

포구의 기본 설명과 훈련 방법

다리 전후좌우상하로 유연하게 움직일 수 있도록 무릎을 굽히고, 중심을 엄지발가락 아래쪽 부분에 모은다

- 연속으로 빠르게 캐치한 후 던지기 ········· 47
- 풋워크 훈련하기 ········· 47
- 허리를 들지 않고 좌우에 있는 공 캐치하기 ········· 48
- 하프 바운드 캐치하기 ········· 50

허리 중심을 낮게 유지하기 위해 깊게 숙인다

- 풋워크 훈련하기 ········· 47
- 허리를 들지 않고 좌우에 있는 공 캐치하기 ········· 48
- 바운드 볼 처리 위치 익히기 ········· 49
- 하프 바운드 캐치하기 ········· 50

팔 반대쪽 손을 글러브 옆에 위치시켰다가 포구와 동시에 글러브를 덮는다

- 공을 캐치할 때 반대쪽 손을 덮개로 사용하기 ········· 44
- 연속으로 빠르게 캐치한 후 던지기 ········· 47

공의 위치 정면에서 공을 받는다

- 공을 캐치한 후 몸 앞으로 가져오기 ·············· 45
- 연속으로 빠르게 캐치한 후 던지기 ·············· 47

글러브 잡기 쉬운 위치에 글러브를 대고, 집게손가락 아래쪽 부분으로 공을 받는다

- 공을 캐치할 때 반대쪽 손을 덮개로 사용하기 ·············· 44
- 맨손, 한 손으로 캐치한 후 그대로 송구하기 ·············· 46
- 평소보다 작은 글러브로 캐치하기 ·············· 46
- 바운드 볼 처리 위치 익히기 ·············· 49
- 글러브 핸들링 익히기 ·············· 51

LESSON 013

공을 캐치할 때 반대쪽 손을 덮개로 사용하기(오른손잡이의 경우)

- 인원 | 2명
- 시간 | 5분 정도

목적 ≫ 오른손을 덮개로 사용하여 공을 캐치하는 동작은 포구의 기본이다. '수비는 오른손에서 완성된다.'라고 할 만큼 오른손의 활용은 매우 중요하다.

오른손을 의식하며 자세를 취한다.

오른손으로 공을 덮듯이 잡는다.

훈련 방식

1. 두 명이 10미터 간격으로 마주 보고 선다.
2. 높이를 바꿔 가며 캐치볼을 한다.
3. 포구할 때는 오른손을 덮개로 사용할 수 있도록 준비한다.
4. 포구와 동시에 공을 덮었으면 그 손으로 재빨리 공을 고쳐 쥐고 송구한다.
5. 이 연습을 반복한다.

POINT TIP!

공을 잡을 때는 글러브를 낀 손에 중점을 두기 쉬운데, 사실은 반대쪽 손의 활용이 중요하다. 반대쪽 손을 글러브 밑에 두지 말고 글러브 위에서 잡은 공을 덮을 수 있도록 준비하자.

원 포인트 레슨

잡은 공을 떨어뜨리지 않고 재빨리 던질 수 있도록 확실히 포구하는 것이 중요하다. 이를 위해 글러브로 공을 잡으면 공을 확실히 움켜쥔 다음 반대쪽 손으로 뚜껑처럼 덮는다.

레벨업 훈련
판을 사용한 포구 훈련

오른손을 사용하지 않아도 글러브만으로 어느 정도 포구가 가능하다. 실제 글러브 대신 글러브 크기로 자른 판을 이용하면 오른손을 사용해야만 공을 잡을 수 있으므로 난이도가 높은 연습이 된다.

NG! 기본은 양손으로 캐치하기

던지는 손에 집중하다 보면 글러브를 낀 손으로 공을 움켜쥔다는 의식이 약해진다. 글러브로 공을 잡으면 반드시 공을 움켜쥐도록 하자. 그런 다음 공을 오른손으로 덮는다. 어디까지나 양손을 사용해 캐치하는 것이 중요하다.

LESSON 014
공을 캐치한 후 몸 앞으로 가져오기

• 인원 | 2명
• 시간 | 5분 정도

목적 >>> 포구 후 몸 중심으로 공을 가져온 다음 송구로 연결시키는 훈련이다. 폼이 흐트러지지 않고 정확한 송구를 할 수 있게 된다.

공을 캐치한다.

몸 앞으로 공을 가져와 송구한다.

훈련 방식

1. 두 명이 한 조가 되어 마주 보고 선다.
2. 공을 캐치하면 반드시 몸 앞으로 가져온다.
3. 송구한다.
4. 이 연습을 반복한다.

POINT TIP!

어떤 자세로 공을 캐치하더라도 반드시 몸 앞으로 공을 가져온다. 스텝과 연동시켜 축이 되는 발을 디딜 때 몸 앞으로 가져오는 것이 이상적이다. 공을 몸 중심으로 가져오면 공을 고쳐 쥐기도 쉬우며 안정된 송구가 가능하다.

원 포인트 레슨

공을 캐치하는 것과 배꼽 앞에 두는 것을 따로따로 생각하지 말고 움직임이 이어지도록 훈련시킨다. 일순간의 움직임을 정확히 하려면 뭐니 뭐니 해도 훈련의 반복이 중요하다. 공을 배꼽 앞으로 가져오지 않은 상태에서 공을 던지도록 시켜 보면 안정감의 차이를 깨닫게 될 것이다.

레벨업훈련
수비 범위 넓히기

수비 범위가 넓어지면 한 손으로 포구해야 할 때도 있다. 그런 경우에도 포구 후에는 일단 배꼽 앞으로 공을 가져와야 한다. 이러한 움직임을 습관화하기 위해 양손으로 잡을 수 있는 범위에서 한 손으로 잡아야 하는 범위까지를 하나의 훈련으로 삼아도 좋을 것이다.

레벨업훈련
메이저리거도 기초 훈련을 한다

일류 선수일수록 기본적인 움직임을 반복해서 훈련한다. 가령 메이저리그의 슈퍼스타 '아지 스미스'는 무릎을 꿇은 상태에서의 핸들링 등을 항상 연습했다. 기본을 착실히 반복하는 것이 발전의 지름길이다.

LESSON 015
맨손, 한 손으로 캐치한 후 그대로 송구하기

• 인원 | 2명
• 시간 | 5분 정도

목적 >>> 땅볼을 캐치하는 훈련이다. 땅볼이 지면에서 손바닥으로 굴러 올라오듯이 손을 사용하는 것이 이상적이다.

공을 향해 정면으로 자리를 잡고 손바닥을 비스듬하게 향한다.

튀어 올라오는 공을 잡아 상대에게 던진다.

훈련 방식

1. 땅볼을 던지는 사람과 받는 사람이 3미터 간격으로 선다.
2. 적당한 빠르기로 땅볼을 굴린다.
3. 항상 글러브를 끼는 쪽의 손으로 포구한다.
4. 그 손으로 송구한다.
5. 정면, 왼쪽, 오른쪽으로 각각 10개씩 던진 뒤 교대한다.

POINT TIP!
공과 정면으로 마주하고 손바닥을 평평하게 펴서 비스듬하게 대면 공이 그 손을 타고 올라온다. 그러나 손의 각도가 맞지 않으면 공이 올라오지 않는다. 손이 공에 대해 정면을 향하게 만들어 공이 올라오는 손의 각도를 느끼도록 하자.

원 포인트 레슨
손바닥이 공에 대해 정면을 향하고 지면에 대해 비스듬하도록 팔꿈치를 확실히 굽혀 자세를 잡는다.

LESSON 016
평소보다 작은 글러브로 캐치하기

• 인원 | 2명
• 시간 | 5분 정도
• 도구 | 작은 글러브

목적 >>> 포구를 할 때 글러브 안쪽으로 공을 정확히 잡는 훈련이다. 평소보다 작은 글러브로 공을 잡는다.

집게손가락 아래쪽 부분에 공이 닿도록 잡는다.

훈련 방식

1. 2인 1조가 되어 5미터 정도 간격으로 마주보고 선다.
2. 맨손이나 장갑을 끼고 잡을 수 있는 정도의 구 위로 캐치볼을 한다.

POINT TIP!
공을 잡을 때는 글러브의 중심, 맨손으로 치면 집게손가락 아래쪽 부분으로 공을 잡아야 한다. 여기를 벗어나면 공을 정확히 잡지 못해 실책으로 이어질 수 있다.

46 | 야구 마스터 가이드

LESSON 017
연속으로 빠르게 캐치한 후 던지기

- 인원 | 2명
- 시간 | 5분 정도

목적 >>> 포구에서 송구까지의 속도를 높이는 훈련이다. 모든 선수에게 가장 필요한 움직임이라 할 수 있다. 더블 플레이 시의 베이스 터치를 포함시켜도 좋다.

양손으로 포구 준비를 한다.

포구와 동시에 공을 고쳐 쥐고 던진다.

훈련 방식

1. 공을 토스해 주는 사람 옆에 선다.
2. 토스 받은 공을 잡아 재빨리 정면으로 던진다.
3. 공을 토스해 주는 사람은 상대방이 공을 던진 것을 확인하고 다음 공을 토스한다.
4. 이 연습을 반복한다.

POINT TIP!
아웃 카운트를 하나라도 더 잡기 위해 공을 잡은 뒤 송구까지의 반응 속도를 높인다. 그러나 속도를 경쟁하다 보면 실수를 유발할 수 있다. 빠르게 잡아 던지기의 핵심은 공을 얼마나 빠르게 고쳐 쥐느냐이다. 공을 잡는 동시에 공을 던지는 손으로 공을 정확하게 쥐는 동작을 연습하자.

LESSON 018
풋워크 훈련하기

- 인원 | 2명
- 시간 | 5분 정도
- 도구 | 석회

목적 >>> 낮은 자세에서 공을 잡아 송구할 때의 풋워크 훈련이다. 포수나 내야수는 포구 후에 자세의 높이를 유지하면서 송구하는 것이 중요하다.

머리 높이는 유지한 채 발을 움직인다.

훈련 방식

1. 2~3미터 길이의 선을 두 개 그어 십자 모양을 만든다.
2. 야수는 정면을 향하고 허리를 낮춘다. 코치는 선수의 머리 위에 배트를 가져다 댄다.
3. 오른쪽으로 돌 때는 오른발은 앞으로, 왼발은 오른발이 있던 위치로 움직인다. 반대로 왼쪽으로 돌 때는 왼발은 앞으로, 오른발은 왼발이 있었던 위치로 움직인다.
4. 한 바퀴 돌았으면 2로 돌아가 10회 정도 반복한다.

POINT TIP!
낮은 자세로 송구할 경우 송구 방향으로 몸을 기울인다.

LESSON 019
허리를 들지 않고 좌우에 있는 공 캐치하기

- 인원 | 2명
- 시간 | 5분 정도
- 도구 | 고무줄

목적 >>> 낮은 자세를 유지하며 땅볼을 캐치하는 훈련이다. 최대한 빨리 움직이며 즉시 포구 자세를 취할 수 있게 된다.

고무줄 밑으로 지나간다.

낮은 자세를 유지하며 포구한다.

훈련 방식

1. 두 명이 한 조가 된다.
2. 한 명이 허리를 낮추고 자세를 취한다.
3. 수비 자세 시의 머리 높이를 기준으로 고무줄을 건다.
4. 다른 한 명이 좌우로 땅볼을 던진다.
5. 고무줄 밑으로 지나가며 포구를 한다. 이때 머리가 지나치게 앞쪽으로 쏠리지 않도록 한다.
6. 이 연습을 반복한다.

POINT TIP!
몸을 세우면 기민하게 움직일 수 없다. 따라서 고무줄 밑으로 지나가면 낮은 자세를 계속해서 의식하게 된다. 고무줄이나 선수의 팔 등으로 높이를 정하면서 훈련하면 좋다.

원 포인트 레슨
낮은 자세는 근력을 사용하기 때문에 피로도가 증가시킨다. 한 번에 무리하게 하지 말고 체력 단련의 일환으로 강화기에 실시하자. 또한 준비 운동을 충분히 하고 허리 등에 부상을 입지 않도록 상체를 일으켜 훈련하자.

레벨업 훈련
움직임을 익혔다면 실전 훈련으로
이 훈련으로 낮은 자세를 유지한 채 포구하는 법을 익혔다면 즉시 평고로 실전 훈련을 시작하도록 하자. 이 기술이 몸에 배기까지는 이 훈련과 평고를 한 세트로 실시하면 효과적이다.

NG! 위험한 도구는 피하기
빗자루나 가는 끈 등을 사용하면 목이나 얼굴이 걸렸을 때 큰 부상을 입을 가능성이 높다. 이와 같은 위험을 피하기 위해 고무줄이나 굵은 로프 등을 사용하기 바란다.

LESSON 020
바운드 볼 처리 위치 익히기

- 인원 | 2명
- 시간 | 5분 정도

목적 >>> 바운드 볼을 잡기 쉬운 위치(가장 높이 튀어 올라온 지점이나 바운드된 직후)에서 포구하는 훈련이다.

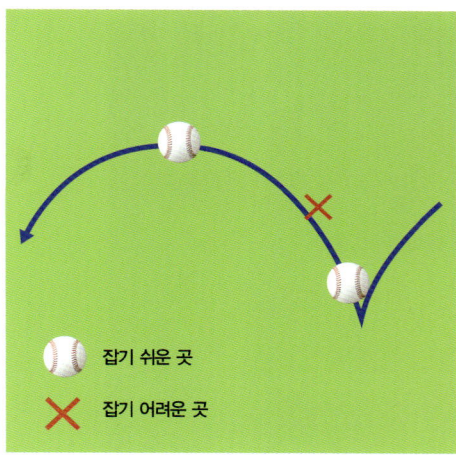

○ 잡기 쉬운 곳
✗ 잡기 어려운 곳

포구하기 쉬운 곳에서 잡는다.

전진하면서 잡기 쉬운 위치를 판단해 포구한다.

훈련 방식

1. 지면이 딱딱한 곳에서 두 명이 10미터 간격으로 선다.
2. 투 바운드가 될 정도로 던진다.
3. 포구하기 쉬운 위치를 노리고 그 위치로 이동하여 잡는다.
4. 이 연습을 반복한다.

POINT TIP!

공이 잘 튀도록 콘크리트 위 등 지면이 딱딱한 곳을 골라 훈련하자. 포구할 때 뒷걸음질을 치면 송구하기까지 걸리는 시간이 늘어나므로 반드시 전진하면서 포구하기 쉬운 장소를 찾는다.

원 포인트 레슨

제일 잡기 쉬운 위치는 공이 가장 높이 올라온 지점이며, 그 다음 쉬운 위치는 바운드된 직후다. 전진하면서 이 두 지점 중 한 곳에 맞춰 포구하자. 단, 불규칙 바운드에 주의하기 바란다.

LESSON 021
하프 바운드 캐치하기

• 인원 | 2명
• 시간 | 5분 정도

목적 >>> 바운드 볼을 언제나 잡기 쉬운 위치에서 잡을 수 있다는 보장은 없다. 그럴 때는 바운드의 중간에서 잡는 것이 이상적이다.

전진하면서 하프 바운드 지점에서 포구한다.

훈련 방식

1. 지면이 딱딱한 장소로 이동해 두 명이 10미터 간격으로 선다.
2. 투 바운드가 될 정도로 던진다.
3. 지면과 바운드 최고점의 중간 높이를 노리고 그 지점으로 이동하여 포구한다.
4. 이 연습을 반복한다.

POINT TIP!

바운드 중간에 포구하는 것은 조금 난이도가 높은 동작이지만, 경기를 하다 보면 이 지점에서 잡을 수밖에 없는 경우가 생긴다. 다양한 높이와 속도의 바운드를 경험하여 훈련 속에서 거리감과 타이밍을 익히기 바란다.

LESSON 022
글러브 핸들링 익히기

• 인원 | 2명
• 시간 | 5분 정도

목적 >>> 펑고를 통해 핸들링 훈련을 한다. 무릎을 꿇고 한 손으로 넓은 범위의 공을 확실히 잡자. 글러브를 내미는 법에 주의한다.

15미터 정도 거리에서 펑고볼을 받는다.

훈련 방식

1. 타자와 15미터 정도 떨어져 무릎을 꿇고 자세를 잡는다.
2. 강약을 조절해 펑고볼을 친다.
3. 상하좌우로 오는 공에 대해 글러브가 정면을 향하도록 손을 정확히 움직인다.
4. 공을 잡아 송구한다.
5. 이 연습을 반복한다.

공을 놓치지 않도록 공의 정면을 향해 글러브를 내밀어 포구한다.

POINT TIP!
오른손잡이의 경우, 왼쪽으로 오는 공을 잡을 때는 바깥쪽으로 오는 손가락 끝을 정면으로 향하고, 오른쪽으로 공이 올 때는 손목을 안쪽으로 비틀어 글러브를 중심으로 향하게 하는 등 글러브를 낀 손의 각도를 의식하며 훈련해야 한다. 흙에서는 불규칙 바운드가 자주 일어나므로 되도록 잔디 위에서 훈련하기 바란다.

원 포인트 레슨
한 손으로 잡는 편이 양손으로 잡는 것보다 포구 범위가 압도적으로 넓다. 이 점을 이해하기 위해서라도 정면뿐만 아니라 좌우로 흘러나가는 타구도 연습하도록 하자.

CHAPTER 02 포구 | 51

타격의 기본

POINT 1 스탠스를 어깨너비보다 조금 넓게 벌리고 양발을 평행하게 위치시킨다.

POINT 2 체중을 뒷발에 싣는다.

POINT 3 몸의 축을 곧게 유지하고 스윙한다.

스탠스
공이 오는 방향과 평행하게 스탠스를 취하고 엄지발가락 아래쪽 볼록한 부분에 힘을 준다.

팔
팔과 배트의 각도가 직각이 되도록 잡는다. 그 다음 파워 포지션으로 이동한다.

겨드랑이
배트가 몸에서 가깝게 지나가도록 겨드랑이를 조인다.

Baseball

POINT 4 임팩트 순간까지 공을 정확히 본다.

POINT 5 체중을 앞발로 이동시킨다.

POINT 6 배트를 끝까지 휘두른다.

축
축이 흔들리지 않도록 똑바로 세우고 오른쪽 어깨와 오른쪽 허리, 오른쪽 팔꿈치를 동시에 회전시킨다.

시선
투수의 릴리스 포인트를 파악하고, 임팩트 순간까지 공을 정확히 본다.

체중 이동
뒷발에서 앞발로 체중을 이동시킨다.

CHAPTER 03 타격 | 55

타격의 기본 설명과 훈련 방법

스탠스 공이 오는 방향과 평행하게 스탠스를 취하고 엄지발가락 아래쪽 볼록한 부분에 힘을 준다

- 연속 티 배팅하기 ·· 61

팔 준비 자세에서는 팔과 배트의 각도가 직각이 되도록 잡는다

- 파워 포지션에서 배트와 손목의 각도를 90도로 만들기 ········· 58
- 축이 되는 손으로만 배팅하기 ································ 64

겨드랑이 배트가 몸에서 가깝게 지나가도록 겨드랑이를 조인다

- 그립 끝이 공을 향하게 하기 ································· 59
- 손목을 중심으로 배트 휘두르기 ······························ 59
- 뒤에서 토스해 준 공 배팅하기 ······························· 63
- 축이 되는 손으로만 배팅하기 ································ 64

Baseball

| 축 | 축이 흔들리지 않도록 똑바로 세우고 오른쪽 어깨와 오른쪽 허리, 오른쪽 팔꿈치를 동시에 회전시킨다 |

- 세 방향으로 타구 보내기 ·················· 60
- 긴 막대기로 스윙하기 ···················· 60
- 연속 티 배팅하기 ························ 61
- 앉아서 티 배팅하기 ······················ 66
- 하프 배팅하기 ·························· 66
- 밀어치기 ······························ 67
- 몸쪽 공 치기 ···························· 68
- 커브 치기 ······························ 69

| 시선 | 투수의 릴리스 포인트를 파악하고, 임팩트 순간까지 공을 정확히 본다 |

- 뒤에서 토스해 준 공 배팅하기 ············· 63
- 스펀지 공 때리기 ························ 65

| 체중 이동 | 뒷발에서 앞발로 체중을 이동시킨다 |

- 다리를 최대한 벌리고 티 배팅하기 ·········· 61
- 연속 티 배팅하기 ························ 61
- 3보 앞으로 걸어가며 배팅하기 ············· 62

CHAPTER 03 타격 | 57

LESSON 023

파워 포지션에서 배트와 손목의 각도를 90도로 만들기

• 인원 | 1명
• 시간 | 5분 정도

목적 >>> 발을 내디딘 순간(파워 포지션)의 손의 자세를 익힌다. 팔과 배트가 90도가 되는 것이 이상적이다.

타격 자세를 취한다.

파워 포지션에서는 팔과 배트의 각도가 90도가 되게 한다.

훈련 방식

1. 배트를 잡고 타격 자세를 취한다.
2. 앞발을 내디디며 배트를 잡은 손에 힘을 준다.
3. 이때 손목을 당겨 팔과 배트의 각도가 90도가 되게 한다.
4. 배트를 휘두른다.
5. 이 연습을 반복한다.

POINT TIP!

타격 컨디션이 나쁠 때는 물론, 시즌 내내 손목 각도를 철저히 의식해야 한다. 자세와 배트 쥐는 법을 신경 써야 타격의 정확도가 높아진다. 거울 앞에서 스윙을 하면 직접 자세를 확인할 수 있다.

원 포인트 레슨

파워 포지션에서 손목과 배트가 직각이 되면 배트가 뒤쪽 어깨에 가까워진다. 반대로 배트와 뒤쪽 어깨가 떨어져 있으면 손목이 느슨하다는 증거이며 효과적인 스윙이 되지 못한다. 배트를 잡는 자세는 사람에 따라 다르지만, 파워 포지션에서는 반드시 손목이 직각이 되도록 하자.

레벨업 훈련

겨드랑이를 바짝 조인다

팔과 배트의 각도가 90도가 되도록 겨드랑이를 조인다. 겨드랑이가 벌어져 있으면 배트가 몸에서 멀리 떨어져 스윙이 제대로 되지 않는다. 겨드랑이 사이에 타월을 끼우면 겨드랑이를 조이는 감각을 익히기가 쉬워진다.

NG! 배트를 너무 세게 쥐지 않는다

손목 각도나 겨드랑이에 너무 신경을 쓴 나머지 준비 자세 때부터 지나치게 힘이 들어가지 않도록 주의하기 바란다. 자세를 잡을 때는 힘을 빼고 있다가 스윙을 할 때만 힘을 준다. 쓸데없이 힘이 들어가면 부드러운 스윙이 나오지 않으니 주의하자.

LESSON 024
그립 끝이 공을 향하게 하기

• 인원 | 2명
• 시간 | 5분 정도

목적 >>> 배트를 몸에 붙이며 스윙하는 연습이다. 그립 끝이 공을 향하게 함으로써 팔과 배트가 90도가 된다.

타격 자세를 취한다.

공이 오는 방향으로 그립 끝을 향한다.

훈련 방식
1. 힘을 빼고 타격 자세를 취한다.
2. 공을 던지면 그립 끝이 공을 향하게 한다.
3. 그립이 앞으로 나오면 배트를 휘두른다.
4. 이 연습을 반복한다.

POINT TIP!
그립 끝이 공을 향하게 하려면 겨드랑이를 조여야 한다. 이것을 연습하기 위해 겨드랑이에 타월 등을 끼워 훈련하는 것도 효과적이다.

원 포인트 레슨
그립 끝으로 공을 맞힌다고 의식하며 스윙한다. 허리 회전을 이용해 그립 끝을 공에 붙인다. 오른쪽 팔꿈치가 배꼽 앞에 오도록 스윙하면 공을 노리기가 쉬워진다.

LESSON 025
손목을 중심으로 배트 휘두르기

• 인원 | 1명
• 시간 | 5분 정도

목적 >>> 공을 향한 그립을 중심으로 배트를 휘두르는 것이 이 훈련의 목적이다. 노린 위치로 스윙할 수 있도록 한다.

몸을 회전시켜 그립 끝이 볼을 향하게 한다.

그립을 중심으로 배트를 휘두른다.

훈련 방식
1. 타격 자세를 취한다.
2. 몸을 회전시키며 그립 끝이 볼을 향하도록 한다.
3. 그립을 지점으로 삼아 배트를 회전시킨다.
4. 이 연습을 반복한다.

POINT TIP!
테이크 백을 크게 하면 손목을 중심으로 스윙한다는 의식이 약해진다. 되도록 테이크 백을 간결하게 하고, 처음에는 느린 공을 손목으로만 치는 연습이 효과적이다.

LESSON 026
세 방향으로 타구 보내기

- 인원 | 2명
- 시간 | 5분 정도

목적 >>> 공의 코스에 따라 타격 위치를 바꾼다. 가장 때리기 쉽고 타구가 잘 뻗는 위치를 기억한다.

A는 몸쪽, B는 한가운데, C는 바깥쪽 공일 때의 타격 포인트

훈련 방식
1. 타격 자세를 취한다.
2. 세 코스로 공을 던지게 한다.
3. 오른손 타자의 경우 인코스라면 3루 방향, 아웃코스라면 1루 방향, 정면으로 오는 공은 센터 방향으로 하프 배팅을 한다.

POINT TIP!
타격 포인트는 몸쪽의 경우 앞, 바깥쪽의 경우 바로 옆, 한가운데는 중간이다. 공의 방향에 따라 배팅 포인트와 그립을 가져가는 위치, 배트의 각도가 다르다.

원 포인트 레슨
몸쪽 공일 때는 손목을 몸쪽으로 끌어당기고, 바깥쪽 공일 때는 허리를 너무 회전시키지 않아야 한다. 배팅 포인트를 확인하려면 하프 배팅을 권한다.

LESSON 027
긴 막대기로 스윙하기

- 인원 | 1명
- 시간 | 3분 정도
- 도구 | 긴 막대기, 티 스탠드

목적 >>> 허리 회전을 이용한 올바른 스윙을 하는 훈련이다. 상반신과 하반신의 균형에 주의하자.

긴 막대기를 들고 겨드랑이를 조인다.

허리 회전을 의식하며 스윙한다.

훈련 방식
1. 1미터 정도의 긴 막대기를 들고 타격 자세를 취한다.
2. 주위가 안전한지 확인한다.
3. 올바르게 스윙을 한다.
4. 이 연습을 반복한다.

POINT TIP!
겨드랑이가 떨어진 채로는 부담이 큰 긴 막대기를 휘두르지 못한다. 휘두를 때 겨드랑이를 조여서 막대기가 뒤쪽 어깨 근처를 지나가도록 스윙하는 것이 중요하다.

LESSON 028
다리를 최대한 벌리고 티 배팅하기

• 인원 | 1명
• 시간 | 5분 정도
• 도구 | 티 스탠드

목적 »» 하반신 강화가 주목적이다. 또한 상체의 축을 곧게 하는 훈련도 된다.

티 스탠드 앞에 서서 다리를 벌리고 타격 자세를 취한다.

10회 연속으로 스윙한다.

훈련 방식

1. 티 스탠드를 준비한다.
2. 다리를 최대한 벌리고 타격 자세를 취한다.
3. 연속으로 10회 스윙한다.
4. 잠시 쉰다.
5. 이 연습을 반복한다.

POINT TIP!
얼마나 다리를 벌렸는지 흰 선 등으로 표시를 하면 다른 선수와 비교할 수 있어 훈련에도 활력소가 된다. 막연하게 다리를 벌리는 것이 아니라 다른 선수에게 지지 않을 만큼 벌리는 등 목표를 만들면 좋다.

원 포인트 레슨
있는 힘껏 최대한 다리를 벌린다. 적당히 벌려서는 효과가 없다. 또한 상체가 쏠리지 않도록 하기 위해 허리에서 머리가 일직선이 되도록 의식하자.

LESSON 029
연속 티 배팅하기

• 인원 | 2명
• 시간 | 5분 정도

목적 »» 헤드 스피드를 높이기 위한 훈련이다. 조금이라도 배트를 빠르게 휘두를 수 있도록 의식하자.

앞쪽 45도 정도 위치에서 토스를 받는다.

5회 연속으로 스윙한다.

훈련 방식

1. 5회 연속으로 배팅을 한다.
2. 잠시 쉰다.
3. 이 연습을 반복한다.

POINT TIP!
빠르게 스윙을 하려다 팔로만 스윙을 하지 않도록 주의하자. 하반신을 안정시키고 뒤쪽 팔의 팔꿈치와 허리, 어깨를 회전시키는 것이 중요하다. 또 스윙 중에 배트가 너무 위아래로 오르내리지 않도록 수평으로 스윙하자.

CHAPTER 03 타격

LESSON 030
3보 앞으로 걸어가며 배팅하기

- 인원 | 1명
- 시간 | 5분 정도

목적 »» 체중 이동 훈련이다. 배팅 시 축이 흔들릴 때나 집중이 되지 않을 때 효과적인 교정법이다.

훈련 방식

1. 타격 자세를 취한다.
2. 앞발, 축이 되는 발, 앞발의 순으로 "하나, 둘, 셋"이라고 말하며 앞으로 걷는다.
3. "셋"과 함께 스윙한다.
4. 이 연습을 반복한다.

"하나"에서는 앞발을 내딛는다.

"둘"에서는 축이 되는 발을 뒤로 보내 크로스 스텝을 밟는다.

"셋"에서는 앞발을 내딛으면서 스윙한다.

상체가 흔들리지 않도록 축을 의식한다.

POINT TIP!

앞으로 걸으면 체중 이동을 의식하게 한다. 프로 선수도 이 훈련을 하면서 다이아몬드를 한 바퀴 돈다. 팀 전원이 소리를 내면서 훈련하면 좋다. 또한 팀의 결속력도 높아진다.

원 포인트 레슨

상체가 앞뒤로 쏠리지 않도록 척추를 곧게 편다. 앞발, 축이 되는 발, 앞발의 순으로 걸으며, 2보 째에는 축이 되는 발에 모든 체중을 싣는다. 3보 째에는 앞발의 엄지발가락 아래쪽 볼록한 부분에 체중을 실으며 무릎이 바깥쪽으로 열리지 않도록 한다.

LESSON 031
뒤에서 토스해 준 공 배팅하기

• 인원 | 2명
• 시간 | 5분 정도

목적 »» 공이 배트에 맞을 때까지 정확히 공을 보며 배트를 휘두르는 것이 목적이다.

뒤에서 공을 토스 받는다.

훈련 방식
1. 네트 앞에 선다.
2. 뒤에서 공을 토스 받는다.
3. 공을 끝까지 보며 친다.
4. 이 연습을 수차례 반복한 뒤 다음 선수와 교대한다.

공을 끝까지 보고 친다.

POINT TIP!
뒤에서 오는 공을 치는 일은 경기 중에는 있을 수 없지만, 이런 상황에서도 공을 정확히 보고 배트를 휘두르면 공을 칠 수 있다. 몸의 축을 곧게 세우고 간결한 스윙을 의식하며 훈련하도록 지도하자.

원 포인트 레슨
뒤에서 오는 공을 쫓다가 몸이 비틀거리면 공을 정확히 볼 수 없어 제대로 맞히지 못한다. 머리가 움직이지 않도록 몸의 축을 곧바로 세우고 배트를 휘두르자.

코치의 한 마디!

헛스윙 해결법

헛스윙하기 쉬운 폼은 다음의 4가지다.

① 몸이 앞으로 쏠린다
상체만으로 치려고 하면 타이밍이 안 맞는다. 다운스윙을 하려는 의식이 강하면 몸이 앞으로 쏠리기 쉬워진다.

② 몸이 뒤로 젖혀진다
임팩트 순간에 턱이 들리면서 어퍼 스윙이 된다. 공을 최대한 임팩트 순간까지 보도록 한다.

③ 스텝을 밟을 때 머리가 위아래로 흔들린다
공을 멀리 보내려고 힘을 주면 머리 위치가 움직인다.

④ 백스윙을 할 때 배트가 등까지 돌아간다
스윙 타이밍이 늦어질 때가 많다.

헛스윙의 대부분은 헤드업이 원인이다. 이상의 주의점에 신경 쓰며 임팩트 순간까지 공을 정확히 바라보자.

LESSON 032
축이 되는 손으로만 배팅하기

• 인원 | 2명
• 시간 | 5분 정도

목적 》》 배트 헤드의 사용법을 익히는 훈련이다. 배트를 한 손으로 들고 손목을 지점으로 삼아 휘두른다.

겨드랑이를 조이고 축이 되는 손으로만 타격 자세를 취한다.

손목을 지점으로 삼아 스윙한다.

훈련 방식

1. 축이 되는 손으로 배트를 잡고 타격 자세를 취한다.
2. 5미터 정도 떨어진 곳에서 공을 가볍게 토스한다.
3. 한 손만으로 공을 친다.
4. 이 연습을 반복한다.

POINT TIP!

공을 치기 쉽도록 가볍게 던져 준다. 축이 되는 손의 움직임에 집중하며 배트를 휘두르도록 하자. 처음에는 가벼운 배트를 사용하면 타이밍을 잡기 쉬울 것이다. 서서히 무게와 속도를 높여 나가자.

원 포인트 레슨

한 손만을 사용하기 때문에 겨드랑이가 들리면 힘이 빠져나가 배트를 휘두르지 못한다. 따라서 겨드랑이를 조이도록 의식하자. 또 파워 포지션에서는 손목을 당겨 축이 되는 팔과 배트가 수직이 되도록 하는 것도 잊지 말기 바란다.

레벨업 훈련
기요하라 가즈히로 선수도 실천

프로야구 선수도 좋은 타격폼을 유지하기 위해 이와 같은 훈련을 실시하고 있다. 기요하라 선수는 평소보다 조금 긴 1미터 정도의 배트를 사용했다. 또한 레슨 027의 훈련을 하는 모습도 종종 볼 수 있었다.

코치의 한 마디!
0.15초의 판단

투수와 타자간의 거리인 18.44미터를 셋으로 나눠, 처음 6미터에서 구종을, 다음 6미터에서 스트라이크인지 볼인지를, 마지막 6미터에서 때릴지 말지를 판단해야 한다. 프로 선수의 경우 투수가 던진 공은 약 0.44초 후에 포수 미트에 들어오므로 약 0.15초 안에 판단을 해야 하는 것이다. 이것은 훈련의 소산이다.

LESSON 033
스펀지 공 때리기

- 인원 | 2명
- 시간 | 5분 정도
- 도구 | 스펀지 공 또는 셔틀콕

목적 >>> 말랑말랑하거나 작고 가벼운 공은 배트 중심에 맞지 않으면 잘 뻗지 않는다. 이 훈련은 공을 배트의 중심에 맞히는 훈련이다.

스펀지 공의 궤도를 잘 본다.

중심에 맞힐 수 있도록 스윙한다.

훈련 방식

1. 스펀지 공을 준비한다.
2. 5미터 정도 떨어진 곳에서 던지게 한다.
3. 공을 배트의 중심에 맞힌다.
4. 10개 정도 치면 역할을 교대한다.
5. 이 연습을 반복한다.

POINT TIP!

좁은 장소나 실내에서도 할 수 있으므로 비가 오는 날이나 장소에 제약이 있을 때는 이 연습을 하자. 배드민턴 셔틀콕이나 탁구공을 사용해도 좋다. 히팅 포인트를 익힐 수 있는 좋은 훈련이다.

원 포인트 레슨

평소에 사용하던 공과 다르기 때문에 공이 날아오는 궤도도 다르다. 공의 궤도를 정확히 보고 배팅 타이밍을 맞춰야 한다. 평소에 사용하는 공보다 조금 작은 탁구공 정도의 스펀지 공을 사용하면 더욱 효과적이다.

레벨업 훈련
3색 셔틀콕을 던진다

각각 색이 다른 셔틀콕 3개를 동시에 던지고 '빨강', '파랑'과 같이 쳐야 할 셔틀콕의 색을 정한다. 이 연습은 반사 신경과 판단력을 키우는 훈련도 되고, 게임성도 높기 때문에 지루함을 방지할 수도 있다.

NG! 처음에 배트 끝이 움직이는 스윙은 NG

속도가 느린 물체를 때리기 때문에 팔로만 스윙을 하기 쉬우니 주의하자. 배트 끝이 먼저 움직이면 헤드 스피드가 높아지지 않는다. 먼저 그립 끝을 움직이고 그 다음에 배트 끝이 나오는 스윙을 해야 한다. 손목과 오른쪽 팔꿈치를 의식하며 스윙하면 좋다.

LESSON 034
앉아서 티 배팅하기

- 인원 | 2명
- 시간 | 5분 정도
- 도구 | 의자

목적 >>> 도어스윙(처음부터 그립이 몸 앞으로 나오며 겨드랑이가 떨어지는 스윙)을 교정할 수 있다.

의자에 앉아 자세를 잡는다.

공을 잘 보고 친다.

훈련 방식

1. 네트 앞에 의자를 놓고 앉는다.
2. 파트너가 공을 토스해 준다.
3. 의자에 앉은 채 때린다.
4. 반복해서 치고 교대한다.

POINT TIP!
배트 헤드가 몸에서 가깝게 지나가도록 스윙을 고정하거나 왼쪽 팔꿈치(좌타자는 오른쪽 팔꿈치)를 제대로 접지 못하는 사람의 스윙 교정에 효과가 있다. 상반신의 축을 고정하고 큰 스윙이 아니라 간결하게 배트를 휘두르도록 하자.

LESSON 035
하프 배팅하기

- 인원 | 2명
- 시간 | 10분 정도

목적 >>> 올바른 배팅 포인트를 몸에 익히는 훈련이다. 힘을 빼고 편하게 스윙하면 배트 컨트롤이 좋아진다.

힘을 빼고 타격자세를 취한다.

50퍼센트 정도의 힘으로 결대로 친다.

훈련 방식

1. 타석에 서서 타격 자세를 취한다.
2. 투수는 10미터 정도 떨어진 곳에서 공을 던진다.
3. 타자는 절반 정도의 힘으로 친다. 결대로 친다.
4. 5~10개를 친 뒤 타자를 교대한다.

POINT TIP!
하프 배팅은 절반의 힘으로 배트 결대로 스윙을 하기 때문에 여유 있게 배팅할 수가 있다. 실전이 되면 힘이 들어가는 선수에게 효과적이다.

66 | 야구 마스터 가이드

LESSON 036

밀어치기

- 인원 | 그룹
- 시간 | 5분 정도

목적 ››› 몸이 빨리 열리지 않도록 하는 훈련이다. 바깥쪽 공을 배꼽 앞에서 쳐서 오른쪽 방향으로 날려 보내자.

바깥쪽 공을 이 위치에서 친다.

바깥쪽 공을 오른쪽 방향으로 친다.

훈련 방식

1. 타석에 선다.
2. 투수는 바깥쪽으로 공을 던진다.
3. 몸이 열리지 않도록 주의하며 공을 쳐 오른쪽 방향으로 날려 보낸다.
4. 10개 정도 치고 나면 타자를 교대해 3세트 반복한다.

POINT TIP!

오른쪽 방향으로 타구를 보내려면 공을 기다리는 것이 중요한데, 좋은 타이밍에 치려는 의식이 너무 강하면 타격을 서두르게 된다. 따라서 오히려 조금 늦은 타이밍에 공을 친다는 의식을 갖도록 하자. 무리하게 잡아당기지 말고 '절대로 여유 있게'가 중요하다.

원 포인트 레슨

반드시 바깥쪽 공으로 훈련한다. 바깥쪽 공은 몸쪽에 비해 배팅 포인트가 뒤에 있기 때문에, 몸쪽 공의 타이밍에 몸을 회전시키면 타이밍이 너무 빨라 몸이 열리고 만다. 오른쪽 방향으로 치려면 몸의 회전을 늦추는 것이 중요하다.

레벨업 훈련

밀어치기 위한 7가지 원칙

① 바깥쪽 공을 노린다. ② 스텝을 3루 방향으로 밟지 않는다 (공에 닿지 않을 때가 있다.). ③ 공을 몸 가까이 끌어당겨 친다. ④ 배트의 헤드가 도는 타이밍을 조금 늦춘다. ⑤ 공을 맞히는 순간까지 허리를 돌리지 않는다. ⑥ 공의 안쪽을 친다. ⑦ 왼쪽 어깨가 일찍 열리지 않도록 한다.

코치의 한 마디!

메이저리그에서도 밀어치기부터 시작한다

몸이 열리지 않는 가장 이상적인 스윙을 하기 위해서도 밀어치기는 효과적이다. 프로야구 선수는 물론 메이저리그에서도 배팅은 밀어치기부터 시작해 그 날의 컨디션을 조정한다.

LESSON 037
몸쪽 공 치기

- 인원 | 그룹
- 시간 | 3분 정도

목적 》》 몸쪽 공을 치는 연습이다. 공이 몸 가까이 지나가기 때문에 때리기가 힘들며 공포감도 느껴지지만 훈련으로 비결을 터득해 보자.

몸쪽 공을 이 위치에서 친다.

몸이 열리지 않도록 주의하며 몸쪽 공을 친다.

훈련 방식

1. 타석에 서서 타격 자세를 취한다.
2. 투수는 몸쪽 공을 던진다.
3. 스텝과 겨드랑이에 주의하며 스윙한다.
4. 허리 회전을 빠르게 가져간다.
5. 5~10개를 친 뒤 다른 선수와 교대한다.

POINT TIP!

타석에 들어서면 몸에 맞는 공에는 충분히 주의를 기울이도록 한다. 그러면 위험한 공에 대한 주의력도 높아진다.

원 포인트 레슨

타구는 왼쪽을 노리는 것이 원칙이다. 바깥쪽으로 스텝을 밟으면 몸의 축이 바깥쪽으로 이동한다. 그러면 손 쪽에 공간이 생겨 타격을 하기가 쉬워진다. 또 그립을 몸에서 가깝게 붙이고 팔꿈치를 열지 않는 것이 중요하다.

레벨업 훈련
몸에 맞는 공을 피하는 법

아프지 않은 스펀지 공으로 훈련한다. 포수 쪽으로 몸을 비틀면 효과적으로 피할 수 있다. 예전에는 출루를 노리고 일부러 몸에 맞는 경우도 있었지만, 현재 이런 플레이는 인정받지 못하며 즉시 주의를 받는다.

코치의 한 마디!

이 책에 슈트볼을 치는 법을 싣지 않은 이유는 위력적인 슈트볼을 던질 수 있는 투수가 적다는 점과 슈트볼을 치는 기술의 난이도가 높기 때문이다. 불운하게도 슈트볼을 무기로 삼는 투수와 만났다면 슈트볼은 버린다고 생각해도 무방하다.

LESSON 038
커브 치기

• 인원 | 그룹
• 시간 | 5분 정도

목적 》》 직구보다 한 박자 느린 커브에 맞춰 배트를 휘두르는 훈련이다. 다양한 구종에 익숙해지자.

허리가 일찍 열리지 않도록 힘을 모아 친다.

공을 끝까지 보며 타이밍을 맞춘다.

훈련 방식

1. 타석에 서서 타격 자세를 취한다.
2. 투수는 커브를 던져 준다.
3. 타이밍에 맞춰 스윙한다.
4. 5~10개를 치면 다른 선수와 교대한다.

POINT TIP!
커브를 치는 훈련 자체가 적으므로 횟수를 늘리기 바란다. 배터리 훈련일 때는 타자를 세워 커브의 궤적을 보는 훈련도 겸하자. 배트를 들고 있지 않으면 투수의 공포감이 더 커지므로 공을 치든 안 치든 배트는 들고 하기 바란다.

원 포인트 레슨
커브를 치려면 참고 기다리며 스윙의 타이밍을 늦춰야 한다. 직구와 같은 타이밍에 스윙을 시작하면 공을 치기 위해 이미 회전하고 있는 몸을 멈춰야 하므로 타격 폼이 무너진다.

레벨업 훈련
커브를 치는 7가지 비결
① 축이 되는 발(오른발)에 중심을 놓는다.
② 스텝을 잡게 한다.
③ 얼굴을 움직이지 않고 눈으로 공을 쫓는다.
④ 공을 몸쪽으로 끌어당긴다.
⑤ 앞쪽 무릎을 열지 않는다.
⑥ 한 박자 늦추는 훈련을 한다(리듬).
⑦ 앞쪽 어깨, 허리, 무릎, 발로 벽을 잘 만든다.

NG! 어깨, 허리, 무릎의 움직임이 제각각
구속에 맞춰 움직임을 조정하지 못하면 몸의 축이 크게 무너진다. 이런 선수에게는 ①몸의 축을 똑바로 유지할 것, ②뒤쪽 어깨와 허리, 무릎을 동시에 회전시키면서 손의 위치를 움직일 것 등 2가지를 유의해야 한다.

번트의 기본

POINT 1 배트를 눈높이에 놓고 공을 기다린다.

POINT 2 공이 구르도록 위에서 아래로 댄다.

POINT 3 노린 방향으로 굴린다.

옆

시선 — 배트 너머로 공을 응시하며 공에서 눈을 떼지 않는다.

무릎 — 공의 높이에 따라 무릎을 구부려 대응한다.

상반신 — 시선이 흔들리지 않도록 자세를 잡고, 공을 굴릴 방향을 노린다.

POINT 1 오른손으로 배트 가운데 부분을 잡는다.

POINT 2 상체가 흔들리지 않도록 하면서 공에 배트를 댄다.

POINT 3 무릎을 굽히고 공을 굴릴 방향을 조절한다.

정면

배트 — 배트를 스트라이크 존의 가장 위쪽에 위치시킨다.

스탠스 — 엄지발가락 아래쪽 부분에 체중을 싣고, 즉시 달려 나갈 준비를 한다.

번트의 기본 설명과 훈련 방법

시선 배트 너머로 공을 응시하며 공에서 눈을 떼지 않는다
- 한 손으로 번트 대기 ·················· 72
- 눈과 배트를 같은 높이에 위치시키고 번트 대기 ········ 73

무릎 공의 높이에 따라 무릎을 구부려 대응한다
- 낮은 공은 무릎을 구부려 번트 대기 ············ 73

상반신 시선이 흔들리지 않도록 자세를 잡고, 공을 굴릴 방향을 노린다
- 번트 청백전 ·················· 74
- 보내기 번트 ·················· 75
- 세이프티 번트 ·················· 76
- 푸시 번트 ·················· 77
- 주자를 두고 상황에 따른 번트 공방 ·········· 78

배트 배트를 스트라이크 존의 가장 위쪽에 위치시킨다
- 한 손으로 번트 대기 ·················· 72

스탠스 엄지발가락 아래쪽 볼록한 부분에 체중을 싣고, 즉시 달려 나갈 준비를 한다
- 번트 청백전 ·················· 74
- 세이프티 번트 ·················· 76
- 푸시 번트 ·················· 77
- 주자를 두고 상황에 따른 번트 공방 ·········· 78

LESSON 039
한 손으로 번트 대기

- 인원 | 그룹
- 시간 | 5분 정도

목적 »» 올바른 자세를 익히는 훈련이다. 공을 배트에 맞히는 위치와 각도를 철저히 익히자.

한 손으로 번트 자세를 취한다.

공을 확실히 굴린다.

훈련 방식

1. 오른손잡이의 경우 오른손으로 배트를 잡고, 왼손은 무릎 위에 놓는다.
2. 느린 공을 던진다.
3. 번트로 공을 굴린다.
4. 5~10개를 연습한 뒤 다른 선수와 교대한다.

POINT TIP!
번트는 주자를 확실히 진루시킬 수 있기 때문에 승리를 위해서는 매우 중요한 작전 중 하나이다. 번트를 확실히 성공시킬 수 있도록 연습을 게을리하지 말자. 노린 방향으로 공을 보낼 수 있도록 계속 연습하는 것이 중요하다.

원 포인트 레슨
공을 던지는 손(오른손잡이의 경우 오른손)으로 배트의 중심 부분을 잡는다. 공을 굴리기 위한 미트 포인트의 위치와 각도를 오른손으로 확인하자. 오른팔을 90도 정도 굽혀서 눈 가까운 곳에 고정시키면 자세가 안정된다.

레벨업 훈련
배트의 높이와 번트를 대는 위치
스트라이크 존에서 가장 높은 위치에 배트를 위치시키고 그곳에 눈을 맞춘다. 공이 배트보다 높게 들어오면 그냥 보내고, 낮은 곳으로 들어오면 무릎을 구부려 번트를 댄다. 타석의 제일 앞에 자세를 잡으면 페어가 될 확률이 높아진다.

코치의 한 마디!
번트 성공률은 통상 80~90퍼센트
아무리 좋은 타자라도 타율은 3할대이다. 즉, 세 번에 한 번밖에 안타를 치지 못한다는 뜻이다. 그러나 번트는 보통 8~9할의 성공률을 자랑한다. 팀의 번트 성공률이 낮을 때는 철저히 번트 훈련을 실시하기 바란다.

LESSON 040

눈과 배트를 가까이 위치시키고 번트 대기

• 인원 | 그룹
• 시간 | 3분 정도

목적 >>> 번트 타구를 확실히 그라운드로 굴리는 훈련이다. 일단 공을 정확히 맞힐 수 있도록 공과 배트를 동시에 시야에 넣는다.

배트가 눈 높이에 오도록 번트 자세를 취한다.

배트에 공을 맞힌다.

훈련 방식

1. 타석에서 눈과 가까운 곳에 배트를 위치시키고 번트 자세를 취한다.
2. 투수가 공을 던진다.
3. 타구가 그라운드에 구르도록 배트에 맞힌다.
4. 5~10개를 연습한 뒤 다른 선수와 교대한다.

POINT TIP!

번트도 목적에 따라 여러 종류가 있다. 그러나 공통된 기본 동작은 '눈과 배트를 같은 높이에 위치시킨다.'는 것이다. 먼저 이 동작을 확실히 익히는 것이 중요하다.

원 포인트 레슨

투수에 대해 정면을 향하고, 시선은 배트와 공을 연결하는 선에 둔다. 배트 끝은 약간 올리고 눈에서 가까운 곳에 위치시킨다. 배트에 공을 맞히는 순간까지 눈을 떼지 않도록 한다.

LESSON 041

낮은 공은 무릎을 구부려 번트 대기

• 인원 | 그룹
• 시간 | 3분 정도

목적 >>> 낮게 들어온 공에 대한 대처법을 훈련한다. 팔로 배트를 움직이는 것이 아니라 무릎을 구부리거나 편다.

낮은 공은 무릎을 구부리면서 번트를 댄다.

훈련 방식

1. 타석에서 눈과 배트가 가깝게 번트 자세를 취한다.
2. 투수가 공을 던진다.
3. 타구가 그라운드에 구르도록 배트에 맞힌다.
4. 5~10개를 연습한 뒤 다른 선수와 교대한다.

POINT TIP!

배트에 공을 맞히려면 팔을 움직이지 않고 무릎과 허리를 부드럽게 이용할 수 있도록 적당히 구부려야 한다. 이것은 포구 자세 등에도 응용할 수 있는 중요한 동작이다.

LESSON 042
번트 청백전

• 인원 | 팀
• 시간 | 60분 정도

목적 ≫ 공격은 오로지 번트만 허용되는 경기를 한다. 번트 공격법과 수비법을 훈련한다.

사인에 따라 다양한 번트를 댄다.

훈련 방식

1. 두 팀으로 나눠 번트만으로 경기를 한다.
2. 무사 1루, 무사 2루, 무사 1, 2루 등 다양한 상황을 가정해 경기를 진행한다.
3. 아웃 카운트는 4아웃이나 6아웃 등 자유롭게 설정한다.

POINT TIP!
모든 번트 시프트를 사용한 공격과 수비를 염두에 두자. 주자나 아웃 카운트를 고려해 공격이라면 어떤 번트 공격을 사용할지, 수비라면 어떤 번트 포메이션을 구사할지 생각한다.

원 포인트 레슨
수비측은 번트 포메이션의 연습을 위해 사인 확인과 타이밍 등을 공부하고, 공격측은 사인에 따른 각종 상황의 번트 훈련을 원활하게 수행할 수 있도록 한다.

레벨업 훈련
실전을 통한 기술 향상
팀을 둘로 나눠 자체 대항전을 열면 보통은 주전이 아닌 선수도 경기에 참가할 수 있다. 이러한 대항전 속에서 경험을 늘리고 기술을 발전시키도록 하자. 또 수준 차이가 크게 날 때는 아웃 카운트를 바꾸는 등 설정에 변화를 주자.

코치의 한 마디!
상대의 예상대로 번트를 대면 주자를 진루시킬 수 없다. 번트나 도루 등의 작전은 상대를 속고 속이는 수 싸움이다. 상대방의 허를 찌르기 위해 1구째부터 작전을 세워 상대의 움직임을 유심히 관찰하자.

LESSON 043

보내기 번트

- 인원 | 그룹
- 시간 | 5분 정도

목적 >>> 주자를 확실히 진루시키기 위한 보내기 번트를 연습한다. 노린 코스로 확실히 굴리는 것이 중요하다.

공을 정확히 보고 번트를 댄다.

노린 곳으로 확실히 굴린다.

훈련 방식

1. 타석에서 번트 자세를 취한다.
2. 투수가 공을 던진다.
3. 노린 곳으로 확실히 굴린다.
4. 5~10개를 연습한 뒤 다른 선수와 교대한다.

POINT TIP!

번트의 기본은 보내기 번트다. 번트를 성공시켜 주자를 확실히 진루시킬 수 있도록 계속 훈련하기 바란다. 번트가 경기를 좌우하는 중요한 훈련임을 반드시 기억하자.

원 포인트 레슨

번트는 확실하게 대는 것이 중요하기 때문에 움직이면서 번트를 대는 것은 금물이다. 투수를 향해 정면으로 자세를 취하고 스트라이크만을 노리자. 번트 목표 방향은 1루 베이스 라인쪽이다. 배트 끝으로부터 15센티미터 정도 위치에 공을 맞히면 타구의 속도를 죽일 수 있다.

레벨업 훈련

보내기 번트의 5가지 비결

①타석 앞쪽에서 자세를 취한다, ②스트라이크만을 노린다, ③배트를 눈과 가깝게 배트 헤드가 약간 올라가도록 위치시킨다, ④공의 높낮이에 따라 무릎을 굽히고 펴며 대응한다, ⑤번트를 대는 순간까지 공에서 눈을 떼지 않는다.

코치의 한 마디!

번트를 댈 수 있게 되면 성공률은 80~90퍼센트가 된다. 그러나 번트 기술이 약하면 50퍼센트 정도의 성공률에 그친다. 이와 같은 선수는 차라리 강공으로 가볍게 땅볼을 치는 편이 주자를 진루시킬 확률이 높아진다.

LESSON 044
세이프티 번트

• 인원 | 그룹
• 시간 | 5분 정도

목적 ⟫⟫ 주자는 물론 자신도 살 수 있는 번트를 연습하자. 상대방의 허를 찌르는 것이 중요하다.

상대팀이 번트를 눈치 채지 못하도록 평소처럼 타격 자세를 취한다.

투구 후에 번트를 댄다.

훈련 방식

1. 타석에서는 평소처럼 타격 자세를 취한다.
2. 투수가 공을 던짐과 동시에 번트 자세를 취한다.
3. 스트라이크라고 판단되면 번트를 댐과 동시에 스타트한다.
4. 5~10개를 연습한 뒤 다른 선수와 교대한다.

POINT TIP!
보내기 번트와 세이프티 번트의 차이는 상대방의 허를 찌르는 것과 달리기 시작하면서 번트를 대는 것이다. 그 차이를 이해하고 똑같은 동작이 되지 않도록 하자. 볼에 손을 대지 않는 것은 똑같다.

원 포인트 레슨
투구 후 배팅과 같은 타이밍에 번트 자세를 취해 수비진이 눈치 채지 못하게 하자. 바깥쪽 낮은 공은 3루 쪽으로, 바깥쪽 높은 직구는 1루 쪽으로 라인을 노리면 세이프 확률이 높아진다.

LESSON 045
푸시 번트

- 인원 | 그룹
- 시간 | 5분 정도

목적 ≫ 푸시 번트는 2루수가 잡도록 빠르게 굴리는 번트로 공격적인 상황에서 사용한다.

투구와 동시에 번트 자세를 취하고 1, 2루 사이로 공을 빠르게 굴린다.

훈련 방식

1. 주자를 두고, 타자는 타석에서 타격 자세를 취한다.
2. 투수가 공을 던짐과 동시에 번트 자세를 취한다.
3. 1, 2루 사이를 노리고 배트를 밀면서 공을 빠르게 굴린다.
4. 확실히 굴린 것을 확인하고 타자와 주자 모두 스타트한다.
5. 5~10개를 연습한 뒤 다른 선수와 교대한다.

POINT TIP!

푸시 번트는 예를 들면 1아웃 1, 3루의 상황에서 상대가 더블 플레이 포메이션을 취했을 때 구사한다. 타구를 2루수 정면으로 빠르게 굴리면 타자는 1루에서 아웃이 되지만 1득점과 2사 2루의 상황이 되어 다음 공격으로 연결시킬 수 있다.

원 포인트 레슨

공식 구장에서는 잔디와 마운드의 경계 부근을 노린다. 주자는 타자가 푸시 번트로 확실히 공을 굴린 것을 확인한 후 달리기 시작한다. 따라서 번트 실패로 더블플레이가 되는 일은 없다.

LESSON 046
주자를 두고 상황에 따른 번트 공방

- 인원 | 팀
- 시간 | 10분 정도

목적 >>> 번트를 할 수 있는 상황을 가정한 훈련이다. 타자뿐만 아니라 주자와 수비도 자신들이 해야 할 일에 집중해 실전처럼 훈련하자.

코치의 사인을 잘 본다.

사인에 따라 번트를 대며 공격법과 수비법을 확인한다.

훈련 방식

1. 두 팀으로 나눈다.
2. 이닝, 아웃 카운트, 점수 등 자세한 설정을 설명하고 번트 사인을 낸다.
3. 지시대로 번트를 댄다.
4. 양 팀 모두 자신들이 해야 할 플레이를 수행한다.

POINT TIP!
번트를 구사하는 다양한 상황을 철저히 훈련한다. 연습 없이 경기 때 갑자기 번트를 지시받으면 선수는 제대로 플레이하지 못한다. 훈련 속에서 상황을 세밀히 설정해 선수들이 어떻게 움직여야 하는지 확인해야 한다.

원 포인트 레슨
두 팀으로 나눠 다양한 상황을 가정하며 경기 형식으로 훈련한다. 번트를 댈 때 사용하는 각종 사인에 대한 확인과 주자가 어떻게 움직여야 하는지 등 지시받은 팀플레이를 양 팀이 집중해서 수행한다.

레벨업 훈련
선수에게 사인을 내게 한다

'매회 반드시 한 번은 번트를 댄다.'와 같은 특별 규칙의 청백전을 해보자. 이때 선수가 직접 사인을 내보는 것이 중요하다. 그러면 선수가 어떤 상황에서 번트가 효과적인지 스스로 생각하는 훈련을 할 수 있다.

NG! 시종일관 번트만 댄다
아무리 번트 훈련이라고 해서 직구만 던지거나 항상 번트만 댄다면 훈련 효과가 떨어진다. 투수는 실전과 마찬가지로 구종이나 코스를 다양하게 바꾸고, 때로는 견제구도 던져야 한다. 또 타자 역시 때로는 공을 치지 않고 보내기도 하고 타격 자세에서 번트 자세로 전환하는 등 실제 경기와 같은 움직임을 보여야 한다.

Baseball Column

이치로의 성공은 항상 더 높은 곳을 지향하기 때문이다

일본을 대표하는 메이저리거인 시애틀 매리너스의 이치로 선수는 수많은 기록을 세우는 등 뛰어난 활약을 펼치고 있다. 야구팬은 물론 야구에 그다지 흥미가 없는 사람조차도 그의 이름을 알고 있을 것이다. 그런 그가 세계 정상급 선수가 되어 멋진 활약을 할 수 있는 이유는 항상 더 높은 곳을 목표로 삼기 때문이다. 여기에서는 1994년에 그가 일본 프로야구 최초로 시즌 200안타의 위업을 달성했을 때의 일화를 소개하겠다.

이 대기록을 세운 당일, 주위는 모두 흥분으로 들썩였다. 각 취재진들은 이치로의 인터뷰를 기다리며 그가 경기장에서 나오기만을 기다리고 있었다. 또한 이치로가 일본인 최초의 대기록을 달성한 기쁨에서 빨리 인터뷰에 응하러 나올 것이라고 예상하고 있었다.

그러나 이치로는 달랐다. 좀처럼 경기장에서 나올 기미가 보이지 않았다. 그는 벤치 뒤에서 연습을 하고 있었다. 평소와 같이 거울을 보고 스윙을 하며 타격폼을 체크하고 있었다. 이 경사스러운 날에 주인공인 그 자신이 가장 냉정함을 유지하며 연습을 계속한 것이다.

이것은 타격의 어려움을 스스로가 통감하고 있었기 때문이리라. '오늘 잘 쳤더라도 내일은 못 칠지도 모른다.'라는 위기감을 강하게 느끼는 것이다. 그의 눈은 더 높은 곳을 향하고 있었다.

이 일화는 그곳이 그의 야구 인생의 종착점이 아니었음을 증명했다.

CHAPTER 04

주루
BASE RUNNING

주자의 센스있는 주루 하나로 득점 기회를 많이 만들 수 있다.
이론에 바탕을 둔 주루를 할 수 있으면 득점력도 크게 높아질 것이다.

주루의 기본

POINT 1 투수의 움직임을 잘 보고 스타트한다.

POINT 2 첫발은 크로스오버 스텝으로 스타트한다.

스탠스
어깨너비보다 넓히고 엄지발가락 아래쪽 볼록한 부분에 체중을 싣는다.

무릎
충분히 굽혀 달릴 준비를 한다.

시선
투수의 모션을 유심히 본다.

POINT 3 낮은 자세를 유지하며 전력 질주한다.

POINT 4 팔을 앞뒤로 재빨리 움직인다.

다리

지면을 찬 다리를 재빨리 끌어당긴다.

팔

겨드랑이를 조이고 팔을 앞뒤로 힘차게 흔든다.

라인

베이스를 밟는 법과 베이스로 들어가는 방향을 판단한다.

주루의 기본 설명과 훈련 방법

스탠스 어깨너비보다 넓히고 엄지발가락 아래쪽 볼록한 부분에 체중을 실는다

- 세이프티 리드 거리 파악하기 ······················· 89
- 1루 주자의 주루 플레이 ······························· 91
- 2루 주자의 주루 플레이 ······························· 92
- 2, 3루 주자의 주루 판단법 ··························· 93
- 런다운 플레이에서 빠져나오는 방법 ············ 98

무릎 무릎을 충분히 구부려 달릴 준비를 한다

- 주루 스타트 반복 연습(10, 20, 30미터) ········ 88

시선 투수의 모션을 유심히 본다

- 제2리드 하기 ··· 90
- 1루 주자의 주루 플레이 ······························· 91
- 투구 모션 훔치는 요령 ································· 97
- 타구 판단력 기르기 ······································ 99

84 | 야구 마스터 가이드

다리 지면을 찬 다리를 재빨리 끌어당긴다

- 주루 스타트 반복 연습(10, 20, 30미터) ········· 88
- 스트레이트 슬라이딩 ········· 94
- 헤드 퍼스트 슬라이딩 ········· 95

팔 겨드랑이를 조이고 팔을 앞뒤로 힘차게 흔든다

- 주루 스타트 반복 연습(10, 20, 30미터) ········· 88

라인 베이스를 밟는 법과 베이스로 들어가는 방향을 판단한다

- 이상적인 라인을 따라 달리기 ········· 86
- 팀 나눠서 베이스러닝 하기 ········· 87
- 2루 주자의 주루 플레이 ········· 92
- 2, 3루 주자의 주루 판단법 ········· 93
- 스트레이트 슬라이딩 ········· 94
- 헤드 퍼스트 슬라이딩 ········· 95
- 훅 슬라이딩 ········· 96

LESSON 047
이상적인 라인 따라 달리기

- 인원 | 1명
- 시간 | 20분 전후

목적 >>> 타구에 따라 이상적인 라인을 선택해 달리는 연습이다. 목표로 삼은 루로 향하는 마지막 라인은 직선 코스로 달린다.

훈련 방식

1. 상황별로 이상적인 주루 라인을 그린다.
2. 홈플레이트 부근에 멤버를 모아 놓고 시작한다.
3. 순서대로 달리기 시작한다.
4. 이 연습을 반복한다.

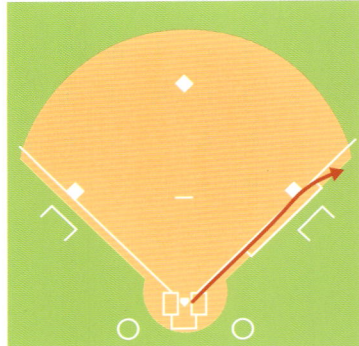

1루타인 경우에는 스리피트 라인 안을 통과하며, 1루 베이스를 밟으면 오른쪽으로 빠져나간다.

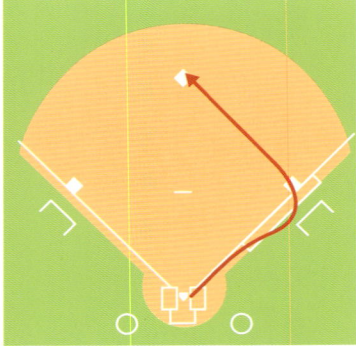

2루타인 경우에는 1루에 도달하기 전에 바깥쪽으로 타원을 그리면서 1~2루 간의 라인이 직선이 되도록 달린다.

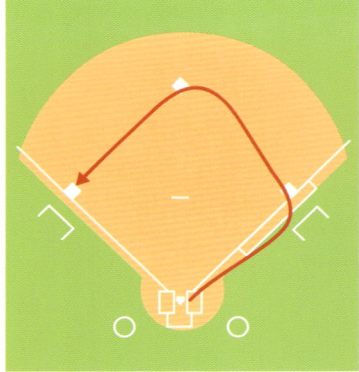

3루타인 경우에는 2~3루 간이 직선이 되도록 달린다.

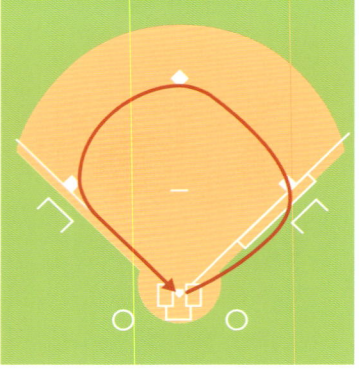

홈까지 달릴 경우에는 3루에서 홈플레이트까지가 직선이 되도록 달린다.

POINT TIP!

목표로 삼은 루를 향해 달릴 경우 두 베이스 이상을 진루할 때는 반드시 곡선 코스를 달리게 된다. 곡선보다는 직선으로 달리는 편이 가깝고 빠르므로 여유가 있는 초반에는 곡선으로, 목표로 향하는 마지막 라인은 직선으로 달린다.

원 포인트 레슨

2루타인 경우에는 1루에서 2루로 갈 때 직선이 되도록 1루까지는 바깥쪽으로 살짝 곡선을 그리며 달린다. 단순히 직선으로 달리는 것이 아니라 타구에 따라 어느 지점부터 직선으로 달려야 할지를 판단하면서 달리는 것이 중요하다.

LESSON 048
팀 나눠서 베이스러닝 하기

- 인원 | 그룹
- 시간 | 10분 전후

목적 >>> 주력을 높이고 체력을 강화하는 훈련이다. 체력 소모가 크므로 훈련 후 충분한 휴식을 잊지 않도록 하자.

팀을 나누고 릴레이 형식으로 겨룬다.

훈련 방식

1. 팀을 2~4그룹으로 나눈다.
2. 팀별로 루상에 모여 선두주자부터 출발한다.
3. 가장 먼저 완주한 팀이 승리한다.
4. 각 베이스마다 또는 한 베이스씩 건너뛰고 주자를 배치하는 등 방식을 바꿔가며 훈련한다. 팀을 나눠서 이어달리기 형식으로 승부를 겨룬다.

POINT TIP!

체력을 키우기 위한 러닝이나 주력을 높이기 위한 대시보다 베이스 사이의 거리나 어떤 코스로 달려야 할지를 실감할 수 있는 실전적인 주력 상승 훈련이다. 팀을 나눠서 겨루면 팀워크도 높일 수 있다.

원 포인트 레슨

베이스러닝을 할 때는 베이스를 정확히 밟는 법에 주의하도록 하자. 출발점이 홈플레이트가 아닌 팀의 경우 자신이 있는 베이스를 홈플레이트라고 가정하면 더욱 효과적으로 훈련할 수 있다.

체크 포인트

이상적인 라인은 도루를 할 경우에도 똑같다

1루타, 2루타, 3루타, 홈런 등 다양한 상황별로 이상적인 라인을 기억하며 달리자. 1루에서 도루할 때, 2루에서 홈으로 달릴 때, 3루 주자가 리터치 할 때도 이 라인으로 달린다.

NG! 1루를 밟을 때 점프하지 말고 그대로 달려서 지나간다

1루로 달릴 때 마지막에 점프를 하며 베이스를 밟아서는 안 된다. 그대로 달려서 지나가도록 하자. 2루타 이상의 타구를 쳐서 2루로 달릴 때는 1루 베이스를 왼발로 밟지만, 보폭이 맞지 않는다면 오른발로 밟아도 상관없다. 이때는 왼쪽 어깨를 낮춰야 2루로 방향전환 하기에 용이하다.

LESSON 049
주루 스타트 반복 연습(10, 20, 30미터)

• 인원 | 그룹
• 시간 | 10분 정도

목적 ≫ 도루를 할 때 좋은 스타트를 끊는 훈련이다. 부드럽게 스타트할 수 있도록 낮은 자세와 발의 움직임을 익힌다.

발을 어깨너비보다 조금 넓게 벌리고 허리를 낮게 유지하다 코치의 신호에 맞춰 스타트한다.

오른발을 축으로 왼발을 내딛는다.

훈련 방식

1. 거리를 설정하고, 허리를 낮춰 리드 자세를 잡는다.
2. 재빨리 스타트한다.
3. 거리별로 2~3회씩 전력으로 스타트한다.

POINT TIP!
야구에서 직선 달리기의 속도를 요구하는 것은 루와 루 사이인 27.4미터뿐이다. 이 거리를 빠르게 달리기 위해서는 반복 훈련이 중요하다. 목표를 정하고 시간을 재면 동기 부여도 되고, 선수끼리의 경쟁도 효과가 좋다.

원 포인트 레슨
허리를 낮추고 리드 자세를 취한다. 그 자세에서 처음 세 발은 상체를 세우지 않고 달리도록 하자. 첫발은 왼발이나 오른발 어느 쪽이든 상관없다. 편한 발로 스타트하면 되는데, 왼발이 오른발 앞에 오면 몸이 2루 방향으로 향하게 돼 달리기 쉬워진다.

코치의 한 마디!
육상 선수와 야구 선수의 차이
빨리 달리기 위해 보폭을 넓히는 것이 중요한데, 육상 선수의 경우는 발을 앞으로 내민다는 의식이 강하다. 그러나 야구 선수는 30미터를 빨리 달리면 되기 때문에 상체가 낮게 유지되도록 '발꿈치로 엉덩이를 찬다'는 의식을 갖는 것이 좋다.

코치의 한 마디!
인조 잔디와 천연 잔디의 리드 거리 차이
도루를 할 때는 다음 항에서 소개할 리드도 중요한 요소다. 리드 거리는 인조 잔디의 경우 잔디의 경계를 기준으로 하며, 흙인 경우에는 베이스로부터의 걸음 수로 측정한다. 또 그라운드 상황이나 투수의 견제 능력도 고려해 거리를 조절한다.

LESSON 050
세이프티 리드의 거리 파악하기

• 인원 | 그룹
• 시간 | 10분 정도

목적 ⟫ 리드를 할 때 자신이 귀루할 수 있는 안전한 위치를 파악해 두는 훈련이다. 견제로 아웃을 당하지 않도록 자신의 거리를 알아두는 것이 중요하다.

세이프티 리드 거리의 기준은 베이스에서 왼발까지의 거리가 양손을 뻗은 길이+1 미터다.

신호에 맞춰 헤드 퍼스트 슬라이딩으로 귀루한다(루에 닿을 때까지 거리를 조절한다.).

훈련 방식

1 루에 나가 세이프티 리드를 한다.

2 투수는 견제구를 던지고, 주자는 루로 돌아간다.

3 이 연습을 반복한다.

POINT TIP!

리드를 너무 깊게 하다가 견제구에 걸려 횡사하는 경우가 있는데, 이것은 매우 아쉬운 플레이다. 따라서 위험도는 낮으면서 기회가 오면 진루할 수 있는 거리를 확인해야 하는데, 이것은 투수의 견제 능력이나 그라운드의 상태에 따라 달라진다. 보통은 4미터 전후가 적당하다.

원 포인트 레슨

세이프티 리드의 거리는 헤드 퍼스트 슬라이딩으로 귀루할 수 있는 거리다. 특히 양 손보다는 한 손으로 베이스를 터치해야 세이프 확률이 높아진다. 단, 리드가 짧은 경우에는 선 채로 귀루해도 괜찮다.

LESSON 051
제2리드 하기

- 인원 | 그룹
- 시간 | 10분 정도

목적 ≫ 투수가 포수에게 공을 던진 뒤에 달리는 거리를 조절하는 훈련이다. 아웃을 당하지 않는 거리를 익힌다.

세이프티 리드를 하며 스타트 자세를 취한다.

투수가 공을 던진 뒤 더욱 리드를 넓히며, 타자가 공을 치지 않았을 때는 재빨리 귀루한다.

훈련 방식

1. 루에 나가 세이프티 리드를 한다.
2. 투수가 투구한 뒤 제2리드를 한다.
3. 타자가 공을 치지 않으면 루로 돌아온다.
4. 이 연습을 반복한다.

POINT TIP!
투수가 세트 포지션을 취할 때까지의 리드 거리에 이어 공을 던진 뒤에 리드 거리를 좀 더 넓히는 제2리드 거리를 익힌다. 타자가 공을 치지 않았을 때는 포수의 송구에도 주의한다.

LESSON 052
1루 주자의 주루 플레이

- 인원 | 그룹
- 시간 | 10분 정도

목적 >>> 도루나 히트앤드런 등을 통해 기회를 적극적으로 만드는 것도 중요하지만, 견제로 아웃을 당하지 않는 신중함도 필요하다.

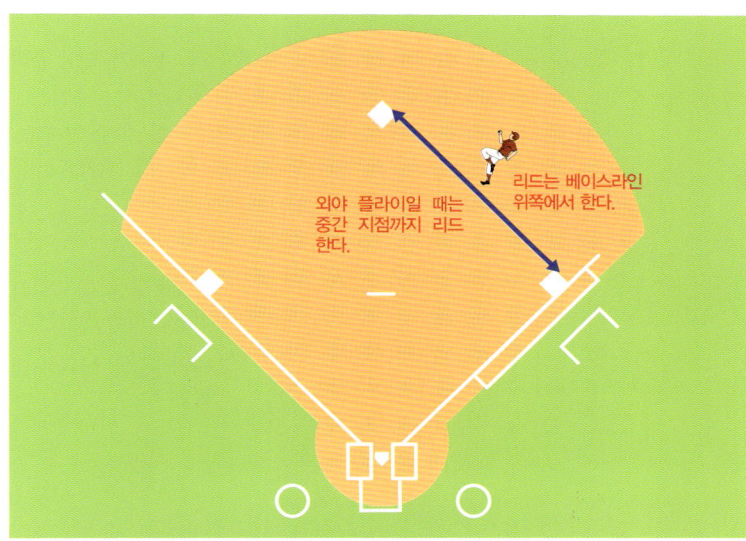

외야 플라이일 때는 중간 지점까지 리드한다.
리드는 베이스라인의 바깥쪽에서 한다.

훈련 방식

1. 1루에 나가 주자가 된다.
2. 리드를 하고, 타구나 아웃 카운트에 따라 상황에 맞는 주루 플레이를 한다.
3. 주자를 교대한다.
4. 이 연습을 반복한다.

POINT TIP!
1루 주자는 당장 득점으로 연결되는 일이 적기 때문에 무리한 리드는 불필요하다. 다만 항상 이닝과 아웃 카운트, 스코어를 확인하며 언제라도 기회를 만들 수 있도록 확실한 리드 거리를 잡을 수 있어야 한다.

원 포인트 레슨
그 밖에 중요한 점은 ①외야 플라이일 때는 반드시 하프웨이까지 리드한다. ②사인을 볼 때는 왼발로 베이스를 밟고 본다. ③리드는 1루와 2루 베이스를 연결하는 선상의 바깥쪽에서 한다. 그래야 런다운에 걸렸을 때 도망칠 수 있는 범위가 넓어진다.

레벨업 훈련
4종류의 리드 방법
①세이프티 리드는 안전한 위치까지 리드를 하다 투구와 동시에 스타트를 끊는 방법이다. 타자가 공을 치면 스타트하고, 치지 않으면 귀루한다.
②워킹 리드는 도루할 때의 리드 방법이다. 달리지 않는 척하면서 방심을 유도한 뒤, 투구 동작에 맞춰 달리기 시작한다.
③투웨이 리드는 양발의 엄지발가락에 체중을 균등하게 실어 도루와 귀루 양쪽이 모두 가능한 리드다.
④원웨이 리드는 일부러 투수의 견제를 유도해 견제 동작이나 능력 등을 파악하기 위한 리드다.

LESSON 053
2루 주자의 주루 플레이

- 인원 | 그룹
- 시간 | 10분 정도

목적 >>> 2루는 주자가 타구에 따라 어떻게 움직여야 하는지를 판단하기가 가장 어려운 장소다. 그 이론을 이해하는 것이 목표다.

노아웃 상황

- 외야 플라이인 경우에는 태그업한다.
- 리드는 베이스라인 위쪽에서 한다.

노아웃인 경우의 리드는 번트나 진루타에 대비해 2, 3루 베이스라인 위쪽에서 한다.

노아웃에서 외야 플라이인 경우에는 태그업한다.

훈련 방식

1. 2루 주자가 되어 준비를 한다.
2. 이닝과 아웃 카운트, 스코어를 설정한다.
3. 그 조건에 맞는 리드를 한다.
4. 실제로 공을 때리고 그 타구에 따라 판단한다.
5. 위의 2를 바꿔서 반복한다.

1아웃 또는 2아웃 상황

- 리드는 베이스라인으로부터 2~3보 물러나서 한다.
- 외야 플라이는 기본적으로 베이스라인 중간까지 리드한다.

1아웃 또는 2아웃에서는 홈으로 주루하기 편하도록 베이스라인에서 2, 3보 물러나 리드한다.

1아웃에서 외야로 뜬공이 날아갔을 때는 베이스라인 중간까지 리드한다. 깊은 뜬공일 때는 2루 근처로 돌아와 태그업한다.

POINT TIP!
선수가 리드 이론을 익히는 것은 필수다. 상황에 따른 리드 형태가 다양하여 매우 복잡하지만 반드시 지켜야 하는 이론이므로 머릿속에 정리하도록 하자.

원 포인트 레슨
1아웃 또는 2아웃인 경우에는 안타나 상대 수비 실책에 대비해 홈까지 들어올 준비를 해야 한다. 따라서 베이스라인에서 2~3보 위쪽으로 물러나 리드를 해야 3루 방향으로 곡선을 그리는 주루 플레이를 할 수 있다.

LESSON 054
2, 3루 주자의 주루 판단법

• 인원 | 그룹
• 시간 | 10분 정도

목적 ≫ 2, 3루 주자의 이론을 이해하는 것이 목적이다. 3루 주자는 즉시 득점으로 이어질 수 있기 때문에 이 이론을 철저히 익혀야 한다.

1아웃 상황①
타구가 우측일 때는 달린다.

1아웃 2루에서 타구가 주자의 왼쪽으로 가면 주자는 달린다.

1아웃 상황②
타구가 좌측일 때는 멈춘다.

1아웃 2루에서 타구가 주자보다 오른쪽으로 가면 주자는 기본적으로 달리지 않는다.

훈련 방식

1. 2루 주자가 되어 준비를 한다.
2. 타구의 방향에 따라 달릴지 멈출지를 빨리 판단한다.
3. 다음에는 3루 주자가 되어 준비를 한다.
4. 사인에 따라 플레이한다.
5. 이 연습을 반복한다.

1아웃 상황③
좌측 약한 땅볼일 때는 달린다.

1아웃 2루에서 주자의 오른쪽으로 간 타구가 약한 땅볼일 경우 주자는 달린다.

사인을 확인한다.

3루 주자는 사인을 확인한다.

POINT TIP!
주자는 달릴지 멈출지를 정확히 판단해야 한다. 주자가 이론의 이해도를 높이고 이닝과 아웃 카운트 등을 계속 확인하면서 빠르게 판단할 수 있도록 하려면 평소의 훈련이 중요하다.

원 포인트 레슨
2루 주자의 경우, 노아웃이나 1아웃에서 자신보다 왼쪽으로 가는 타구일 때는 무조건 달리고 오른쪽일 때는 멈춘다. 직선타나 뜬공일 경우 노아웃에서는 태그업, 1아웃에서는 베이스라인 중간까지 리드한다. 반면에 3루 주자는 직선타나 뜬공일 경우 귀루, 땅볼일 때는 사인 플레이에 따른다.

LESSON 055
스트레이트 슬라이딩

• 인원 | 1명
• 시간 | 5분 정도

목적 ≫ 슬라이딩 중에서도 가장 자주 사용되는 기술이 스트레이트 슬라이딩이다. 되도록 모든 선수가 익혀야 하는 기술이다.

베이스 앞 약 3미터 지점에서 슬라이딩한다.

훈련 방식

1. 베이스에서 8~10미터 떨어진 곳에 선다.
2. 사인에 따라 달리기 시작한다.
3. 베이스 앞에서 스트레이트 슬라이딩을 한다.
4. 이 연습을 반복한다.

양손이 지면에 닿지 않도록 하며 베이스 위에서 멈춘다.

POINT TIP!
스트레이트 슬라이딩은 도루 상황에서 태그를 피할 때 효과적이다. 그 밖에 헤드 퍼스트 슬라이딩이나 훅 슬라이딩 등이 있다. 각 슬라이딩 별로 용도와 기술이 다르므로 상황별 연습이 필요하다.

원 포인트 레슨
한쪽 발을 똑바로 뻗고 다른 쪽 발은 밑으로 접은 채 미끄러져 들어간다. 이때 발꿈치로 슬라이딩하지 않도록 주의하자. 또한 주저하지 않고 속도를 늦추지 않는 것이 성공의 비결이다. 스트레이트 슬라이딩을 구사하면 도루를 할 때 베이스를 빠르게 터치할 수 있다.

레벨업 훈련
훈련은 천연 잔디 위에서 한다
천연 잔디 위에서 훈련하면 공포감도 약해지고 미끄러져 들어가는 감각을 쉽게 익힐 수 있다. 꼭 야구장이 아니더라도 천연 잔디에서 훈련하자. 선수들끼리 슬라이딩 거리를 경쟁하면 즐겁게 훈련할 수 있다.

코치의 한 마디!
그 밖에 알아야 할 이론
2루 주자의 경우, 기본적으로 타구가 자신의 오른쪽으로 올 때는 달리지 않는다. 그러나 오른쪽으로 오더라도 3루수와 유격수가 전진해야 하는 약한 타구일 때는 달린다. 반면 3루 주자의 경우, 타구가 땅볼일 때는 ①무조건 달린다, ②내야를 빠져나가면 달린다, ③자신의 판단에 따라 달린다 중 한 가지 사인 플레이를 하게 된다.

LESSON 056
헤드 퍼스트 슬라이딩

- 인원 | 1명
- 시간 | 5분 정도

목적 ›› 스트레이트 슬라이딩과 함께 자주 사용되는 기술이 헤드 퍼스트 슬라이딩이다. 이 기술도 모든 선수가 익혀야 한다.

세이프티 리드를 하며 투수의 움직임을 본다.

베이스를 향해 헤드 퍼스트 슬라이딩을 한다.

훈련 방식

1. 1루 베이스에 나가 주자가 된다.
2. 리드를 한다.
3. 사인에 따라 헤드 퍼스트 슬라이딩을 한다.
4. 다른 선수와 교대하고 이 연습을 반복한다.

POINT TIP!

헤드 퍼스트 슬라이딩은 투수가 견제구를 던져 귀루할 때 반드시 사용된다. 특히 1루로 귀루할 때는 필수다. 주루 훈련이나 청백전 등을 할 때 이 기술을 반드시 사용하도록 의무화해 철저히 반복하도록 하자.

원 포인트 레슨

양손을 뻗고 가슴과 배를 일직선으로 만들어 미끄러져 들어간다. 이때 반드시 엎드린 자세로 낮게 슬라이딩해야 한다. 옆으로 누운 자세로 슬라이딩을 하면 어깨가 탈구될 위험성이 있으며, 위로 뛰어오르면 배에 충격이 갈 위험이 있으니 주의하자.

코치의 한 마디!

선을 베이스라고 생각하고 훈련한다

베이스가 없어도 주루 훈련을 할 수 있다. 1루 베이스에서 세이프티 리드 거리에 병렬로 선다. 여기에서 출발해 타석에서 우익수 방향으로 그은 선을 향해 헤드 퍼스트 슬라이딩을 한다.

NG! 헤드 퍼스트 슬라이딩을 피해야 할 때

타자주자가 1루에 헤드 퍼스트 슬라이딩을 하는 것은 좋지 않다. 또 홈에서도 프로텍터를 입은 포수의 블로킹으로 부상을 입을 수 있기 때문에 피해야 한다. 2루타나 3루타일 때는 태그를 피할 경우에 한해 사용하기도 한다.

LESSON 057
훅 슬라이딩

• 인원 | 1명
• 시간 | 5분 정도

목적 »» 지금까지의 슬라이딩은 일직선으로 베이스를 향하는 동작이었다. 반면 훅 슬라이딩은 수비 선수를 피해 옆에서 베이스를 터치하는 기술이다.

3루를 향해 오른쪽으로 피하면서 왼쪽 무릎을 구부리며 훅 슬라이딩을 한다.

훈련 방식

1. 2루 주자가 되어 리드를 한다.
2. 도루를 한다.
3. 3루에 들어간 야수를 피해 훅 슬라이딩을 한다.
4. 다른 선수와 교대해 이 연습을 반복한다.

몸이 왼발보다 먼저 베이스를 통과하면서 왼발 끝으로 베이스 오른쪽을 터치한다.

POINT TIP!
몸의 측면이나 등으로 슬라이딩을 하지 못하는 상태에서는 훅 슬라이딩 훈련을 할 필요가 없다. 공포심 때문에 처음에 손을 짚어 버리기 쉽기 때문이다. 몸의 측면이나 등으로 슬라이딩을 할 수 있게 된 다음에 이 훈련을 하기 바란다.

원 포인트 레슨
베이스 정면에서 야수가 자리를 잡고 있어서 베이스를 향해 곧바로 슬라이딩을 할 수 없을 때 사용한다. 베이스 옆 방향으로 슬라이딩해 갈고리처럼 굽힌 발로 옆에서 베이스를 걸듯이 미끄러져 들어간다. 야수의 움직임과 공이 오는 방향을 파악해 좌우 어느 쪽으로 슬라이딩할지 판단한다.

레벨업 훈련
복합 훈련으로 반복하기

예를 들어 매번 다이아몬드 다섯 바퀴의 주루 훈련을 하는 팀이라면 마지막 한 바퀴는 스트레이트 슬라이딩, 다음에 훈련을 할 때는 마지막 한 바퀴는 훅 슬라이딩과 같이 다른 훈련과 조합하면 매회 훈련을 할 때마다 반복할 수 있다.

LESSON 058
투구 모션 훔치는 요령

- 인원 | 그룹
- 시간 | 5분 정도

목적 >>> 도루를 성공시키려면 투수의 모션을 훔치는 것이 중요하다. 투구의 리듬과 버릇을 파악하기만 해도 성공률이 높아진다.

투구와 견제 자세를 관찰하며 보폭을 조절한다.

견제를 할 때는 귀루한다.

투구를 시작하면 스타트한다.

훈련 방식

1. 배터리가 투구 연습을 한다.
2. 1루에 주자를 두고 리드를 한다.
3. 투수의 움직임을 잘 보고 투구에 들어가면 스타트한다.
4. 이 연습을 반복한다.

POINT TIP!
투구와 견제의 차이를 발견하기 위해서는 1루에 나갔을 때 견제구를 조금이라도 더 많이 던지게 해야 한다. 이 움직임을 습관화하기 위해 평소부터 투구 연습과 이 훈련을 함께 실시하면 좋다.

원 포인트 레슨
머리, 목, 턱, 어깨, 팔꿈치, 무릎, 발, 보폭, 스파이크의 각도, 상체의 기울기, 글러브의 위치 등은 버릇이 나타나기 쉬운 부분들이다. 예를 들어 세트 포지션의 보폭이 좁을 때나 턱이 왼쪽 어깨 위에 얹혀 있을 때는 견제일 확률이 높다.

코치의 한 마디!
그 밖의 5가지 기준
① 우완 투수의 왼발 발꿈치가 올라가면 투구 동작, 오른발(축이 되는 발) 발꿈치가 올라가면 견제 동작이다.
② 왼쪽 어깨가 1루 쪽으로 열려 있으면 견제 동작이며, 투구 시에는 열려 있는 어깨를 홈쪽으로 되돌린 다음 투구한다.
③ 글러브의 위치가 다르면(평소와 높이가 다르면) 견제 동작이다.
④ 좌완 투수의 경우, 주자를 보면서 홈으로 투구한다.
⑤ 반대로 견제를 할 때는 홈을 본다(반대로 보고 던진다.).

LESSON 059
런다운 플레이에서 빠져나오는 방법

• 인원 | 그룹
• 시간 | 5분 정도

목적 >>> 베이스 사이에서 런다운 플레이에 걸리면 포기하지 말고 최대한 오랫동안 피해 다닌다. 여기에서는 그 철칙을 소개한다.

공을 가지고 있는 선수가 자신을 쫓아오게 유도하며 거리를 좁힌다.

상대에게 공을 던진 순간 방향을 바꿔 도망친다.

훈련 방식

1. 베이스 사이에 주자를 둔다.
2. 베이스 사이에서 주자를 협공한다.
3. 주자는 아웃을 당하지 않도록 버틴다.
4. 이 연습을 반복한다.

POINT TIP!

런다운 플레이에 걸렸을 때는 다음과 같은 철칙이 있다. ①노아웃 또는 1아웃에서 3루 주자가 내야 땅볼로 런다운 플레이에 걸렸을 경우, 최대한 시간을 끌어서 타자주자를 2루까지 진루시킨다. ②최대한 상대방의 실수를 유발하며 홈 플레이트 근처에서 잡힌다. 그래야 상대의 실수가 발생했을 경우 득점 기회를 만들 수 있다.

원 포인트 레슨

견제에 걸려 협공을 당할 때 공을 가진 선수에게 부딪히면 수비 방해로 아웃이 된다. 하지만 공을 가진 선수가 쫓아올 때 상대를 유인해 거리를 좁히다가 다른 야수에게 공을 던지는 순간 방향을 바꿔 부딪치면 주루 방해가 된다.

레벨업 훈련
주위를 보면서 도망치기

런다운 플레이에서 야수가 가장 많이 저지르는 실수는 낙구다. 야수와 야수 사이를 연결하는 선상으로 달리면 상대의 초조함을 유발할 수 있다. 또 도망치는 데만 집중하지 말고 야수의 플레이도 계속 보도록 해야 한다.

NG! 주루 시에 있을 법한 반칙

주자가 야수를 방해하면 수비 방해가 선언된다. 반대로 수비가 주루를 방해하면 주루 방해가 선언된다.

LESSON 060
타구 판단력 기르기

• 인원 | 그룹
• 시간 | 5분 정도

목적 >>> 실전에 가깝게 펑고를 하며 주자가 히트앤드런이나 태그업 등을 판단하고 움직이는 훈련이다.

주자에게 주루 준비를 시킨다.

코치는 펑고를 하고 주자가 스스로 판단해 움직이게 한다.

훈련 방식

1. 이닝, 아웃 카운트, 스코어 등을 설정한다.
2. 주자는 주루 준비를 한다.
3. 펑고볼의 방향에 따라 주자가 상황 판단을 하며 움직인다.
4. 판단 여부에 대해 설명해 주자의 판단력을 높인다.
5. 이 연습을 반복한다

POINT TIP!
먼저 주루의 이론을 이해해야 한다. 그 다음 펑고를 하고, 주자가 된 선수 본인이 직접 판단해 움직인다. 펑고를 하는 코치는 다양한 상황을 만들어 선수의 판단력을 키우는 것이 중요하다.

원 포인트 레슨
처음에는 외야 뜬공만으로 훈련하는 것도 효과적이다. 순간적으로 정확한 판단을 할 수 있도록 이해하기 쉬운 상황부터 시작하자. 또한 타격 훈련 중에 주자를 세우면 더욱 실전에 가까운 훈련이 된다.

레벨업 훈련
항상 선수 자신이 판단하기
주루 훈련이나 슬라이딩 훈련 등 개별 훈련은 기술을 습득하거나 조정할 때 효과적이다. 그러나 실전에서 사용할 수 있는 기술로 만들려면 선수 개개인이 항상 긴장감을 갖고 스스로 판단하도록 하는 훈련법으로 발전시켜야 한다.

코치의 한 마디!
기동력 야구야말로 승리의 원동력이다
주루와 주자를 돕는 배팅(번트나 히트앤드런)을 종합해 기동력이라고 한다. 아무리 타율이 좋은 타자라도 도루 성공률에는 미치지 못한다. 강한 팀을 만들기 위해서는 타력과 기동력을 효과적으로 조합해야 한다.

CHAPTER 05

투구
PITCHING

투수에게는 컨트롤과 스피드 강화가 중요 과제다.
동시에 야수로서의 기술도 연마해야 한다.
이 장에서는 투수에게 필요한 모든 훈련을 소개한다.

LESSON 061
누워서 수직으로 공 던지기

• 인원 | 1명
• 시간 | 5분 정도

목적 >>> 특히 투수에게 필요한 손목 스냅의 움직임을 습관화하는 훈련법이다. 수많은 프로야구 선수들이 실천하고 있다.

하늘을 보고 누워서 손목을 사용해 위로 던진다.

수직 방향으로 회전을 준다.

훈련 방식

1. 누워서 공을 잡는다.
2. 손목을 사용해서 공을 위로 던진다.
3. 떨어지는 공을 잡는다.
4. 이 연습을 반복한다.

POINT TIP!
경식 공에 공포심이 있을 때는 연식 공을 사용해도 좋다. 손목의 스냅을 사용해 수직 회전을 걸어 던진다. 천장이 있을 때는 그곳까지의 높이를 노리면 컨트롤의 강약을 조절하는 훈련도 된다.

원 포인트 레슨
투수는 항상 손이 공과 친숙해야 한다. 훈련 시간뿐만 아니라 휴식 시간이나 집에서도 되도록이면 공을 계속 만지는 것이 중요하다. 이 훈련을 실내에서 할 경우, 천장에 닿을 듯 말 듯한 높이를 목표로 하면 컨트롤이 크게 향상된다.

LESSON 062
발을 앞뒤로 벌리고 캐치볼하기

• 인원 | 2명
• 시간 | 5분 정도

목적 >>> 올바른 테이크 백은 팔꿈치의 위치가 몸의 정후방으로 온다. 올바른 투구법을 습관화하는 훈련법이다.

테이크 백을 의식해 투구한다.

훈련 방식

1. 2인 1조로 캐치볼 준비를 한다.
2. 발을 앞뒤로 벌려 자세를 취한다.
3. 테이크 백을 의식하면서 캐치볼을 한다.
4. 이 연습을 반복한다.

POINT TIP!
발을 앞뒤로 벌림으로써 몸을 비스듬히 만들어 테이크 백을 하기 쉽게 한다. 테이크 백을 할 때 등 쪽에서 봐서 팔꿈치의 튀어나온 부분이 보인다면 투구법의 수정이 필요하다. 그러나 이런 선수는 사이드암이나 언더스로가 적합하다고도 볼 수 있다.

LESSON 063
보폭을 최대한 벌리고 던지기

• 인원 | 2명
• 시간 | 5분 정도

목적 »» 올바른 체중 이동 방법을 익히기 위한 훈련이다. 테이크 백을 할 때는 뒷발에, 투구 뒤에는 앞발에 모든 체중을 옮긴다.

앞발에 체중을 싣고
자세를 취한다.

체중을 뒷발로 옮기면서
테이크 백을 한다.

훈련 방식

1. 발을 최대한 벌리고 선다.
2. 앞, 뒤, 앞의 타이밍으로 공을 던진다.
3. 이 연습을 반복한다.

다시 앞발로 체중을 옮기면서
던진다.

마지막에는 앞발에 모든 체중을
싣는다.

POINT TIP!
다리를 최대한 벌려야 한다. 다리를 벌리면 균형이 흔들리므로 상체를 똑바로 세워 자세를 잡아야 한다. 이 움직임만으로도 하반신이 강화된다. 이 자세에서 명확하게 체중 이동을 실시한다.

원 포인트 레슨
먼저 앞발에 체중을 싣는다. 그리고 뒷발로 체중을 옮기며 테이크 백을 하고, 앞발로 체중을 옮기면서 공을 던진다. 체중 이동 경로는 앞, 뒤, 앞이다.

LESSON 064
앞발을 높은 곳에 올려놓고 던지기

• 인원 | 2명
• 시간 | 5분 정도

목적 >>> 앞발로 체중을 이동시키는 훈련이다. 앞발에 체중을 제대로 싣지 못하는 선수나 투구 뒤에 앞으로 몸이 기울어지는 선수에게 추천한다.

뒷발에 체중을 싣고 테이크 백을 한다.

앞발에 모든 체중을 싣고 무릎을 굽힌다.

훈련 방식

1. 마운드의 낮은 곳에서 투구 자세를 취하며 높은 곳에 앞발을 올려놓는다.
2. 투구 후에 모든 체중을 앞발에 싣는다.
3. 이 연습을 반복한다.

POINT TIP!
앞발로 체중을 이동하려면 다리의 근력이 필요하다. 무리한 훈련은 부상의 원인이 되므로 평소의 트레이닝이 중요하다.

원 포인트 레슨
높이 20센티미터 전후의 발판이나 마운드의 낮은 곳을 이용한다. 낮은 곳에 있는 뒷발에서 높은 곳의 앞발로 체중을 이동시키는 것이 목적이다. 투구 후에는 앞발에 모든 체중을 싣고 무릎을 굽히는 것이 포인트다.

LESSON 065
거울을 보며 섀도 피칭하기

- 인원 | 1명
- 시간 | 5분 정도
- 도구 | 타월

목적 》》 투구 폼을 만들거나 릴리스 포인트를 안정시키는 훈련이다. 어느 정도 기술이 완성된 뒤에도 정기적으로 반복하는 것이 바람직하다.

손가락에 타월을 끼우면 팔의 스윙을 확인할 수 있다.

훈련 방식

1. 타월을 들고 거울이나 유리 앞에 선다.
2. 천천히 테이크 백을 하며 손이 몸에서 멀리 지나도록 움직인다.
3. 양어깨가 좌우로 흔들리지 않도록 섀도 피칭을 한다.
4. 이 연습을 반복한다.

POINT TIP!

거울 앞에 서서 양어깨를 평행하게 한다. 양어깨가 정해진 위치에서 좌우로 나오지 않도록 공을 던지는 모션을 취한다. 일단 천천히 던지는 시늉을 하고, 되도록 손이 몸에서 멀리 지나간다는 느낌으로 반복하면 좋다.

원 포인트 레슨

집이나 좁은 장소에서 할 수 있는 훈련이다. 비가 오는 날이나 그라운드를 사용하지 못하는 날, 훈련 후 등에도 혼자서 할 수 있다. 기초 훈련을 꾸준히 반복하는 것은 매우 중요하다.

LESSON 066
목표한 곳에 공 던지기

- 인원 | 1명
- 시간 | 5분 정도
- 도구 | 테이프

목적 »» 테이크 백을 한 뒤 목표로 한 장소로 공을 던지는 훈련이다. 투구 폼의 고정과 컨트롤 향상에 도움이 된다.

벽에 목표를 표시한다.

목표를 노리고 던진다.

훈련 방식
1. 벽에 목표를 표시한다.
2. 투구 자세를 취한다.
3. 목표에 맞힌다.
4. 이 연습을 반복한다.
5. 8~9m 네트 피칭도 효과적이다.

POINT TIP!
처음에는 허리를 정면으로 향하고 허리 회전을 최소화하여 던진다. 무릎 이외에는 상반신의 움직임에만 집중하고, 팔꿈치를 옆으로 들고 손목의 젖힘을 의식한다. 이 움직임에 익숙해지면 평소의 투구로 돌아가고, 어느 정도 표적을 맞힐 수 있게 되면 와인드업이나 세트 포지션에서의 투구로 발전시킨다.

LESSON 067
라이브 피칭 훈련

- 인원 | 그룹
- 시간 | 3분 정도

목적 »» 좀 더 실전에 가까운 형태로 컨트롤을 중시한 투구 훈련이다. 타자가 있는 상태에서 스트라이크 존 안을 좌우상하로 구분해 던진다.

실제로 타자를 세우고 목표한 코스로 던진다.

훈련 방식
1. 투수와 포수는 각자의 위치에서 준비한다.
2. 타석에 타자를 세운다.
3. 이 연습을 반복한다.

POINT TIP!
타자가 서 있기만 해도 투수의 긴장감은 완전히 달라진다. 특히 경기에서 실력을 발휘하지 못하는 투수에게 효과적인 훈련이다. 처음에는 스트라이크 존의 네 귀퉁이와 한가운데를 중심으로 훈련하며, 익숙해지면 공 한두 개 정도 벗어나는 컨트롤을 시험한다.

LESSON 068
직구 던지기

- 인원 | 2명
- 시간 | 10분 정도

목적 >>> 빠른 직구를 던지는 훈련이다. 훈련을 하기 전과 후의 워밍업과 쿨다운에도 신경을 쓴다.

훈련 방식

1. 투수와 포수는 각자의 위치에서 준비한다.
2. 포수를 향해 직구를 던진다.
3. 이 연습을 반복한다.

검지와 중지는 약 1센티미터 간격을 두고, 볼과 손바닥 사이의 간격은 손가락 하나 굵기 정도가 적당하다.

가볍게 쥐고 투구 동작에 들어간다.

팔 전체를 휘두르며 던진다.

던진 팔이 왼쪽 허리에 올 정도로 팔로스로를 한다.

POINT TIP!

직구든 변화구든 팔의 궤도는 다르지 않다. 그러므로 어떤 구종이든 투구법의 기본은 똑같다. 공을 쥐는 데 힘을 쓰지 말고 팔 전체를 휘두를 때 힘을 쓰면 묵직한 직구를 던지기 쉬워진다.

원 포인트 레슨

직구를 던질 때는 공을 가볍게 쥐는 것이 중요하다. 달걀을 쥐는 듯한 감각이라고 표현하는 프로야구 선수도 있다. 힘은 던질 때 순간적으로 주며, 공이 수직 회전을 하도록 던진다.

LESSON 069
커브 던지기

- 인원 | 2명
- 시간 | 10분 정도

목적 »» 커브의 그립과 투구법을 익힌다. 변화구를 던질 수 있게 되면 투구의 폭이 넓어지며 직구의 위력을 살릴 수 있다.

중지와 검지를 모아 잡되 중지에만 힘을 주고 검지는 가볍게 붙인다. 직구보다는 공을 손바닥에 가깝게 쥔다.

공을 가볍게 쥔 채 투구 동작에 들어간다.

훈련 방식

1. 투수와 포수는 각자의 위치에서 준비한다.
2. 포수를 향해 커브를 던진다.
3. 이 연습을 반복한다.

팔의 궤도가 직구와 차이가 없도록 릴리스한다.

릴리스 순간에 손목을 새끼손가락 쪽으로 비튼다.

POINT TIP!
변화구를 던질 때 가장 중요한 요소는 손가락 끝의 감각이다. 공을 횡방향으로 회전시키기 위해 평소에 손가락의 힘이나 악력을 단련시키는 것이 중요하다. 따라서 투수는 항상 공을 만지는 습관을 들여야 한다.

원 포인트 레슨
중지와 검지를 실밥의 가장 좁은 곳에 대각선으로 걸치고 엄지손가락도 실밥에 걸친다. 처음에는 가볍게, 그리고 테이크 백에서부터 힘을 주며 쥔다. 공을 최대한 몸 앞으로 내밀어 타자와 가장 가까운 위치에서 릴리스한다.

LESSON 070
슈트(역회전볼) 던지기

• 인원 | 2명
• 시간 | 10분 정도

목적 ≫ 슈트를 던지는 훈련이다. 우타자의 몸쪽을 파고드는 슈트는 매우 효과적인 무기가 된다.

훈련 방식
1. 투수와 포수는 각자의 위치에서 준비한다.
2. 포수에게 슈트를 던진다.
3. 이 연습을 반복한다.

실밥이 수평으로 되는 부분을 중지와 검지로 모아 잡되 중지에만 힘을 준다.

공을 가볍게 쥔 채 투구 동작에 들어간다.

팔의 궤도가 직구와 차이가 없도록 릴리스한다.

릴리스 순간 모든 손가락을 타자 몸쪽으로 비튼다.

POINT TIP!
슈트는 변화구 중에서도 가장 무리가 가는 투구법이기 때문에 팔꿈치와 손목에 큰 부담이 간다. 처음에는 투구 수가 하루 10구 정도, 익숙해져도 20~30구에서 억제하는 등 너무 많이 던지지 않도록 충분히 주의하자.

원 포인트 레슨
중지와 검지를 모아서 손가락 끝을 실밥에 걸친다. 릴리스 순간 모든 손가락을 타자의 몸쪽을 향해 비틀면서 던지며, 팔의 궤도는 직구와 같다.

LESSON 071
체인지업 던지기

- 인원 | 2명
- 시간 | 10분 정도

목적 ≫ 체인지업을 던지는 법을 훈련한다. 변화구를 연습할 때는 투구수를 정해 놓고 집중해서 던지자.

체인지업 그립의 한 예. 쓰리-핑거 체인지업의 그립. 세 손가락으로 공의 위를 잡고, 엄지와 새끼손가락으로 공을 받쳐 잡는다.

공을 가볍게 쥔 채 투구 동작에 들어간다.

훈련 방식

1. 투수와 포수는 각자의 위치에서 준비한다.
2. 포수에게 체인지업을 던진다.
3. 이 연습을 반복한다.

팔의 궤도가 직구와 차이가 없도록 릴리스한다.

세 손가락으로 공을 빼면서 던진다.

POINT TIP!
체인지업은 갑자기 구속을 떨어트림으로써 타자의 타이밍을 빼앗는 변화구로, 타자가 알면 맞을 가능성이 높아진다. 따라서 투구 모션 자체가 느려지지 않도록 직구와 똑같이 릴리스를 빠르게 하여 패스트볼처럼 보이게 해야 한다.

원 포인트 레슨
체인지업은 타이밍을 빼앗는 구종의 총칭으로, 써클 체인지업, 쓰리-핑거 체인지업, 손끝 체인지업, 팜볼 등이 있다.

LESSON 072

그 밖의 변화구 그립(미·일의 변화구)

- 인원 | 1명
- 시간 | 3분 정도

목적 >>> 변화구는 여기에서 소개하듯이 선수 개개인이 변형시켜 사용할 때가 종종 있다. 자신에게 맞는 투구법을 찾아내기 바란다.

[일본인 N 투수의 그립]　　　[메이저리그 H 투수의 그립]

커브

슈트

체인지업

LESSON 073
변화구 스냅으로 볼 토스하기

- 인원 | 1명
- 시간 | 10분 정도

목적 ≫ 변화구의 질을 높이기 위해 필요한 엄지손가락의 스냅을 강화한다. 꾸준히 반복하면 점차 궤적이나 낙차에 변화를 줄 수 있게 된다.

변화구 그립으로 공을 잡는다.

엄지손가락으로 볼을 튕겨 올린다.

훈련 방식

1. 변화구 그립으로 공을 쥔다.
2. 엄지손가락의 스냅으로 공을 높이 올린다.
3. 떨어진 공을 잡는다.
4. 이 연습을 반복한다.

POINT TIP!
변화구를 던지기 위해서는 손가락 끝의 힘과 엄지손가락의 스냅을 강화해야 한다. 이 연습방법은 그라운드를 사용할 수 없을 때나 훈련을 충분히 할 수 없을 때 효과적이다. 집에서든 휴식 시간에든 무조건 습관을 들이는 것이 중요하다.

원 포인트 레슨
변화구 그립으로 공을 쥐고 엄지손가락으로 공을 위로 튕겨 올린다. 프로야구 선수들은 대부분 1미터 정도는 가볍게 올린다. 천정까지를 목표로 삼거나 다른 선수와 경쟁하면서 훈련해도 좋다.

레벨업 훈련
벽을 상대로 성과를 실감한다
반복 훈련은 금방 효과를 느끼지 못하는 경우가 대부분이다. 특히 볼 토스와 같은 지루한 훈련은 더욱 그렇다. 그럴 때는 벽을 향해 투구 연습을 해보면 변화를 실감할 수 있다.

코치의 한 마디!
벽을 상대로 공을 던져 프로가 되다
야쿠르트 스왈로스의 선수였던 나이토 나오유키는 "벽에 던지는 투구 연습만으로 프로야구 선수가 됐다."고 단언할 만큼 이 훈련을 반복하며 실력을 키웠다. 이와 같은 전례가 있을 정도로 벽을 상대로 한 투구는 매우 효과적인 훈련이다.

LESSON 074
포수를 상대로 견제 훈련하기

• 인원 | 2명
• 시간 | 10분 정도

목적 ≫ 포수를 상대로 각 루에 대한 견제 연습을 할 수 있다. 견제를 할 때 발을 딛는 법을 익히는 것이 목적이다.

방향을 바꾸고 포수를 야수라고 생각한다(여기에서는 1루수).

축이 되는 발의 발뒤꿈치를 들고 엄지발가락을 축으로 회전하면서 송구 모션에 들어간다.

훈련 방식

1. 투수는 포수가 견제 방향이 되도록 방향을 바꾼다.
2. 실제로 주자의 움직임을 보는 것처럼 한다.
3. 축이 되는 발의 발뒤꿈치를 들고 엄지발가락 아래쪽 볼록한 부분을 축으로 포수 방향으로 회전한다.
4. 왼발 끝을 포수를 향해 내딛으며 송구한다.
5. 이 연습을 반복한다.

왼쪽 팔꿈치를 몸에 붙이고 왼발 끝을 던지고자 하는 방향을 향해 내딛으며 송구한다.

1루 베이스의 바깥쪽 모서리를 향해 던지면 주자를 태그하기 쉽다.

POINT TIP!
주자나 내야수가 없어도 포수를 상대로 투수의 방향을 바꾸기만 하면 견제 연습을 할 수 있다. 이 훈련은 투구 훈련에 이어서 시간과 인원을 나누지 않고 할 수 있다.

원 포인트 레슨
견제를 할 때 올바르게 발을 딛는 법을 연습한다. 1루로 견제를 할 때는 어깨 너머로 주자를 보며 축이 되는 발의 뒤꿈치를 들고 엄지발가락의 뿌리 부분을 축으로 1루로 회전해 송구한다. 왼쪽 팔꿈치를 몸에 붙이면 공을 던지기 쉬워진다.

LESSON 075
주자를 두고 견제 훈련하기

• 인원 | 그룹
• 시간 | 10분 정도

목적 ≫ 주자의 움직임에 맞춰 견제구를 던지는 훈련이다. 보크가 되지 않도록 발의 움직임에 주의한다.

주자는 도루를 할 생각으로 리드한다.

투수는 견제 방향으로 똑바로 발을 디디며 던진다.

훈련 방식

1. 내야수와 주자가 각각 위치에 선다.
2. 주자는 도루를 노리고 스타트 준비를 한다.
3. 투수는 도루를 당하지 않도록 견제한다.
4. 주자를 다른 루에 세우고 2~3을 훈련한다.
5. 이 연습을 반복한다.

POINT TIP!
견제의 목적은 ①주자를 아웃시키는 것, ②스타트를 늦추는 것이다. 이 점을 이해하여 견제 시 너무 서두르지 않는 것이 중요하다. 견제구가 폭투가 되어 위기를 초래하지 않도록 주의하자.

원 포인트 레슨
견제를 간파당하지 않기 위해 항상 똑같은 자세에서 공을 던지는 것이 중요하다. 정확한 견제구를 던질 수 있도록 견제를 노리는 베이스를 향해 스텝을 똑바로 밟는다는 의식을 갖자.

레벨업 훈련
2루 견제구 요령
왼쪽으로 돌기의 기본은 다음의 4가지다. ①돌기 편한 보폭으로 서고 2루를 바라보며 주자와 야수를 확인한다, ②턱을 어깨에 붙인 채 머리가 들리지 않게 오른쪽으로 돈다, ③2루 베이스로 왼발을 곧바로 내딛는다, ④야수의 무릎 높이를 노리고 던진다. 왼손 투수의 경우 움직임은 같지만 왼쪽으로 회전한다. 2아웃에 볼카운트 2-3일 경우에는 반드시 견제를 넣자.

체크 포인트
피칭 후에 자세를 잘 잡지 못하는 경우
피칭 후 타구에 대비해 자세를 낮추는 것은 생각보다 어렵다. 그러므로 '되도록 양발을 조금 넓게 벌리거나 무릎을 굽히는' 정도로 의식하자. 그러면 낮은 자세가 가능해진다.

LESSON **076**

1루 베이스 커버 훈련하기

- 인원 | 그룹
- 시간 | 10분 정도

목적 ⟫⟫ 피칭 후에는 투수도 내야수이며, 베이스 커버도 중요한 역할 중 하나다. 따라서 확실한 커버링과 판단력을 익혀야 한다.

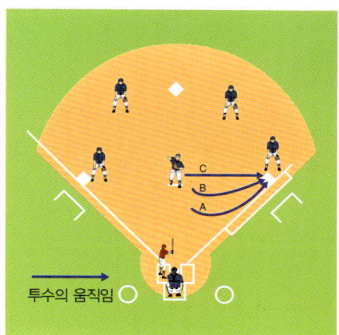

송구에 따라 베이스 커버를 들어가는 궤도가 달라진다.

A 1루 뒤쪽에서 송구가 올 때는 1루 라인을 따라 베이스 커버를 들어간다.

훈련 방식

1 내야수가 각 포지션에 자리를 잡는다.

2 피칭 후 투수도 1루쪽 타구를 의식해 움직인다.

3 1루 베이스 커버를 들어간다.

4 이 연습을 반복한다.

B 2루 방향에서 송구가 올 때는 A와 C의 중간으로 들어간다.

C 3루 방향에서 송구가 올 때는 마운드에서 직선으로 달려가 공을 기다린다.

POINT TIP!

타구가 자신보다 1루쪽으로 날아가면 1루 베이스 커버에 들어간다. 투수는 항상 이닝과 아웃 카운트, 득점, 수비 형태 등 주위의 상황을 머릿속에 담아 두어야 한다.

원 포인트 레슨

베이스 커버의 기본은 베이스 앞에서 포구해 오른발로 베이스 안쪽을 밟고 그라운드 안쪽으로 피하는 것이다. 1루 뒤쪽에서 송구가 올 때는 1루 라인을 따라 들어가면 포구하기 쉬워진다. 반면에 3루 방향의 타구일 때는 최단거리로 들어가 공이 오기를 기다린다.

CHAPTER 06
포수
CATCHER

포수는 팀의 열쇠를 쥐고 있다고 해도 과언이 아니다.
그만큼 뛰어난 능력이 요구되는 포수의 훈련법을 소개한다.

LESSON 077
포수의 기본 자세

• 인원 | 2명
• 시간 | 3분 정도

목적 >>> 포수의 올바른 자세를 익힌다. 투수가 공을 던지기 쉽도록 자세를 잡는 것이 기본이다.

발뒤꿈치는 공 한 개 높이 정도 띄운다.

균형이 무너지지 않도록 포구한다.

훈련 방식

1. 포수 장비를 입고 홈플레이트 뒤쪽에서 준비한다.
2. 발을 어깨너비로 벌린 뒤 발끝을 10시 10분 방향으로 벌리고 공을 발뒤꿈치 아래에 놓는다.
3. 자세를 높이지 않고 공을 받는다.
4. 이 연습을 반복한다.

POINT TIP!
생활 방식이 옛날과 달리 의자에 익숙해졌기 때문에 포수의 자세는 고통스럽고 피곤하다. 조금 편해지고자 무릎을 꿇기 쉬운데, 기본자세를 유지해야 한다. 훈련에서 안 된다면 경기 때도 안 된다.

원 포인트 레슨
포수가 몸에 익혀야 할 포인트는 다음과 같다. ①발을 어깨너비로 벌린다, ②발끝을 10시 10분 방향으로 벌리고 앉는다, ③정면에 미트를 댄다, ④발뒤꿈치 아래에 공을 놓는다, ⑤허벅지와 종아리 사이에 손가락 하나 정도의 간격을 유지한다, ⑥오른손을 뒤로 빼고 어깨 라인을 평행하게 한다.

LESSON 078
오른팔을 허리에 붙인 채 포구하기

• 인원 | 2명
• 시간 | 5분 정도

목적 >>> 한 손 포구가 목적이다. 올바른 자세를 취하면 공을 잡을 수 있는 범위가 넓어진다.

발뒤꿈치를 띄워 다양한 위치에서 오는 공에 대응한다.

훈련 방식

1. 포수는 올바른 자세를 취한다.
2. 10미터 정도 떨어진 곳에서 좌우상하로 공을 던진다.
3. 한 손으로 포구한다.
4. 이 연습을 반복한다.

POINT TIP!
몸쪽, 바깥쪽, 높은 쪽, 낮은 쪽 등 다양한 위치에서 오는 공을 확실히 잡을 수 있도록 하자. 약한 위치가 있으면 계속된 훈련을 통해 극복한다. 공이 크게 벗어나더라도 발뒤꿈치를 띄운 올바른 자세로 포구하도록 한다.

LESSON 079

고무줄 아래로 지나 공 잡기

• 인원 | 2명
• 시간 | 5분 정도
• 도구 | 고무줄

목적 » 낮은 자세로 포구하는 훈련이다. 번트 등으로 포수 앞에 떨어진 공을 재빨리 포구한다.

고무줄 밑으로 지나가며 공을 쫓는다.

자세를 높이지 않고 포구한다.

훈련 방식

1. 홈플레이트 뒤에서 자세를 취한다.
2. 머리 높이에 고무줄을 친다.
3. 땅볼을 굴린다.
4. 고무줄 밑으로 지나가며 땅볼을 잡는다.
5. 이 연습을 반복한다.

POINT TIP!
낮은 자세로 포구하는 것이 중요하다. 자세가 낮아야 공을 빨리 잡을 수 있다. 시간을 재거나, 포구까지의 빠르기를 두 사람이 경쟁하거나, 고무줄의 높이를 서서히 낮추는 등 훈련 방법을 다양하게 해도 좋다.

원 포인트 레슨
자세를 낮추는 것이 목적이다. 낮은 자세는 기본 체력과 운동 능력을 높이기 때문에 선수 전원이 이 훈련을 할 것을 권한다.

LESSON 080

뒤에서 굴린 땅볼 처리하며 풋워크 강화하기

• 인원 | 2명
• 시간 | 5분 정도

목적 » 번트 처리 훈련이다. 낮은 자세로 포구하는 훈련도 되지만, 가랑이 사이로 구르는 공에 재빨리 반응하는 판단력과 민첩성을 기를 수 있다.

코치는 뒤에서 공을 굴린다.

훈련 방식

1. 포수는 홈플레이트 뒤에서 자세를 취한다.
2. 코치는 포수 뒤에 선다.
3. 포수의 다리 사이로 땅볼을 굴린다.
4. 구르는 공을 잡는다.
5. 이 연습을 반복한다.

POINT TIP!
번트 타구를 가상해 코치는 포수의 다리 사이로 공을 굴린다. 선수의 능력에 따라 공의 빠르기와 방향을 조절하기 바란다. 낮은 자세를 유지하며 움직이도록 하자.

CHAPTER 05 포수 | 119

LESSON 081
4인 1조 번트 처리 훈련

- 인원 | 그룹
- 시간 | 10분 정도

목적 ››› 땅볼을 포구한 후 각 루에 송구하기까지의 흐름을 연습한다. 효율적으로 훈련할 수 있기 때문에 야수를 포함시켜도 좋다.

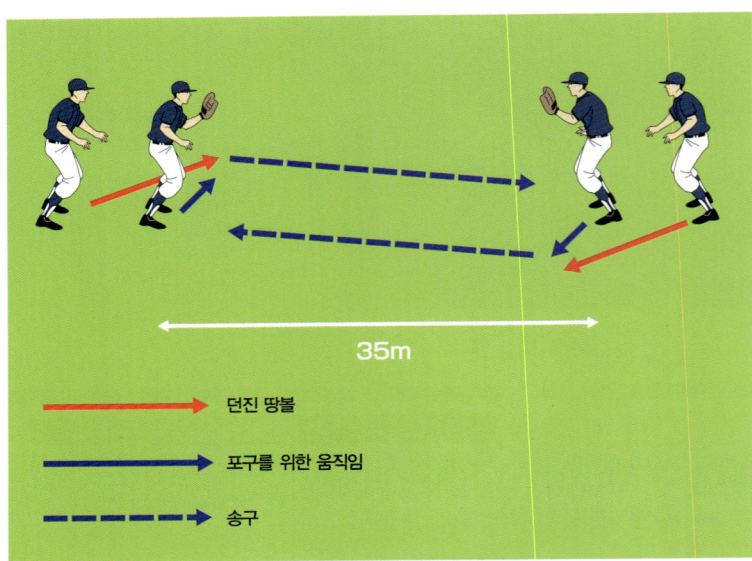

- 던진 땅볼
- 포구를 위한 움직임
- 송구

훈련 방식

1. 두 명은 앞뒤로 서서 정면을 바라본다. 다른 두 명은 앞의 두 명과 마주 선다.
2. 뒷사람이 땅볼을 굴리면 앞사람은 공을 본 시점에 포구를 한다.
3. 공을 잡으면 다른 한 조의 앞사람에게 송구한다.
4. 공을 잡은 사람은 뒷사람에게 공을 던져 땅볼을 굴리게 한다.
5. 이 연습을 반복한다.

어느 정도 인원수가 늘어도 효율적으로 할 수 있는 훈련이다. 인원이 너무 늘어났을 때는 그룹의 수를 늘린다.

POINT TIP!
포구 후에 송구를 서두르면 실수를 하기 쉽다. 훈련 전에 확실한 포구와 기본에 충실한 송구가 핵심임을 기억하자. 이 경우 각 루에 공을 던질 때는 다른 야수와 마찬가지로 던지는 방향으로 왼발을 내딛는다.

원 포인트 레슨
서로 소리를 내며 땅볼을 빨리 잡아 송구한다. 차례대로 순서가 돌아오므로 템포 있게 공을 처리해 나가자.

레벨업훈련
포구하기 힘든 타자의 자세
포구하기 힘든 상황은 번트 자세에서 강공으로 전환했을 때와 세이프티 번트를 대며 타자가 홈플레이트 앞으로 나왔을 때다. 이러한 상황에서도 되도록 공을 아래에서 보며 눈을 떼지 않도록 한다.

코치의 한 마디!
번트를 댔을 때 보이지 않는 공의 대처법
배트와 공이 겹치면 포수에게는 공이 보이지 않게 된다. 그런 경우에는 배트 밑으로 고개를 낮춰 공을 봐야 한다. 위에서 보는 것은 좋지 않다. 가령 변화구일 때는 공을 완전히 잃어버릴 수가 있다. 마지막까지 배트와 공이 겹쳐 있으면 번트라고 판단하고 번트 처리 준비에 들어간다.

LESSON 082
블로킹의 기본

• 인원 | 그룹
• 시간 | 5분 정도

목적 >>> 송구 방향에 따라 블로킹의 위치를 바꿔 홈 플레이트를 사수하는 훈련이다. 포수의 가장 중요한 역할 중 하나다.

좌익수 앞
이 공간을 열어 놓는다.

홈플레이트에서 조금 떨어져도 된다.

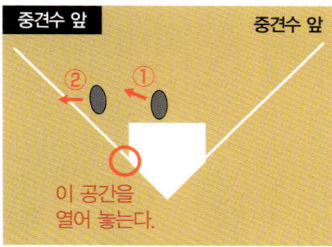

중견수 앞 / 중견수 앞
이 공간을 열어 놓는다.

홈플레이트의 조금 앞·왼쪽 방향이다.

훈련 방식

1. 포수는 홈플레이트 앞에 자리를 잡는다.
2. 주자는 3루에서 스타트한다.
3. 송구 방향에 따라 자세를 잡고 블로킹한다.
4. 이 연습을 반복한다.

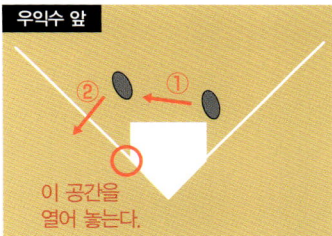

우익수 앞
이 공간을 열어 놓는다.

베이스 근처에서 블로킹한다.

철칙!
왼발이 주자를 향하면 자연스럽게 레그 가드의 정면이 주자를 향한다.

POINT TIP!
기본적으로 그림과 같이 자리를 잡고 화살표 방향으로 스텝을 밟는다. 우익수가 송구한 공의 타이밍이 아슬아슬할 때는 '홈플레이트 뒤에 서서 주자를 앞으로 유인하는' 등 주자의 진로를 변경시키는 전략도 있다.

원 포인트 레슨
홈플레이트 앞에 자리를 잡고 어떤 송구에도 대응할 수 있도록 한다. 이때 홈플레이트를 몸으로 막으려 하면 주자와 충돌할 가능성이 있으므로 홈플레이트를 완전히 보여줘 주로(走路)를 열어 놓자.

레벨업 훈련
상황에 따라 블로킹 자세 바꾸기

공이 먼저 와 태그에 여유가 있을 때는 홈플레이트를 두 다리 사이에 두고 왼발 발끝(레그 가드)을 주자 쪽으로 향한 뒤, 두 손으로 글러브를 잡고 글러브의 등으로 태그한다. 한편 크로스 플레이일 때는 부상을 피하기 위해 반드시 양 무릎을 꿇어야 한다.

블로킹은 포수의 진면목인 반면, 부상의 원인이기도 하다. 과거에는 한쪽 무릎을 세우고 블로킹을 하는 것이 대세였다. 그러나 정강이 골절이 많기 때문에 현재는 양 무릎을 모두 꿇고 블로킹을 한다.

LESSON 083
홈플레이트 위에서의 태그와 블로킹

- 인원 | 그룹
- 시간 | 5분 정도

목적 » 공은 손목 스냅을 자유롭게 사용할 수 있도록 가볍게 쥔다.

송구에 대비해 홈플레이트 앞에서 자세를 취한다.

양 무릎을 꿇고 주자를 블로킹한다.

훈련 방식

1. 3루에 주자를 두고, 포수는 송구에 대비한다.
2. 송구를 잡기 위한 자세를 취하고 송구를 받으며, 3루 주자는 홈플레이트를 노리고 달려온다.
3. 홈플레이트 위에서 블로킹을 한다.
4. 이 연습을 반복한다.

POINT TIP!
과거에는 포구 후에 왼발을 주자 쪽으로 향하게 해 레그 가드를 정면으로 향하고 블로킹하는 것이 대세였다. 그러나 정강이 골절 부상이 많아 최근에는 공을 받으면 양 무릎으로 블로킹하는 형태로 바뀌었다.

원 포인트 레슨
좌익수나 중견수 방면에서 오는 송구는 주자를 보기가 쉬워 블로킹하기 편하지만, 우익수가 송구할 때는 주자가 시야에 들어오지 않는다. 발 빠르거나 3루를 도는 상황을 생각해 블로킹을 준비하자.

LESSON 084
한쪽 발을 원 안에 넣은 채 포구&태그

- 인원 | 2명
- 시간 | 5분 정도
- 도구 | 석회

목적 》》 홈플레이트를 밟은 채 또는 발이 떨어지면 바로 홈플레이트로 돌아가 포구와 태그를 하는 훈련이다.

한쪽 발을 원 안에 넣고
공을 받는다.

훈련 방식

1. 원을 그린다.
2. 포수는 한쪽 발을 원 안에 넣고 코치가 던져 준 공을 받는다.
3. 발이 떨어졌을 때는 즉시 원 안으로 돌아간다.
4. 이 연습을 반복한다.

POINT TIP!
원을 홈플레이트라고 생각하고 최대한 한쪽 발을 원 안에 남겨둔 채 포구한다. 송구가 벗어났을 때는 포구 후 즉시 원 안으로 돌아간다. 코치는 포수가 원 안에 발을 넣은 채 아슬아슬하게 포구할 수 있을 정도의 위치에 공을 던지기 바란다.

LESSON 085
숏 바운드 캐치 훈련

• 인원 | 2명
• 시간 | 5분 정도

목적 >>> 숏 바운드된 공을 잡는 훈련이다. 뒤로 물러나면 진루나 실점으로 이어지기 때문에 중요한 훈련이다.

포수는 숏 바운드를 예상해 자세를 잡는다.

온몸을 이용해 공을 확실히 막는다.

훈련 방식

1 포수 장비를 입고 자세를 취한다.

2 다른 선수가 가까운 거리에서 숏 바운드를 던져 준다.

3 양 무릎을 좁혀 무릎을 꿇고, 허벅지 사이에서 미트를 지면과 직각으로 위치시켜 공을 막는다.

4 이 연습을 반복한다.

POINT TIP!

바운드된 공에 대해 몸을 빼지 않도록 한다. 특히 변화구는 불규칙 바운드가 일어나기 쉽다. 따라서 미트만으로 포구하려고 하지 말고 온몸을 던져 막는다는 의식을 가져야 한다. 항상 뒤로 빠지지 않도록 하는 것이 중요하다.

원 포인트 레슨

뒤로 빠지지 않도록 몸으로 막는 것이 중요하다. 양 무릎을 동시에 안쪽으로 좁히며 지면에 꿇고 겨드랑이를 붙인다. 허벅지 사이에서 미트가 크게 열리도록 지면과 90도 각도로 위치시킨다.

코치의 한 마디!

4가지 체크 포인트

바운드된 공을 잘 막지 못할 때는 다음을 확인하자.
① 양 무릎을 동시에 굽히고 있는가? 한쪽 무릎만 굽히면 틈이 생겨서 뒤로 빠트릴 가능성이 있다.
② 미트는 지면과 90도인가? 미트를 공에 대해 정면으로 크게 벌릴 수 있다.
③ 옆으로 벗어난 공에 대해서도 몸이 정면을 향하고 있는가? 몸이 옆을 향한 상태에서 공이 몸에 맞으면 옆으로 크게 튕겨 버린다.
④ 몸의 힘을 빼 공의 속도를 죽이고 있는가? 등을 둥글게 굽혀 공을 감싸 안지 않으면 튕겨 버린다.

LESSON 086
2루 송구하기

• 인원 | 그룹
• 시간 | 5분 정도

목적 >>> 2루 도루를 저지하기 위한 송구 훈련이다. 주자를 간단히 진루시키지 않을 수 있도록 빠르고 정확하게 공을 던지는 것이 목적이다.

주자가 달리는 순간에 허리를 일으키고, 포구와 동시에 오른발을 딛는다.

왼발을 내밀면서 오른손으로 공을 쥐고 송구한다.

훈련 방식

1. 포수가 포구 자세를 취하면 공을 던져 준다. 1루에는 주자를 내보낸다.
2. 도루를 노리는 주자를 보면서 공을 잡는다.
3. 주자가 스타트하면 2루로 송구한다.
4. 이 연습을 반복한다.

POINT TIP!
도루 저지의 철칙은 ①정확한 포구, ②오른발을 축으로 한 원스텝 풋워크, ③오른손으로 빠르게 공 쥐기, ④2루로의 확실한 송구 등 4가지다. ②는 주자의 스타트와 동시에 허리를 들고, 포구와 동시에 오른발, 왼발의 순서로 움직이며 송구한다.

원 포인트 레슨
오른손으로 공을 빠르게 쥐기 위한 비결은 포구할 때 왼손 바닥을 조금 오른쪽으로 향해 공을 오른손 가까이 오도록 하는 것이다. 잡은 순간에 오른손으로 공을 쥘 수 있기 때문에 빠른 송구가 가능하다.

레벨업 훈련
풋워크로 도루 저지하기
2루로 송구할 때 중요한 것은 포구와 동시에 오른발을 딛고, 왼발을 내밀기까지 공을 쥐는 동작이다. 왼발의 스텝은 어깨너비 정도가 기준이며, 목표를 향해 똑바로 내딛는다. 투수의 머리를 목표로 하면 던지기 쉬워진다.

코치의 한 마디!
공의 실밥에 손가락을 걸친다
스텝에 신경을 써도 송구가 잘 되지 않을 때는 공을 쥐는 법을 체크한다. 공을 쥘 때 실밥에 손가락을 확실히 걸치고 엄지손가락이 검지와 중지 바로 아래에 오도록 잡는다.

LESSON 087
내야 땅볼 백업하기

• 인원 | 팀
• 시간 | 10분 정도

목적 >>> 백업도 포수의 중요한 일이다. 홈으로 들어오는 주자가 없을 때는 내야 땅볼의 백업을 맡는다.

포수의 커버링 범위

훈련 방식

1. 내야 수비를 한다.
2. 내야 땅볼의 속도와 방향에 따라 커버에 들어간다.
3. 움직임을 확인한다.
4. 이 연습을 반복한다.

POINT TIP!
포수에게 백업은 매우 중요한 부분이다. 만약 폭투나 실책이 일어났을 때 백업 플레이가 이루어지지 않으면 득점에 큰 영향을 끼치기 때문이다.

원 포인트 레슨
2루 땅볼의 백업은 반드시 포수의 책임이다. 2루 방향에서 폭투를 범하면 1루 펜스에 맞고 홈을 향해 구른다. 포수는 1루 후방의 파울 그라운드로 달려가 처리해야 한다.

레벨업 훈련
2루 땅볼도 타구의 강도에 따라 달라진다
같은 2루 땅볼이라도 타구의 강도에 따라 백업 범위가 달라진다. 느린 땅볼일 때는 2루수가 전진해 포구하고 1루로 던진다. 그렇기 때문에 깊은 위치까지 백업을 들어가야 한다. 반대로 강한 땅볼은 얕은 위치로 충분하다.

코치의 한 마디!
폭투가 많은 상황
2루 땅볼은 송구 시 자세가 무너지거나 폭투가 많아진다. 또 1, 2루간 타구는 1루수와 2루수가 공을 쫓아가 1루가 비기 때문에 투수가 커버를 들어갈 때 폭투가 많이 나온다. 이때 포수는 투수의 뒤를 반드시 백업해야 한다.

LESSON 088

포수 플라이 처리

• 인원 | 그룹
• 시간 | 10분 정도

목적 ≫≫ 포수 플라이를 잡는 훈련이다. 배트에 맞을 때 특수한 회전이 걸리기 때문에 야구에서 가장 어려운 뜬공으로 불린다.

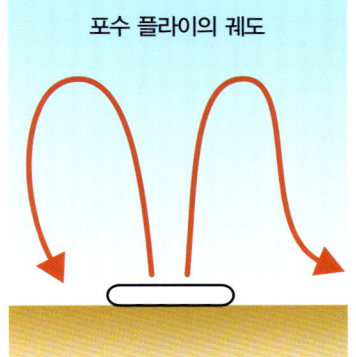

포수 플라이의 궤도

플라이의 성질

[후방으로 향하는 플라이]
홈플레이트 방향으로 돌아오는 경향이 있다.

[전방으로 향하는 플라이]
투수 방향으로 낙하한다.

양쪽 모두 중견수 방향으로 등을 지고 잡는다.

훈련 방식

1 투수와 포수가 자리를 잡고, 타자가 뜬공을 친다.

2 마스크를 벗어 발에 걸리지 않도록 멀리 던지고, 공의 낙하지점으로 재빨리 이동한다.

3 낙하지점을 머리 조금 앞쪽에 맞추고 위치를 잡는다.

4 이 연습을 반복한다.

포수 플라이가 뜨면 마스크를 벗고 공의 낙하지점으로 이동하여 역방향으로 자리를 잡는다.

POINT TIP!

포수 플라이의 수비 범위를 확인한다. 먼저 내야수, 특히 1루수와 3루수와는 서로 콜 플레이를 하도록 해야 한다. 플라이의 낙하지점이 중간이라면 야수가 더 잡기 쉬우므로 야수가 콜을 하고 잡는다.

원 포인트 레슨

홈플레이트 위쪽 플라이가 어려운 원인은 뜬공의 궤도 때문이다. 보통 홈플레이트 쪽으로 돌아오는 궤적을 그린다. 따라서 공의 낙하 위치로 이동해 반대 방향으로 서서 돌아오는 공을 맞이하며 잡는 것이 비결이다. 특히 백네트 부근은 빠르게 이동하는 것이 중요하다.

CHAPTER 07
내야
INFIELD

내야 포지션별 기술은 물론 커버링이나 연계 플레이의
방법과 이론을 포함한 내야수의 훈련법을 소개한다.

LESSON 089
3인 일렬로 릴레이 캐치볼하기

- 인원 | 그룹
- 시간 | 5분 정도

목적 ≫ 정확도와 속도의 향상이 목표다. 캐치볼 과정 속에서 단련시켜 나간다.

훈련 방식

1. 3인 1조로 20미터씩 떨어져 자리를 잡는다.
2. 시작 신호와 함께 세 명이 캐치볼을 한다.
3. 공이 다섯 번 왕복한 그룹부터 앉는다.
4. 이 연습을 반복한다.

3인 일렬로 캐치볼하기

POINT TIP!
선수끼리 경쟁하면 훈련이 재밌어진다. 가운데 사람을 바꾸거나 멤버를 교대하는 등 다양한 패턴으로 훈련을 해보자. 프로야구 팀도 많이 도입하고 있는 효과적인 훈련 방법이다.

원 포인트 레슨
'잡으면 바로 송구하기'를 계속해 속도를 겨룬다. 상대가 잡기 쉬운 곳에 던지는 것과 움직임을 정확하게 계속하는 것이 중요하다. 팔로만 던지지 말고 발도 사용하며 캐치볼을 하자.

레벨 업 훈련
공은 얼굴 앞에서 놓는다
컨트롤을 높이려면 체중을 축이 되는 발에 싣고 반대 발을 목표를 향해 내딛는 것이 중요하다. 또한 공을 얼굴 앞에서 놓는 것을 의식한다. 캐치볼을 할 때는 상대방의 글러브가 위치한 왼쪽 가슴을 향해 던지자.

NG! 오른발이 앞으로 나가지 않는 스텝
내야수가 송구를 할 때 오른발이 왼발의 뒤로 가는 모습을 종종 본다. 이것은 사이드 스로 투구법으로, 오버 스로로 던지지 못하게 되기 때문에 좋지 않다. 목표를 향해 오른발(축이 되는 발)을 앞으로 내딛으며 올바르게 체중 이동을 해야 한다.

LESSON 090
더블 플레이 때 베이스 들어가는 법

- 인원 | 그룹
- 시간 | 5분 정도

목적 》》》 더블 플레이를 위해 2루수와 유격수가 2루를 밟고 1루로 송구할 때의 스텝을 익힌다.

2루수는 베이스 앞으로 스텝을 밟거나 베이스 위로 스텝을 밟는다.

유격수는 베이스 안쪽을 왼발로 밟거나 베이스 바깥쪽을 오른발등으로 스치며 터치한다.

훈련 방식

1. 내야와 1루 주자가 각각의 위치에 자리를 잡는다.
2. 2루수 또는 유격수가 공을 잡고 더블 플레이를 시도한다.
3. 베이스를 터치하는 방법에 주의한다.
4. 이 연습을 반복한다.

POINT TIP!

2루수는 왼발로 2루 베이스를 밟는다. 공을 잡고 있을 때는 베이스 앞으로, 공을 기다릴 때는 베이스 뒤로 물러나 각각 송구한다. 유격수도 왼발이 기본이지만 상황에 따라 오른발등으로 베이스를 스치면서 1루로 송구한다.

원 포인트 레슨

2루수는 유격수와의 거리와 주자의 움직임 등에 따라 베이스 앞으로 갈 것인지 뒤로 갈 것인지를 결정한다. 유격수는 2루수의 포구가 1루와 2루를 연결하는 선보다 앞쪽이면 2루 베이스의 안쪽을 왼발로, 뒤쪽이면 2루 베이스 바깥쪽을 오른발등으로 터치한다.

LESSON 091
펑고볼을 스텝&스로로 1루에 송구하기

- 인원 | 그룹
- 시간 | 5분 정도

목적 >>> 특히 3루수와 유격수가 1루로 송구할 때 사용한다. 확실히 익히도록 하자.

▌타구를 잡는다.

▌오른발, 왼발의 순서로 스텝을 밟고 송구한다.

훈련 방식

1. 유격수나 3루수 위치에서 준비한다.
2. 펑고볼을 포구한다.
3. 스텝&스로를 의식하며 1루로 송구한다.
4. 이 연습을 반복한다.

POINT TIP!

스텝&스로의 기본은 먼저 공을 잡고 스텝&스로로 연결하는 것이다. 스텝에서는 오른발 안쪽의 복사뼈를 1루 방향으로 내딛고 왼발을 오른발과 1루를 연결한 선상에 내딛으며 공을 던진다. 리듬은 오른발–왼발–송구의 3박자다.

LESSON 092
런다운 플레이의 철칙

• 인원 | 그룹
• 시간 | 5분 정도

목적 ⟫⟫ 주자를 루와 루 사이에서 협공할 때 확실히 아웃시키는 철칙이다.

공을 보여주면서
달린다.

훈련 방식

① 루와 루 사이에서 주자를 협공한다.

② 포구할 선수가 일직선이 되지 않도록 주자를 쫓는다.

③ 태그해 아웃시킨다.

④ 이 연습을 반복한다.

⑤ 라인 안쪽에서 플레이한다.

태그하는 글러브의 포켓 안에 공을 넣으면
잘 떨어뜨리지 않는다.

POINT TIP!

런다운의 철칙은 ①공을 가진 야수가 주자를 향해 달려간다, ②주자에게 공을 보여주면서 달린다, ③거리가 가까울 때는 던지는 모션을 취하지 않는다 등 3가지다. 공을 가지고 쫓아가는 야수는 건너편에 있는 야수가 아웃을 시킬 수 있는 타이밍에 콜을 하게 하고 던진다.

LESSON 093
태그 플레이

• 인원 | 그룹
• 시간 | 5분 정도

목적 >>> 도루나 견제, 런다운 플레이 때 필요한 태그 플레이에서는 각 선수의 위치와 낙구하지 않는 포구법이 중요하다.

베이스 앞에서
포구한다.

포켓에 공을 쥐고 글러브의
등으로 태그한다.

훈련 방식

1. 내야와 주자가 각자의 포지션에 위치한다.
2. 주자가 도루를 한다.
3. 태그 플레이로 주자를 태그한다.
4. 이 연습을 반복한다.

POINT TIP!

태그 플레이의 기본적인 움직임은 ①베이스 앞에서 포구하고, ②베이스를 다리 사이에 넣어 주자의 진루 범위를 좁히며, ③글러브의 등으로 태그하는 것이다. 태그한 뒤에는 글러브를 들어 낙구를 방지한다. 공을 떨어뜨리지 않기 위해서는 글러브의 포켓으로 잡는 것이 이상적이다.

LESSON 094
숏 바운드 캐치법

- 인원 | 그룹
- 시간 | 5분 정도

목적 >>> 숏 바운드를 잡기 쉬운 위치와 글러브를 대는 법을 익힌다. 특히 1루수에게 중요한 기술이다.

■ 앞으로 나오면서 글러브를 세우고 포구한다.

훈련 방식

1 선수는 일렬로 서서 기다린다.

2 펑고로 숏 바운드 타구를 보낸다.

3 앞으로 달려 나오면서 풋워크를 조정하여 포구한다.

4 이 연습을 반복한다.

POINT TIP!
글러브를 눕히면 공을 잡을 수 없기 때문에 글러브를 세운다. 그리고 공을 잡을 때까지 머리를 들지 않아야 하고, 글러브를 내린 상태에서 양손으로 공을 잡도록 한다. 익숙해지면 공을 잡을 수 있는 범위가 더욱 넓어지므로 한 손으로 잡는 연습도 하기 바란다.

원 포인트 레슨
포구 위치는 바운드가 가장 높은 위치나 바운드 직후가 이상적이다. 바운드 직전도 좋을 것이다. 글러브를 앞으로 내밀면서 공에 대해 정면이 되도록 세우면 잡기 쉬워진다.

LESSON 095
캐치 후 즉시 베이스 밟기

• 인원 | 그룹
• 시간 | 5분 정도

목적 ≫ 1루수뿐만 아니라 야수 전원이 의식해야 하는 기술이다. 전원이 교대로 1루를 지키는 훈련을 하는 것도 의식을 심어 주기 위한 좋은 방법이다.

송구가 베이스에서 크게 벗어나면 베이스에서 떨어져 공을 잡는다.

포구 후 즉시 베이스를 밟는다.

훈련 방식

1. 1루수는 야수의 송구를 기다린다.
2. 글러브를 낀 손과 같은 쪽 발을 앞으로 뻗으며 포구한다.
3. 베이스에서 떨어졌을 때는 베이스를 밟는다.
4. 이 연습을 반복한다.

POINT TIP!
철칙은 확실한 포구와 포구 후 즉시 베이스로 돌아오는 것이다. 2가지를 동시에 의식하면 서두르다가 실수를 할 때가 많으므로 우선순위를 정해 하나씩 익히도록 하자.

원 포인트 레슨
베이스에서 공까지의 거리가 아슬아슬하거나 공이 좌우로 벗어났을 때는 글러브를 낀 손과 같은 쪽 발을 뻗어 포구한다. 그래도 닿지 않을 때는 베이스에서 떨어져 공을 잡은 다음 베이스로 돌아간다.

LESSON 096
전진해서 캐치한 후 러닝 스로

• 인원 | 그룹
• 시간 | 5분 정도

목적 >>> 앞으로 달려와 포구한 뒤, 그 속도를 살린 채 송구하는 훈련이다. 주로 1루로 송구할 때 사용한다.

▎놓여 있는 공을 향해 달려가 맨손으로 잡아 던진다.

훈련 방식

1. 3미터 간격으로 공을 놓는다.
2. 달리면서 공을 맨손으로 잡아 준비된 네트에 던진다.
3. 선수를 교대하며 차례차례 던진다.
4. 이 연습을 반복한다.

POINT TIP!
글러브로 잡은 후 던지는 것이 기본이지만, 타구가 약하거나 처리가 가능하다고 판단될 때는 맨손으로 잡아 그대로 1루에 던진다. 일각을 다투는 플레이지만 무리라고 판단했을 때는 송구하지 않아도 괜찮다.

원 포인트 레슨
공을 위를 향해 던지면 포물선을 그리며 공이 느리게 날아간다. 이래서는 실전에서 사용할 수가 없다. 노바운드로 던지려 하기보다는 바운드가 되더라도 낮고 빠르게 공을 던지도록 하자.

LESSON 097
라인 근처 타구 백핸드 캐치하기

- 인원 | 그룹
- 시간 | 5분 정도

목적 >>> 3루수나 왼손잡이 1루수가 라인 근처로 날아온 타구를 잡는 훈련이다. 백핸드를 사용하면 공을 잡을 수 있는 범위가 넓어진다.

3루수는 왼발부터 스텝을 밟는다.

백핸드로 포구자세를 취하고 공을 잡을 때까지 시선을 놓치지 않는다.

훈련 방식

1. 1루수 또는 3루수가 라인 근처에서 준비한다.
2. 펑고볼을 라인 근처로 보낸다.
3. 백핸드로 포구한다.
4. 이 연습을 반복한다.

POINT TIP!

라인 근처, 특히 3루 라인은 빠지면 장타로 이어진다. 몸을 날려서라도 반드시 막는 것이 중요하다. 타구가 오른쪽으로 올 때는 항상 백핸드로 포구한다는 의식을 갖기 바란다.

원 포인트 레슨

포구의 포인트는 글러브가 공에 대해 열린 상태로 정면을 향하는 것이다. 또 글러브는 아래를 향한다. 3루수가 3루 라인의 타구를 쫓아갈 경우, 왼발부터 달리기 시작하면 백핸드로 공을 잡기 쉬워진다.

레벨업훈련
강한 땅볼은 턱으로 잡는다

강한 땅볼을 잡을 때는 턱에 눈이 달려 있다는 생각으로 잡는다. 즉, 턱이 들리면 공에서 눈이 떨어진다. 턱을 끌어당겨 얼굴을 고정시키고 공을 보면 눈이나 몸이 공에서 떨어지지 않게 된다.

코치의 한 마디!
낮은 자세를 만드는 법

어려운 타구나 바운드 볼일수록 낮은 자세에서 포구하는 것이 중요하다. 양 무릎을 열어 기마 자세를 취하고 공을 아래쪽에서 본다. 움직이기 전에 글러브로 지면을 건드리면 낮은 자세를 유지하기 쉬워진다.

LESSON 098
내야 포지션별 수비 범위

• 인원 | 팀
• 시간 | 5분 정도

목적 ≫ 수비 범위가 겹치는 장소는 서로 콜을 하는 것이 중요하다. 훈련을 통해 수비 범위를 확인하자.

서로 콜을 하면서
포구하러 간다.

POINT TIP!

타구가 야수와 야수 사이로 날아가면 누가 잡아야 할지 망설여지게 된다. 선수에게 '내가 잡는다.' 라는 적극적인 자세를 가지도록 한다. 다만 다른 선수가 잡을 때는 즉시 백업을 들어간다.

원 포인트 레슨

기본적으로 자신이 잡을 수 있는 범위에서는 적극적으로 잡으러 가는 자세가 중요하다. 공에 한 발이라도 빨리 접근해 처리할 수 있도록 재빠르게 움직이자. 만약 다른 선수와 수비 범위가 겹칠 것 같으면 확실히 콜을 해서 알린다.

코치의 한 마디!

일본 야구의 전설 나가시마 시게오 선수는 현역일 때 다른 선수의 수비 범위에 있는 공도 자신이 직접 처리하여 아웃을 시키곤 했다. 재빠른 수비와 정확한 송구로 경기장을 흥분시켰지만, 자신의 수비 범위에 들어온 타구를 빼앗긴 선수의 심경은 복잡했을 것이다.

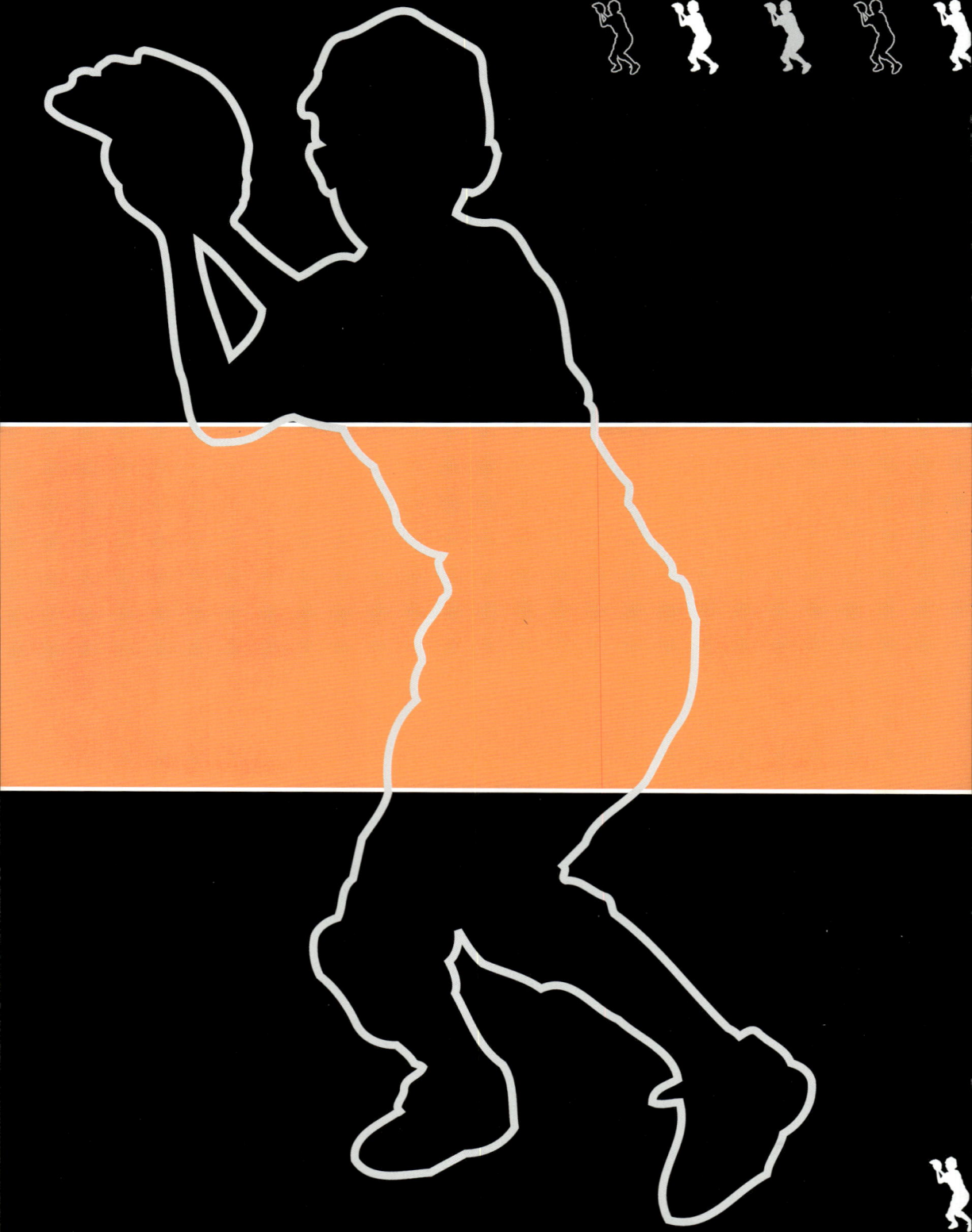

CHAPTER 08
외야
OUTFIELD

외야수의 실수는 즉시 득점으로 이어질 때가 많다.
여기에서는 기술의 강화뿐만 아니라
다른 선수와의 연계 플레이도 포함한 훈련법을 소개한다.

LESSON 099

거리를 정해 시간을 재며 멀리 던지기

- 인원 | 2명
- 시간 | 3분 정도

목적 >>> 어깨 강화와 송구의 빠르기를 습득한다. 멀리 던지는 것뿐만 아니라 컨트롤에도 신경을 쓴다.

상대와의 거리는 70미터다. 옆으로 늘어서서 일제히 던지기 시작한다.

올바른 폼으로 던진다.

훈련 방식

1. 2인 1조가 되어 70미터 간격으로 선다.
2. 사인과 함께 상대에게 공을 던지기 시작한다.
3. 세 번 왕복해서 던지기를 끝낸 팀부터 그 자리에 앉는다.
4. 제일 먼저 앉은 팀이 승리한다.

POINT TIP!

어깨에 부담이 가지 않도록 폼을 체크하기 바란다. 또 선수는 공이 올바르게 회전하고 있는지를 서로 확인하도록 한다. 수직으로 회전시키는 것이 중요하다.

원 포인트 레슨

시간을 너무 의식하면 서두르게 되어 정확한 송구를 하지 못한다. 어디까지나 올바른 폼으로 던지며 시간을 재자. 2인 1조로 시간을 경쟁하면 훈련이 활기를 띤다.

코치의 한 마디!

외야에서 송구할 때의 비결

외야수가 땅볼이나 플라이 볼을 잡아 재빨리 송구하고자 할 때는 스텝과 송구의 타이밍을 맞추는 것이 중요하다.

①땅볼의 경우
타구를 향해 달려가 오른발을 앞으로 내민 상태에서 포구하고, 왼발을 디디며 오른발을 목표 방향으로 내딛고 오른발과 목표를 연결한 선상에 왼발을 내딛는다. 타이밍이 맞지 않을 때는 첫 왼발을 디딜 때 살짝 점프를 한다.

②플라이 볼의 경우
1~2보 앞으로 나오며 왼발을 앞으로 내밀면서 오른발에서 포구하고, 왼발을 목표를 향해 내딛으며 송구한다. 포구할 때 발이 나란한 상태가 되지 않도록 주의하자.

LESSON 100
토스한 공을 달려오며 캐치하기

• 인원 | 그룹
• 시간 | 5분 정도

목적 >>> 공을 정확히 잡는 훈련이다. 잡을 수 있을 듯 말 듯한 공을 다이빙 캐치로 잡자.

외야수는 빠르게 달린다.

팔을 쭉 뻗어 공을 잡는다.

훈련 방식

1 선수는 일렬로 서서 순서를 기다린다.

2 코치 옆으로 달려가 토스된 공을 잡는다.

3 순서대로 교대한다.

4 이 연습을 반복한다.

POINT TIP!

코치는 선수의 역량을 감안해 토스를 한다. 운동 능력이 좋은 선수에게는 어려운 공을, 떨어지는 선수에게는 확실히 잡을 수 있는 공을 토스하자.

원 포인트 레슨

몸에서 떨어져 있는 공을 잡을 때는 한 손으로 포구한다. 팔을 쭉 뻗어 글러브를 내밀며, 포구 후에는 떨어뜨리지 않도록 공을 확실히 쥔다. 온몸으로 뛰어들자.

CHAPTER 08 외야 | 143

LESSON 101
빠르게 달려가 원 바운드 볼 처리하기

• 인원 | 그룹
• 시간 | 5분 정도

목적 >>> 원 바운드된 공을 달려가 잡는 훈련이다. 달리면서 바운드를 유심히 보는 것이 중요하다.

공을 원 바운드로
잡는다.

훈련 방식

1 선수는 일렬로 서서 순서를 기다린다.

2 코치 옆으로 달려가 토스된 공을 원 바운드로 잡는다.

3 순서대로 교대한다.

4 이 연습을 반복한다.

POINT TIP!
토스 방법에 따라 선수의 수준이 크게 향상된다. 달려오는 선수가 아슬아슬하게 잡을 수 있는 위치를 파악해 원 바운드로 떨어뜨리자. 선수의 역량이나 유형을 고려해 선수에게 맞는 토스를 한다.

LESSON 102
빠르게 달려가 플라이 볼 처리하기

- 인원 | 그룹
- 시간 | 3분 정도

목적 ≫ 플라이 볼을 확실히 잡는 훈련이다. 멈춰 서서 잡는 것이 아니라 달리면서 잡을 수 있도록 훈련한다.

선수는 전력으로 달린다.

플라이 볼을 잡는다.

훈련 방식

1. 선수는 일렬로 서서 순서를 기다린다.
2. 코치 옆으로 달려가 대시하면서 플라이 볼을 잡는다.
3. 순서대로 교대한다.
4. 이 연습을 반복한다.

POINT TIP!
아슬아슬하게 잡을 수 있는 곳에 공을 던진다. 그보다 멀면 선수가 포기하고, 너무 가까우면 편하게 잡는다. 코치는 선수에게 맞는 알맞은 위치에 공을 던지는 것이 중요하다.

원 포인트 레슨
공을 쫓아갈 때 시선이 흔들리지 않도록 뛰는 것이 중요하다.

LESSON 103
달려가다 뒤돌아서 플라이 볼 처리하기

- 인원 | 그룹
- 시간 | 3분 정도

목적 ≫ 뒤쪽으로 날아간 플라이 볼을 잡는 훈련이다. 공이 낙하하는 장소를 예측할 수 있도록 훈련한다.

뒤돌아서 플라이 볼을 잡는다.

훈련 방식

1. 선수는 일렬로 서서 순서를 기다린다.
2. 선수가 뒤로 도는 장소에 표시를 한다.
3. 후방을 향해 달리다가 표시를 지나면 뒤로 돈다.
4. 플라이 볼을 잡는다.
5. 순서대로 교대한다.
6. 이 연습을 반복한다.

POINT TIP!
선수가 후방으로 달리다 뒤로 도는 타이밍에 타구가 떠 있도록 던진다.

LESSON 104
던지는 손 쪽 발을 앞으로 하고 땅볼 캐치하기

- 인원 | 그룹
- 시간 | 3분 정도

목적 ›› 땅볼을 뒤로 빠뜨리지 않도록 캐치하는 훈련이다. 인조 잔디 이외의 그라운드에서는 필수 캐치법이다.

자세를 취한다.

왼발을 뒤로 빼며 몸 정면에서 땅볼을 잡는다.

훈련 방식

1. 선수는 일렬로 서서 순서를 기다린다.
2. 땅볼을 굴린다.
3. 왼발을 뒤로 빼며 땅볼을 잡는다.
4. 이 연습을 반복한다.
5. 왼발, 오른발 앞에서 땅볼을 잡고 스텝을 만드는 훈련을 한다. 그러면 송구 동작이 좋아진다.

POINT TIP!
인조 잔디 등 불규칙 바운드가 없는 그라운드에서는 반대쪽 발을 내밀며 캐치해도 문제가 없지만, 흙으로 된 그라운드 등 불규칙 바운드가 있는 장소에서는 왼발을 뒤로 빼 공을 몸 안쪽으로 끌어들여 캐치하도록 한다.

원 포인트 레슨
외야 수비에서 공이 뒤로 빠지면 실점 확률이 높아진다. 그러므로 몸 안쪽으로 글러브를 가져가서 공이 뒤로 빠지더라도 몸으로 막을 수 있도록 하자.

LESSON 105
달리며 땅볼 캐치하기

- 인원 | 그룹
- 시간 | 3분 정도

목적 ›› 서둘러 땅볼을 잡고 던지는 훈련이다. 공의 정면으로 돌아 들어갈 여유가 없을 때 사용한다.

한 손으로 캐치한 후 송구한다.

훈련 방식

1. 선수는 일렬로 서서 순서를 기다린다.
2. 땅볼을 굴린다.
3. 달려가며 한 손으로 땅볼을 잡아 송구한다.
4. 순서대로 교대한다.
5. 이 연습을 반복한다.

POINT TIP!
빠르게 달리면서 공을 잡을 경우, 달리는 방향에 공이 있기 때문에 공에 대해 정면을 향하며 배꼽 앞에서 한 손으로 잡는다. 1초라도 빨리 던져 아웃을 잡을 수 있도록 하자.

LESSON 106
아메리칸 펑고

- 인원 | 그룹
- 시간 | 10분 정도

목적 »» 외야 플라이 볼을 펑고 형식으로 잡는 훈련이다. 항상 달리면서 캐치하기 때문에 체력도 강화된다.

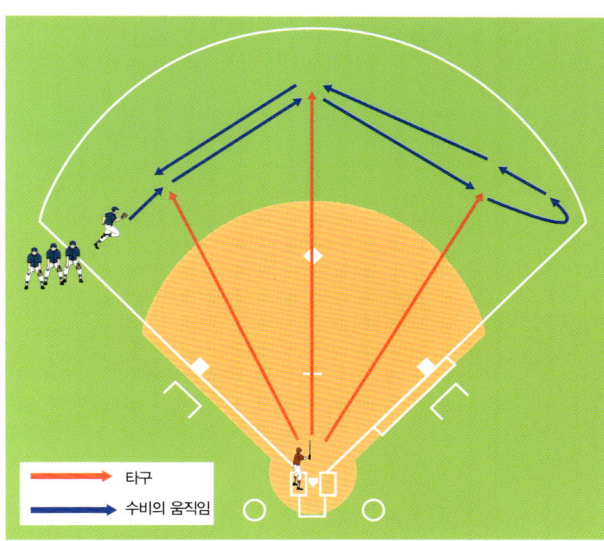

→ 타구
→ 수비의 움직임

전력 질주로 공을 쫓아가서 캐치한 후 송구한다.
그 후 다음 지점으로 달려간다.

훈련 방식

1. 선수는 라인에 서서 차례를 기다린다.
2. 코치는 선수의 움직임에 맞춰 좌익수, 중견수, 우익수의 정위치를 향해 펑고를 한다.
3. 선수는 빠르게 달려가 좌익수 방향으로 오는 공을 잡고, 송구 후 즉시 중견수 위치로 달린다. 그 다음 날아온 공을 잡아 송구한 뒤 우익수 위치로 달린다.
4. 5회 정도 왕복하며 펑고를 계속한다.
5. 다음 선수와 교대한다.
6. 이 연습을 반복한다.

POINT TIP!
목표한 곳으로 타구를 보낼 수 있도록 연습하기 바란다. 선수의 능력에 맞춰 공을 띄우는 타이밍을 바꾸자. '10회 연속으로 잡으면 끝' 등의 규칙을 만들면 선수도 집중하고 훈련도 활기를 띤다.

원 포인트 레슨
달리면서 포구 장소로 이동하고, 공을 잡아 송구한 다음 즉시 다음 포구 장소로 달린다. 풋워크를 멈추지 않고 계속해서 플라이 볼을 잡아 나간다. 공에서 눈을 떼지 않으며 움직이는 것이 중요하다.

코치의 한 마디!

태양이 시야에 들어왔을 때 플라이 볼을 잡는 법
기본적으로는 글러브로 태양빛을 차단하는 것이 제일이다. 수비를 할 때 어느 방향에 태양이 있으며 어떤 궤도일 때 공이 태양 속에 들어가는지를 예측해 두자. 글러브로 빛을 가리고 글러브 옆이나 아래에서 공을 쫓아 잡는다. 최근에는 선글라스를 끼는 외야수도 늘어났다. 이것으로 빛을 차단하는 것도 효과적이다.

LESSON 107
펜스 플라이 볼 처리하기

- 인원 | 그룹
- 시간 | 5분 정도

목적 >>> 구장에 따라 다른 펜스에도 대응할 수 있도록 펜스를 맞고 되돌아온 공을 재빨리 처리하는 훈련이다.

펜스를 향해 선다.

훈련 방식

1. 외야수는 펜스를 향해 선다.
2. 공이 펜스에 맞고 되돌아온 방향으로 이동한다.
3. 공을 잡아 송구한다.
4. 순서대로 교대한다.
5. 이 연습을 반복한다.

공이 튄 방향으로 전진해 잡는다.

POINT TIP!
구장에 따라 펜스의 모양이 다르기 때문에 그라운드에 도착하면 펜스 플라이 볼 연습을 해두는 것이 최선이다. 그러나 시간이 없을 때도 많으므로 평소에 다양한 펜스 플라이 볼 연습을 하도록 하자.

원 포인트 레슨
펜스에 너무 가까이 붙지 않는 것이 철칙이다. 펜스에 맞고 튕겨 나오는 방향을 확인한 다음 그 방향으로 움직여야 한다. 펜스 플라이 볼이 다시 펜스에 맞아 방향을 바꿀 때도 있으니 판단을 서두르지 않는 것이 좋다.

코치의 한 마디!
외야수에게 가장 어려운 것이 후방으로 날아가는 플라이 볼이다. 최단 거리로 공을 쫓아가려면 첫 번째 스텝이 중요하다.
①머리 위로 날아오는 공은 자신이 주로 쓰는 발을 힘껏 당기고 반대 발로 크로스 스텝을 밟으며 뒤쪽으로 달려 나간다.
②오른쪽 뒤로 날아가는 공은 오른발을 당기고 왼발로 크로스 스텝을 밟는다.
③왼쪽 뒤로 날아가는 공은 왼발을 당기고 오른발로 크로스 스텝을 밟는다.
두 명이 마주보고 서서 세 방향의 신호를 정한 뒤 신호와 동시에 그 방향으로 스텝을 밟는 훈련을 하자.

LESSON 108
외야 포지션별 수비 범위

- 인원 | 그룹
- 시간 | 3분 정도

목적 >>> 외야 뜬공을 누가 잡을지 같은 수비 범위를 확인한다. 잡지 않는 선수도 커버를 들어간다.

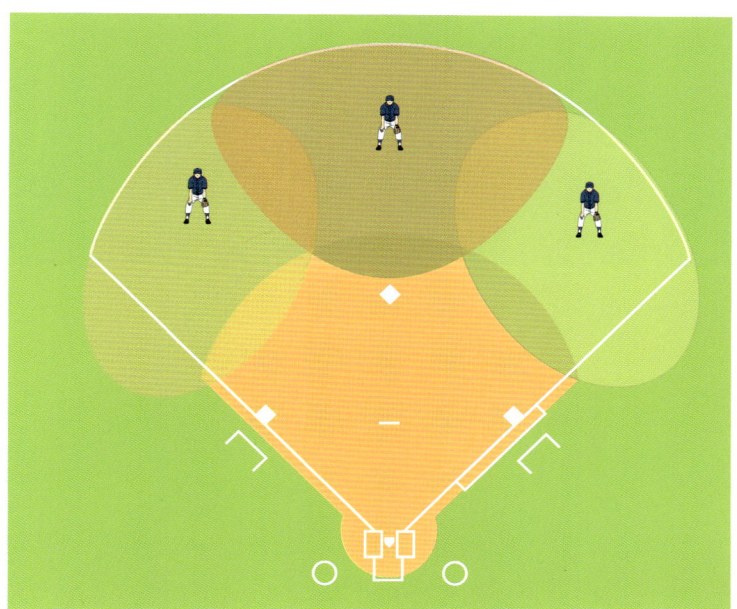

수비 범위를 확인한다.

POINT TIP!
콜을 하는 것이 철칙이지만 공을 쫓아갈 때는 소리가 잘 들리지 않을 때도 있다. 선수끼리 최대한 확실하게 지시를 내릴 수 있도록 훈련이 필요하다. 또 공을 잡지 않는 선수는 즉시 커버를 들어간다.

원 포인트 레슨
좌익수 또는 우익수가 중견수와 수비가 겹칠 때는 중견수가 잡는다. 다만 포구 후에 송구하기 편한 쪽이 잡을 때도 있다. 서로 콜을 해서 둘 다 양보하거나 충돌하는 사태를 방지하자.

코치의 한 마디!

일본과 미국의 OK 사인의 차이

일본에서는 OK라고 하면 자신이 잡겠다는 뜻이지만, 미국에서는 OK라고 말하면 상대에게 잡으라는 의미가 된다. 자신이 잡을 경우에는 "I'll get it."이라고 표현한다. 혹시 미국에서 플레이할 때는 주의하기 바란다.

CHAPTER 09

공격 포메이션
OFFENSE FORMATION

주자를 확실히 진루시키고 득점을 얻기 위한
전략전술과 테크닉을 소개한다.

LESSON 109
공격 전술의 중요성

- 인원 | 팀
- 시간 | 10분 정도

목적 >>> 강한 팀을 만들려면 공격 전술은 필수다. 극단적으로 말하면, 안타 하나 없어도 전술만으로 득점을 낼 수 있다.

보내기 번트

스퀴즈 번트

히트앤드런

더블 스틸

훈련 방식

1. 코치는 사전에 공격 전략을 이해하고 어떤 상황에서 사용할지 생각해 놓는다.
2. 사인을 정하고 모든 선수들이 어떻게 움직일지를 확인한다.
3. 포메이션 훈련을 반복 실시한다.
4. 이 연습을 반복한다.

POINT TIP!
코치는 항상 전술을 생각해둬야 한다. 개개인의 타력에만 의존하면 잘해도 3할 정도의 출루율이다. 그만큼 득점 확률은 더욱 낮아진다. 그러나 번트와 도루, 히트앤드런, 스퀴즈 등의 기동력을 이용하면 출루율이나 득점률이 6~7할로 뛰어오른다.

원 포인트 레슨
코치가 공격 전술을 구사할 때는 이닝과 아웃 카운트, 스코어 등의 상황을 고려하면서 필요한 타이밍에 자신 있게 실행하는 것이 중요하다. 감독의 배짱과 사전의 훈련량이 성공의 열쇠다.

LESSON 110
보내기 번트의 철칙

• 인원 | 그룹
• 시간 | 10분 정도

목적 >>> 보내기 번트를 성공시키기 위해서는 확실히 굴리는 것이 철칙이다. 타구가 뜨지 않도록 댄다.

훈련 방식

1. 내야는 수비 자세를 취하고, 주자도 달릴 준비를 한다.
2. 투수가 공을 던지면 보내기 번트를 댄다.
3. 주자를 확실히 진루시키도록 한다.
4. 타자를 교대해 훈련한다.

▮ 번트의 이상적인 위치

보내기 번트는 주자를 확실히 다음 루로 진루시키는 것이 목적이다.

POINT TIP!
희생 번트라고도 하듯이, 확실히 굴려서 주자를 다음 루로 보내야 하며, 90퍼센트 이상 성공시키는 것이 중요하다. 노 스트라이크 또는 원 스트라이크에서 스트라이크만 노려야 한다.

원 포인트 레슨
주자는 그라운드에 공이 떨어진 것을 확인하고 달리기 시작한다. 투 스트라이크일 때 타자는 파울 라인을 노리지 말고 본인이 설정한 라인 안쪽으로 굴리도록 해야 한다.

LESSON 111
주자를 2루로 진루시키기 위한 보내기 번트

• 인원 | 그룹
• 시간 | 3분 정도

목적 》》 1루 주자를 2루로 보낸다. 세이프가 될 확률이 높은 번트 코스를 확인하자.

훈련 방식

1. 내야는 수비 자세를 취하고, 주자도 1루에 선다.
2. 투수가 공을 던지면 보내기 번트를 댄다.
3. 주자를 확실히 보낼 수 있는 코스를 노린다.
4. 타자를 교대해 훈련한다.

■ 번트의 이상적인 위치

주자를 2루에 진루시키기 위한
번트 코스

POINT TIP!
투스트라이크까지 몰리면 히트앤드런 사인을 내는 것도 효과적이다. 번트 자세를 취해 상대의 전진 수비를 유도하면 성공률도 높아진다. 다만 사전에 수많은 훈련이 필요하다.

원 포인트 레슨
1루수는 1루 주자의 견제에 대처해야 하기 때문에 전진 수비를 할 수 없다. 반면에 3루수는 반드시 전진수비를 하므로 공을 빨리 잡을 수 있기 때문에 아웃 확률이 높아진다. 따라서 반드시 1루 쪽으로 번트를 노려야 한다.

LESSON 112

주자를 3루로 진루시키기 위한 보내기 번트

- 인원 | 그룹
- 시간 | 3분 정도

목적 »» 주자를 3루로 보낸다. 이 경우의 번트 코스를 확인하자.

■ 번트의 이상적인 위치

주자를 3루에 진루시키기 위한
번트 코스

훈련 방식

1. 내야는 수비 자세를 취하고, 주자는 2루에 선다.
2. 투수가 공을 던지면 보내기 번트를 댄다.
3. 타자는 2루 주자의 진루를 위해 스트라이크 존을 넓게 잡고 번트를 댄다.
4. 주자를 확실히 보낼 수 있도록 3루 라인을 노린다.
5. 타자를 교대해 훈련한다.

POINT TIP!

상대방의 허를 찌르면 보내기 번트의 성공률이 높아진다. 강타자의 경우 강공을 할 것이라고 생각해 전진 수비를 하지 않는다. 그러므로 그만큼 보내기 번트의 성공 확률이 높아진다. 주자를 확실히 보내는 것의 중요성을 이해해야 한다.

원 포인트 레슨

주자가 2루에 있기 때문에 1루수는 전진 수비가 가능하다. 한편 3루수는 2루 주자의 베이스 커버에 들어가기 때문에 많이 전진할 수가 없다. 따라서 3루 쪽을 노리고 번트를 대자.

LESSON 113
스퀴즈 번트의 철칙

• 인원 | 그룹
• 시간 | 3분 정도

목적 ≫ 3루 주자를 홈으로 불러들이기 위한 번트를 성공시키는 철칙을 배운다. 코치의 역량이 좌우되는 번트다.

훈련 방식

1. 내야는 수비 자세를 취하고, 주자는 3루에 선다.
2. 투수가 공을 던지면 스퀴즈 번트를 댄다.
3. 3루 주자는 달리기 시작하며, 타자는 반드시 번트를 대야 한다.
4. 타자를 교대하여 훈련한다.

코치는 사인을 낸다. 사인을 확인한 선수는 투구 후 번트 자세를 취한다.

POINT TIP!

스퀴즈 번트가 성공하기 위해서는 첫째로 코치의 배짱이 중요하다. 실패할 경우 득점으로 이어져야 할 3루 주자가 아웃될 뿐만 아니라 자칫 더블 플레이가 되어 공격 기회를 순식간에 망칠 수 있기 때문이다. 따라서 사전에 훈련을 거듭해 성공률 100퍼센트를 지향해야 한다.

원 포인트 레슨

스퀴즈 번트 사인이 나오면 3루 주자는 무조건 달리기 때문에 타자는 어떤 코스의 공이라도 반드시 번트를 대야 한다. 배트를 던져서라도 맞히는 것이 중요하다.

LESSON 114

스퀴즈 번트 성공시키기

• 인원 | 그룹
• 시간 | 3분 정도

목적 ≫ 스퀴즈 번트를 성공시키기 위한 요령과 타이밍을 훈련한다.

스퀴즈를 간파 당하지 않도록 평소와 똑같은 타격 자세를 취한다.

어떤 코스로 공이 오더라도 배트에 확실히 맞힌다.

훈련 방식

1. 타석에서 타격 자세를 취한다.
2. 투수는 공을 던진다.
3. 타석 안에 발을 둔 상태에서 어떤 코스의 공이 오든 번트를 댄다.
4. 타자를 교대해 훈련한다.

POINT TIP!

직접 점수로 이어지는 공격인 만큼 반드시 성공시켜야 한다. 이를 위해서는 거듭된 훈련이 중요하다. 경기 흐름상 강타자에게 스퀴즈 번트 사인이 나올 때도 있으므로 성공 확률을 높이기 위해 평소 훈련을 해야 한다. 다만 선수의 기분이 상하지 않도록 사전에 이야기를 나누는 것이 중요하다.

원 포인트 레슨

타자는 스퀴즈를 간파당하지 않도록 평소와 똑같은 타격 자세를 취한다. 투수의 발이 착지한 순간에 타자는 스퀴즈 자세로 바꾸고, 이와 동시에 주자는 달리기 시작한다. 헛스윙이나 뜬공은 절대 금물이다.

코치의 한 마디!

스퀴즈의 의미

스퀴즈는 '짜내다'라는 뜻이다. 즉, '주자를 3루에서 어떻게든 짜내기' 위한 전략을 스퀴즈라고 표현한다. 무슨 일이 있어도 점수를 내고 싶어 하는 절실함에서 비롯된 용어다.

NG! 볼을 그냥 보낸다

스퀴즈의 철칙은 설령 볼이라 해도 배트에 맞히는 것이다. 배트에 맞히기만 하면 100퍼센트에 가까운 확률로 득점을 얻을 수 있다. 반대로 배트에 맞히지 못하면 100퍼센트에 가까운 확률로 아웃이 된다.

CHAPTER 09 공격 포메이션

LESSON 115
히트앤드런의 철칙

• 인원 | 그룹
• 시간 | 3분 정도

목적 >>> 번트가 아니라 배트를 휘둘러 강한 땅볼을 굴림으로써 주자를 진루시킬 기회를 만드는 전술을 훈련한다.

훈련 방식

1 타석에서 타격 자세를 취한다.

2 투수는 타자에게 공을 던진다.

3 투수 방향 이외의 코스로 강하게 땅볼을 친다.

4 타자를 교대해 훈련한다.

주자는 투수가 투구 동작에 들어감과 동시에 달리기 시작한다.
타자는 센터 이외의 방향으로 볼을 굴린다.

POINT TIP!
센터 코스를 피해 강한 땅볼을 굴리는 것이 철칙이다. 그래야 투수에게 잡혀 더블 플레이를 당하지 않는다. 또 확실히 땅볼을 굴리기 위해 스윙을 조금 작게 해야 한다.

원 포인트 레슨
공이 벨트보다 높을 때는 다운스윙으로, 낮을 때는 간결한 스윙으로 강한 땅볼을 친다. 주자는 투수가 공을 던진 순간 달리기 때문에 어떤 공이 오더라도 쳐야 한다.

LESSON 116
주자를 2루로 진루시키기 위한 히트앤드런

• 인원 | 그룹
• 시간 | 3분 정도

목적 » 주자를 확실히 2루로 진루시키는 것이 목적이다. 센터 이외의 방향으로 땅볼을 확실히 치는 훈련을 한다.

센터 이외의 방향으로 땅볼을 확실히 친다.

훈련 방식
1. 타자와 1루 주자는 각자의 위치에서 준비를 한다.
2. 투수는 타자에게 공을 던진다.
3. 투수 방향 이외의 코스로 땅볼을 친다.
4. 타자를 교대해 훈련한다.

주자는 투구와 동시에 전력으로 달리기 시작한다.

POINT TIP!
번트가 서툰 선수에게 이 전술을 사용하자. 번트를 잘 대는 선수에게는 번트를 시키는 편이 확실하다. '주자를 2루로 보낸다.'라는 똑같은 목적이라도 선수의 능력에 맞는 전술을 선택해야 한다.

원 포인트 레슨
강하지 않아도 좋으니 땅볼을 확실히 굴리자. 배트를 짧게 쥐면 스윙이 간결해져 땅볼을 치기 쉬워진다. 1루 주자는 반드시 투수가 공을 던지는 순간에 달리기 시작한다.

레벨업 훈련
스타트하는 루를 늘리거나 바꾸기

1루뿐만 아니라 1, 2루나 2루, 만루 등 주자의 스타트 위치를 바꾼다. 그러면 타자는 타구를 보내야 할 방향을 생각하게 되며, 투수는 각 루에 대한 견제 훈련도 할 수 있다.

코치의 한 마디!
적극적으로 활용한다

앞에서도 말했듯이, 개개인의 타력에 의존하는 야구로는 좀처럼 득점 기회를 만들기 쉽지 않다. 흔히 공수주라고도 하듯이 '주'의 요소를 더욱 이끌어내는 작전이 필요하다.

LESSON 117
런앤드히트의 철칙

• 인원 | 그룹
• 시간 | 3분 정도

목적 >>> 볼 카운트가 유리할 때 효과적인 전술이다. 스트라이크만을 골라서 친다.

주자는 도루와 똑같은 타이밍에 스타트한다.

타자는 공을 정확히 보고 스트라이크만 친다.

훈련 방식

1. 타자와 주자는 각자의 위치에서 준비를 한다.
2. 투수는 볼카운트가 유리한 상황을 가정하고 스트라이크를 던진다.
3. 주자는 투수가 공을 던진 순간 달리기 시작한다.
4. 타자는 스트라이크를 노리고 친다.

POINT TIP!
예를 들어 쓰리볼에서 다음 공이 스트라이크라고 봤을 때 구사한다. 타자는 스트라이크만을 쳐야 한다. 볼이면 4구로 주자가 진루할 수 있는 효과적인 전술이다.

원 포인트 레슨
주자는 도루와 같은 타이밍에 스타트하며, 타자는 스트라이크만을 친다. 볼 카운트가 불리하면 스트라이크를 잡기 위해 정직한 공을 던질 때가 많기 때문에 노릴 만한 타이밍이다. 코치의 사인을 반드시 확인한다.

코치의 한 마디!
사인을 반드시 지킨다
타자나 주자의 판단으로 좋은 결과를 얻을 때가 있다. 그러나 기본적으로는 사인을 절대적으로 따르는 자세가 바람직하다. 메이저리그에는 각국 선수들이 모여 있다. 그렇기 때문에 의견 통일을 하기가 힘들어 사인의 철저히 준수해야 한다는 의식이 강하다.

NG! 생각하지 않는 타자
스트라이크면 치고 볼이면 치지 않는 것만으로는 좋은 타자라고 할 수 없다. 프로의 세계에서는 이것만 생각해서는 안 된다. 상대의 수비 위치, 개개인의 수비 능력과 수비 범위, 주자의 능력까지 고려해 타구의 방향과 강도를 조절해야 한다.

LESSON 118
도루를 돕기 위한 헛스윙 플레이

- 인원 | 그룹
- 시간 | 3분 정도

목적 »» 주자가 포수의 송구에 아웃을 당하지 않도록 타자가 해야 할 일을 확인한다.

도루 사인을 확인한다.

타자는 일부러 헛스윙을 한다.

훈련 방식

1 내야는 수비 자세를 취하고 1루에 주자를 둔다.

2 주자가 도루를 노리며 달리기 시작한다.

3 타자는 헛스윙을 해서 포수의 송구를 늦춘다.

4 타자를 순서대로 교대한다.

5 이 연습을 반복한다.

POINT TIP!
주자에게 도루 사인이 나오면 팀 전체가 도루 성공을 위해 노력해야 한다. 특히 타자는 포수가 송구를 제대로 하기 힘들도록 헛스윙을 해야 한다. 좋은 공이 왔다고 해서 안이하게 치지 않도록 한다.

원 포인트 레슨
포수가 던지기 쉬운 상황을 만들지 않는 것이 중요하다. 이를 위해서는 헛스윙이 가장 적합하다. 다만 투수가 던진 공이 숏 바운드일 때는 포수가 잡기 힘들기 때문에 굳이 헛스윙을 할 필요가 없다.

레벨업 훈련
포수의 송구 훈련
타자가 교묘하게 헛스윙을 할수록 포수의 송구를 늦출 수 있다. 반대로 포수는 그런 상황에서도 재빨리 송구하는 훈련을 할 수 있다.

NG! 노골적인 헛스윙은 금물
예전에는 일부러 과장된 헛스윙을 하는 선수도 있었다. 그러나 최근에는 노골적으로 연기를 하면 수비 방해를 선언당할 수 있다. 적절한 연기를 하기가 쉽지 않은데, 연기력이 그다지 뛰어나지 않은 선수에게는 이 플레이가 적합하지 않을지도 모른다.

LESSON 119
주루를 돕기 위한 번트 플레이

- 인원 | 그룹
- 시간 | 3분 정도

목적 »» 주루를 성공시키기 위해 타자가 번트 자세를 취해 주자가 달리기 쉬운 상황을 만든다.

번트 자세를 취한다.

플레이를 잘했는지는 포수가 판단한다.

훈련 방식

1. 내야는 수비 자세를 취하고 1루에 주자를 둔다.
2. 주자가 도루를 노리고 달리기 시작한다.
3. 타자는 번트 자세를 취해 포수의 견제를 늦춘다.
4. 타자를 순서대로 교대한다.
5. 이 연습을 반복한다.

POINT TIP!
도루를 노릴 때 타자가 번트 자세를 취하면 포수가 공을 던지기 힘들어진다. 이 작전은 노아웃에서 사용한다.

원 포인트 레슨
투구의 궤도를 최대한 감출 수 있도록 번트 자세를 취한다. 또 번트를 경계해 1루수가 전진하기 때문에 주자가 스타트 하기 쉬워진다.

레벨업 훈련
주자의 위치와 목적을 바꾼다
똑같은 상황에서 보내기 번트를 대거나 주자를 3루에 두고 스퀴즈를 해보자. 모든 신호를 사인으로 내면 사인을 외우거나 생각해서 번트를 대게 된다.

코치의 한 마디!
상대의 수비력과 연계 플레이 능력을 파악한다
경기 시작 후 1, 2회에는 상대의 연계 플레이 능력을 살펴보면 좋다. 베이스 커버를 들어가는지, 멍하니 서 있는 선수나 판단이 늦은 선수는 누구인지 등이 관찰 포인트다. 상대의 연계 플레이 능력이 낮을수록 이 전술의 성공률이 높아진다.

LESSON 120
더블 스틸 시도하기

- 인원 | 그룹
- 시간 | 3분 정도

목적 ››› 주자 1, 2루에서 두 주자가 동시에 도루해 상대 수비진을 흔들어놓음으로써 성공을 노린다.

훈련 방식

1. 내야는 수비 자세를 취하고 1, 2루에 주자를 둔다.
2. 도루를 노리며 두 주자가 동시에 스타트한다.
3. 타자는 헛스윙을 해서 포수의 송구를 늦춘다.
4. 타자를 순서대로 교대한다.
5. 이 연습을 반복한다.

| 주자는 되도록 동시에 스타트한다.
| 타자는 상황을 보고 헛스윙을 한다.

POINT TIP!

더블 스틸을 노리는 타이밍은 1아웃까지다. 또 3루 도루를 100퍼센트 성공시키는 것이 중요하다. 그러므로 3루로 공을 던지기 힘든 좌완 투수나 포수의 어깨가 약할 때가 기회다.

원 포인트 레슨

코치의 사인을 확인하고 상대 팀에 간파당하지 않도록 동시에 달리도록 한다.

CHAPTER 09 공격 포메이션

LESSON 121
카운트별 타율

• 인원 | 1명
• 시간 | 3분 정도

목적 ≫ 카운트별로 타율이 달라진다. 반드시 칠 수 있다는 생각으로 가장 타율이 높은 카운트를 노리는 것이 중요하다.

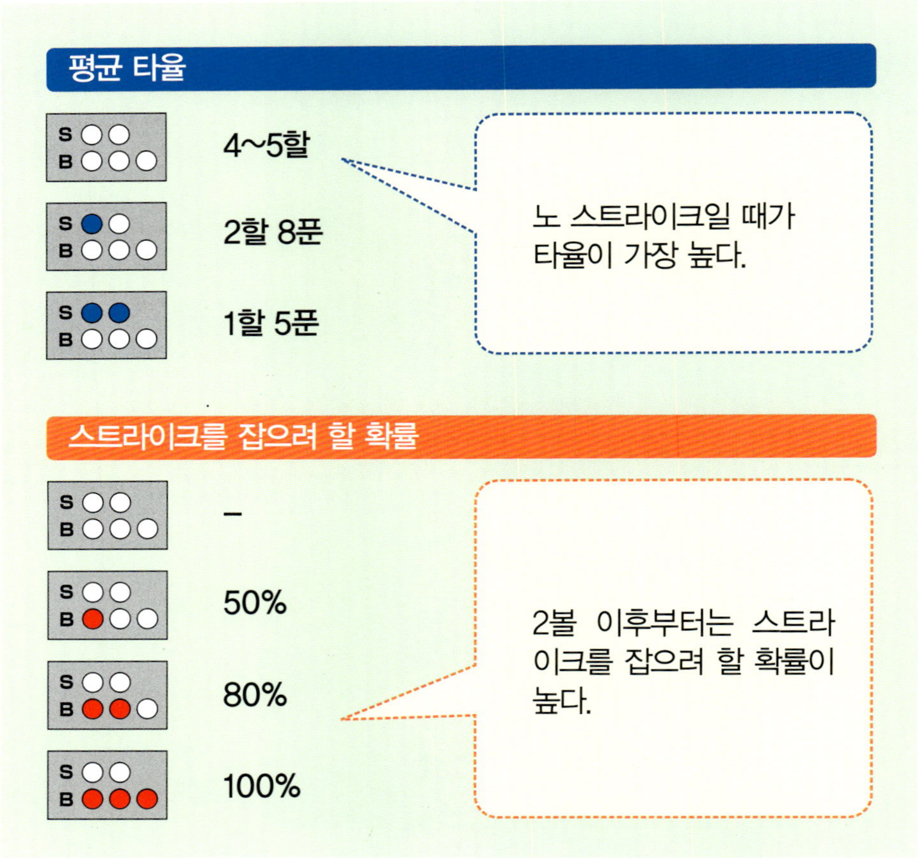

평균 타율

카운트	타율
S○○ B○○○	4~5할
S●○ B○○○	2할 8푼
S●● B○○○	1할 5푼

노 스트라이크일 때가 타율이 가장 높다.

스트라이크를 잡으려 할 확률

카운트	확률
S○○ B○○○	–
S○○ B●○○	50%
S○○ B●●○	80%
S○○ B●●●	100%

2볼 이후부터는 스트라이크를 잡으려 할 확률이 높다.

| 카운트별 타율 일람표

POINT TIP!

볼 카운트는 전부 12가지이며, 타율도 표와 같이 달라진다. 이 타율에 전술을 조합해 공격을 전개하자. 또 카운트가 1-3나 2-3일 때는 런앤드히트 등 철칙을 반드시 기억해두자.

원 포인트 레슨

타율이 가장 높은 볼카운트는 노 스트라이크일 때다. 스트라이크를 잡으려다 보면 공이 한가운데로 몰릴 확률이 높아지기 때문이다. 카운트가 0-3일 때는 코치에 따라 강공을 시킬 때와 기다리게 할 때가 있으니 지시를 잘 따르도록 한다.

CHAPTER 10
수비 포메이션
DEFENSE FORMATION

진루를 시키지 않고 득점을 주지 않기 위한
이론과 테크닉을 소개한다.

LESSON 122
각 포지션별 수비 범위

• 인원 | 팀
• 시간 | 3분 정도

목적 》》 수비를 할 때는 주자의 진루를 막는 것이 중요하다. 팀원 9명 모두가 수비 포메이션을 훈련해 상대팀이 진루하지 못하게 하자.

각 포지션의 수비 범위를 그림으로 확인한다.

POINT TIP!
수비에서 중요한 것은 수비에 들어가는 선수와 그 뒤를 뒷받침하는 선수가 확실한 역할을 하는 것이다. 그리고 각 루로 커버를 들어가는 선수와 백업을 들어가는 선수가 자신의 역할을 파악하는 것이다. 다른 선수에게 떠넘기는 것이 아니라 서로 도우면서 수비하도록 해야 한다.

원 포인트 레슨
수비 포메이션은 전부 연계 플레이다. 한 사람 한 사람이 어떤 상황에서 어떻게 움직여야 할지를 이해하지 못하면 성립되지 않는다. 상황별로 수많은 훈련을 거듭하기 바란다. 또 플레이 중에는 선수들끼리 적극적으로 콜을 해 움직임을 확인하도록 한다.

LESSON 123
커트 플레이의 철칙

• 인원 | 팀
• 시간 | 3분 정도

목적 》》 커트 플레이가 필요할 때도 있으며, 커트를 하지 않는 편이 나을 때도 있다. 기본을 파악하자.

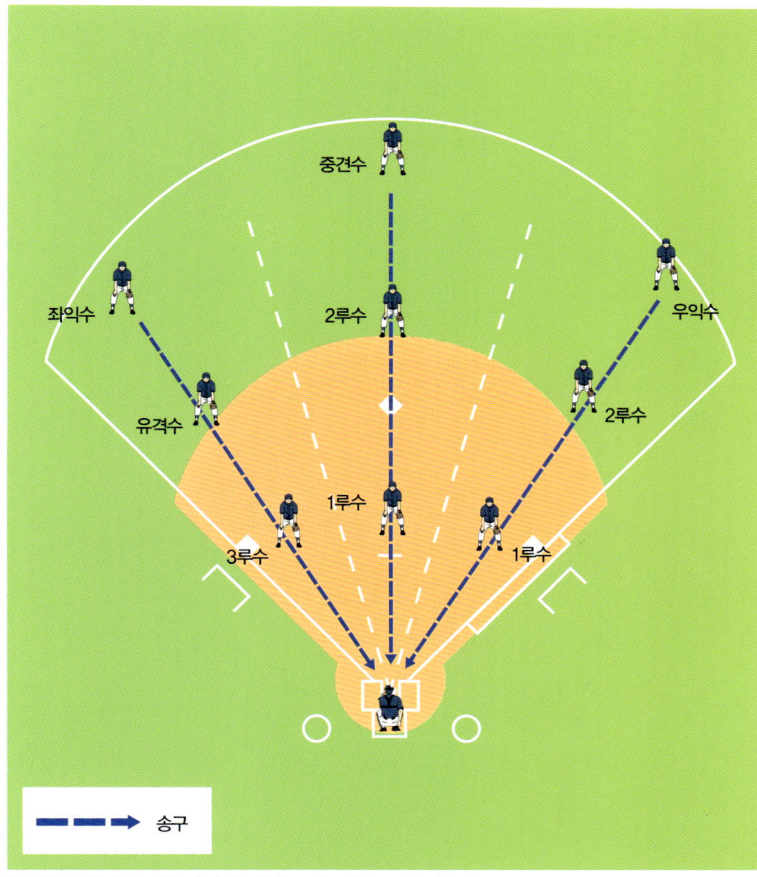

훈련 방식

1. 각 수비 포지션에 들어간다.
2. 외야에서 홈으로 송구한다.
3. 커트 플레이가 필요할 때는 내야수가 커트한다.
4. 이 연습을 반복한다.

송구가 빗나갈 때를 대비해 내야는 커트맨으로 들어간다.
상황에 따라 커트한다.

POINT TIP!
3루 주자가 홈까지 들어오는 데 걸리는 시간은 약 3.5초다. 우익수가 송구할 때 1루에서 커트해 홈으로 던지기까지 약 2초 정도 걸리기 때문에 설령 송구가 땅볼이더라도 커트하지 않는 편이 더 빠르다. 송구가 크게 벗어났을 때만 커트 플레이를 하자.

원 포인트 레슨
기본적으로는 커트맨의 수를 줄여야 송구가 빨리 이어진다. 특히 인조 잔디에서는 땅볼이라도 불규칙 바운드가 적고 빠르게 구르기 때문에 커트 플레이를 하지 않는 것이 철칙이다.

LESSON 124
주자 없음, 좌중간 장타

• 인원 | 팀
• 시간 | 10분 정도

목적 ⟫⟫ 주자가 없는 상황에서의 좌중간 장타를 처리하는 포메이션이다. 2루 혹은 3루 진루를 막는다 (여기에서는 3루 진루 저지).

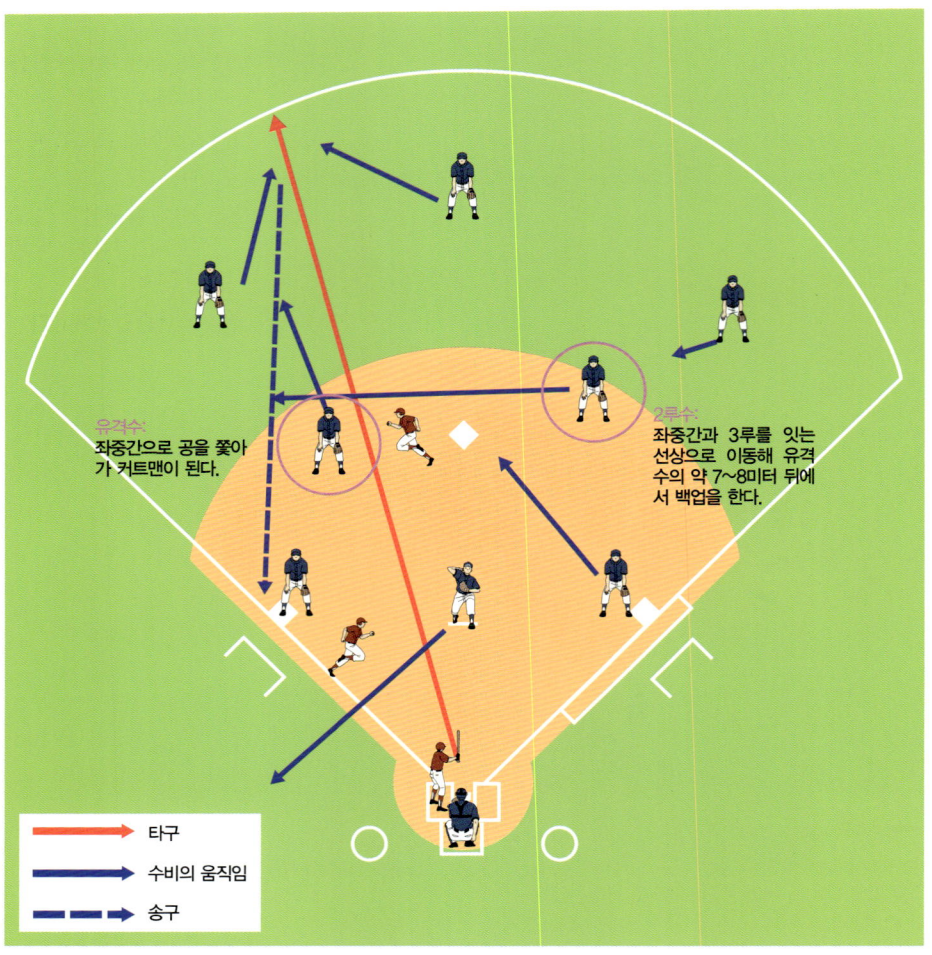

유격수: 좌중간으로 공을 쫓아가 커트맨이 된다.

2루수: 좌중간과 3루를 잇는 선상으로 이동해 유격수의 약 7~8미터 뒤에서 백업을 한다.

→ 타구
→ 수비의 움직임
--> 송구

그 밖의 수비수

①**투수:** 3루와 홈의 중간 지점으로 달려가며, 이어서 송구가 날아오는 루를 백업
②**포수:** 홈플레이트 커버
③**1루수:** 2루 베이스 커버
⑤**3루수:** 3루 베이스 왼쪽에 서서 베이스 커버
⑦**좌익수:** 타구를 쫓아가 처리
⑧**중견수:** 좌익수 백업
⑨**우익수:** 2루 주변에서 수비

LESSON 125
주자 없음, 좌익수 앞 안타

• 인원 | 팀
• 시간 | 10분 정도

목적 ››› 주자가 없는 상황에서 좌익수 앞 안타를 맞았을 경우의 수비다. 2루 진루를 저지한다.

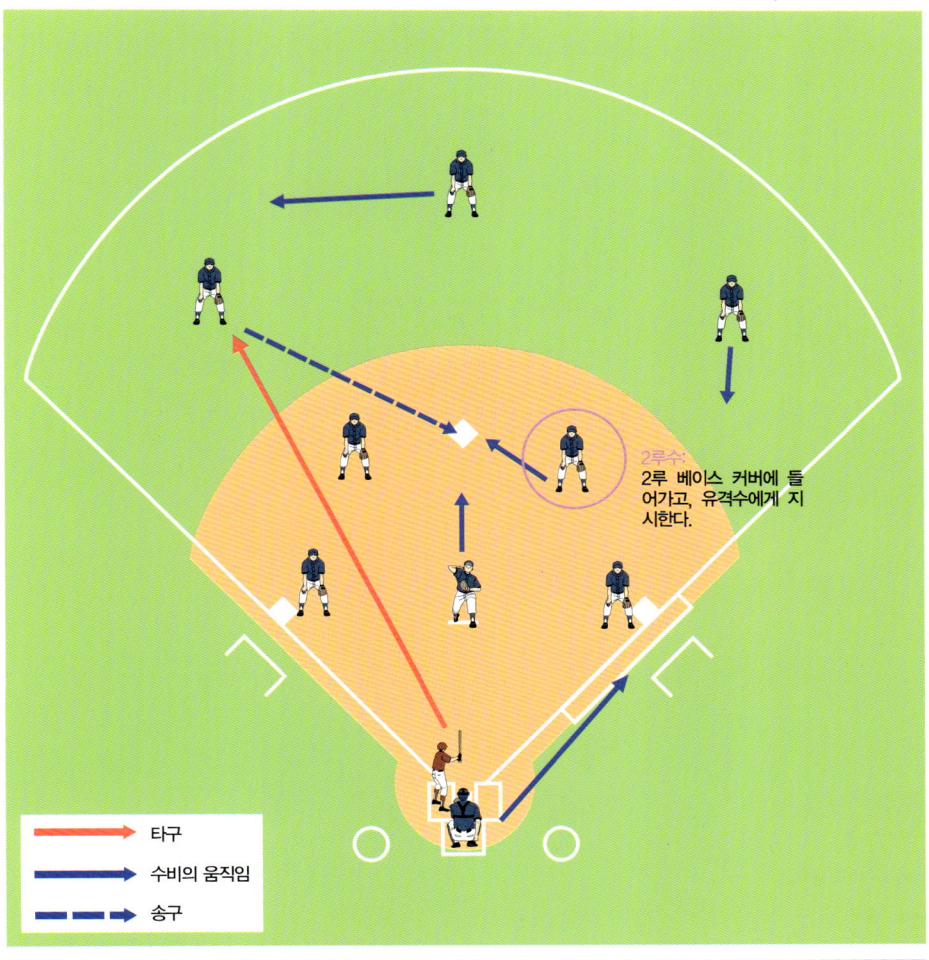

2루수: 2루 베이스 커버에 들어가고, 유격수에게 지시한다.

타구
수비의 움직임
송구

그 밖의 수비수

①투수: 악송구에 대비
②포수: 1루 백업
③1루수: 1루 베이스 커버
⑤3루수: 정위치
⑥유격수: 타구를 쫓아감
⑦좌익수: 타구를 쫓아감
⑧중견수: 좌익수 백업
⑨우익수: 2루 송구에 대비해 백업

LESSON 126
주자 없음, 좌익선상 장타

• 인원 | 팀
• 시간 | 10분 정도

목적 >>> 주자가 없는 상황에서 좌익선상으로 장타를 맞았을 경우의 수비다. 3루 진루를 저지한다.

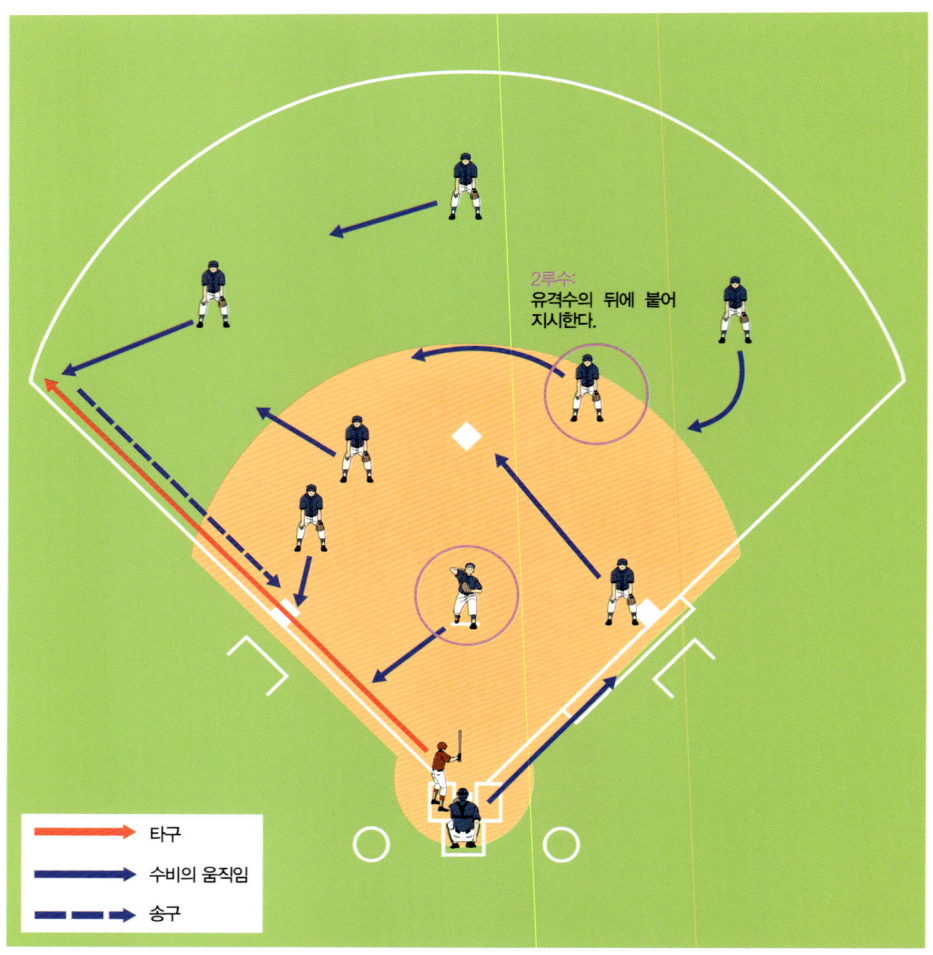

2루수:
유격수의 뒤에 붙어 지시한다.

→ 타구
→ 수비의 움직임
--→ 송구

그 밖의 수비수

① 투수: 3루 백업
② 포수: 1루 백업
③ 1루수: 2루 베이스 커버
⑤ 3루수: 3루 베이스 커버
⑥ 유격수: 타구를 쫓아감
⑦ 좌익수: 타구를 쫓아감
⑧ 중견수: 좌익수 백업
⑨ 우익수: 2루 백업

LESSON 127
주자 1루, 좌익수 앞 안타

• 인원 | 팀
• 시간 | 10분 정도

목적 ⟫⟫ 주자가 1루에 있는 상황에서 좌익수 앞 안타를 맞았을 때의 수비. 홈으로 진루하는 것을 저지한다.

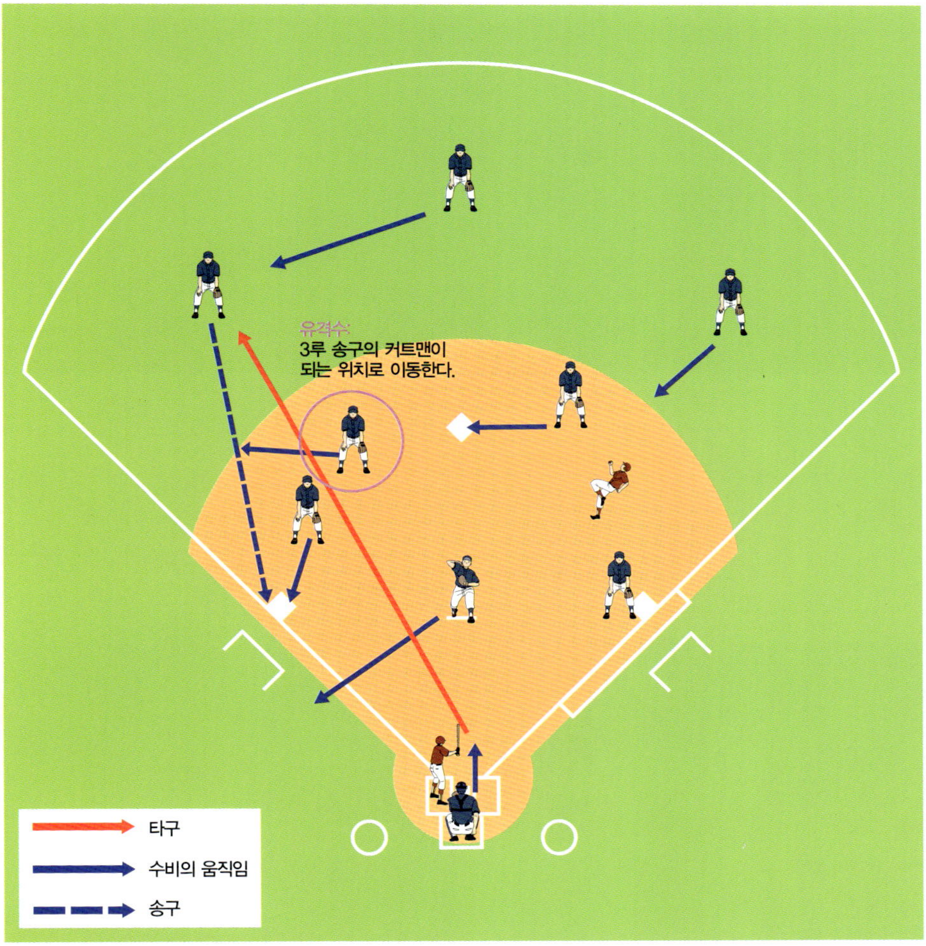

유격수
3루 송구의 커트맨이 되는 위치로 이동한다.

→ 타구
→ 수비의 움직임
⇢ 송구

그 밖의 수비수

① 투수: 3루 백업
② 포수: 홈플레이트 커버
③ 1루수: 1루 베이스 커버
④ 2루수: 2루 베이스 커버
⑤ 3루수: 3루 베이스 커버
⑦ 좌익수: 타구 처리
⑧ 중견수: 좌익수 백업
⑨ 우익수: 2루 백업

CHAPTER 10 수비 포메이션

LESSON 128
주자 1루, 좌중간 장타

- 인원 | 팀
- 시간 | 10분 정도

목적 >>> 주자가 1루에 있는 상황에서 좌중간으로 깊은 장타를 맞았을 때의 수비. 3루나 홈으로 진루하는 것을 저지한다(이 상황에서는 3루).

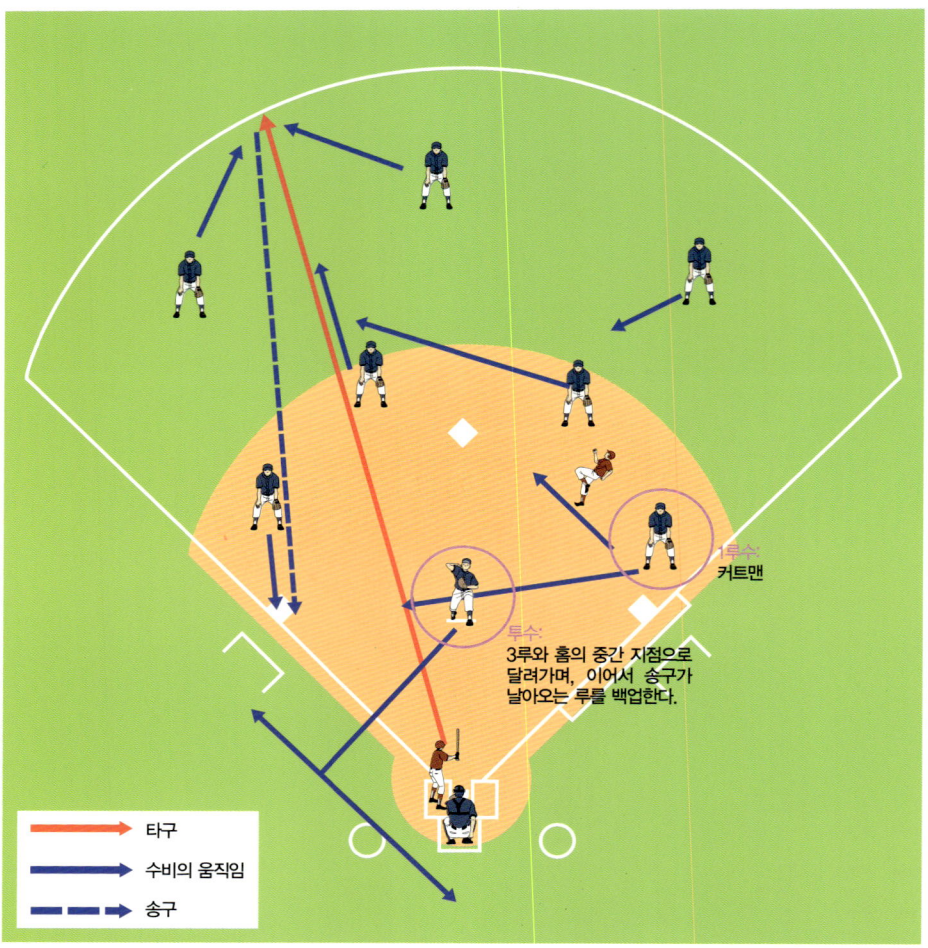

그 밖의 수비수

②포수: 홈플레이트 커버
④2루수: 좌중간과 3루를 연결하는 선상으로 달려가, 유격수의 약 7~8미터 뒤에서 백업
⑤3루수: 3루 베이스 왼쪽에 서서 베이스 커버
⑥유격수: 좌중간으로 달려가 커트맨
⑦좌익수: 타구를 쫓아감
⑧중견수: 좌익수 백업
⑨우익수: 2루수 방향으로 이동

LESSON 129
주자 2루, 좌익수 앞 안타

• 인원 | 팀
• 시간 | 10분 정도

목적 >>> 주자가 2루에 있는 상황에서 3유간 땅볼 안타를 맞았을 때의 수비다. 홈으로 진루하는 것을 저지한다.

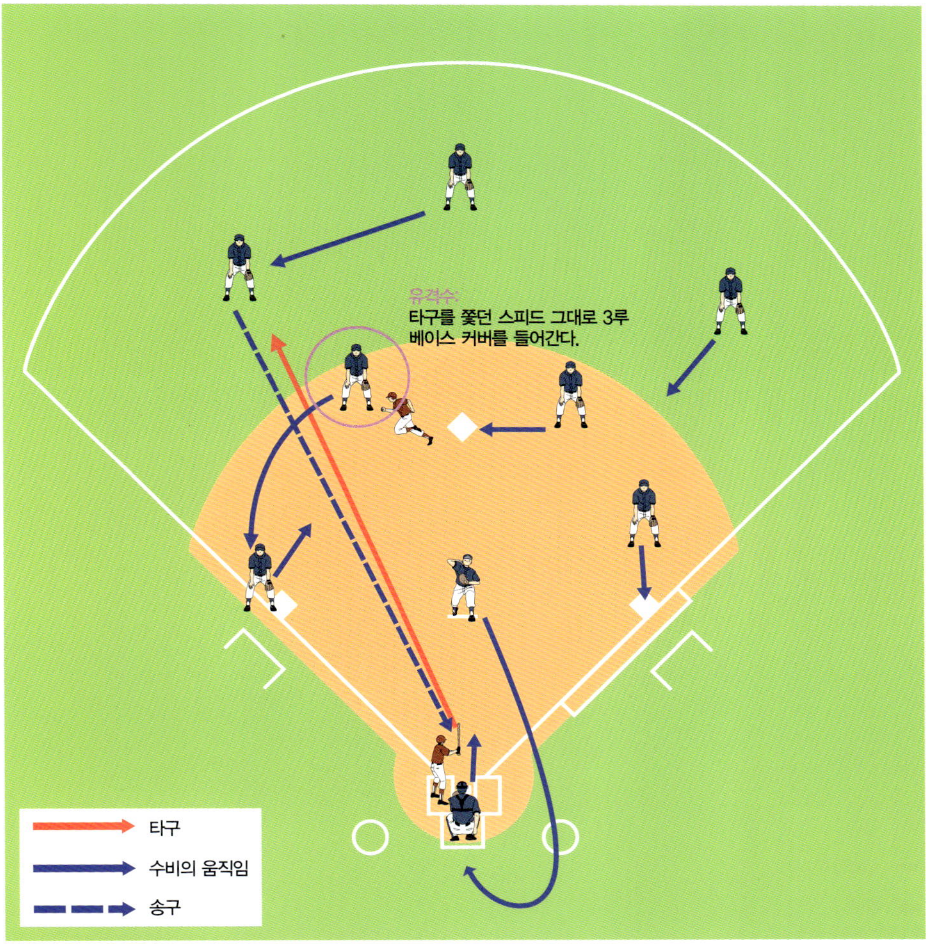

유격수: 타구를 쫓던 스피드 그대로 3루 베이스 커버를 들어간다.

- 타구
- 수비의 움직임
- 송구

그 밖의 수비수

① 투수: 홈 백업
② 포수: 홈플레이트 커버
③ 1루수: 1루 베이스 커버
④ 2루수: 2루 베이스 커버
⑤ 3루수: 커트맨
⑦ 좌익수: 타구를 쫓아감
⑧ 중견수: 좌익수 백업
⑨ 우익수: 2루수 방향으로 이동

LESSON 130
주자 1, 3루, 좌익수 플라이

- 인원 | 팀
- 시간 | 10분 정도

목적 >>> 주자 1, 3루인 상황에서 좌익수 쪽으로 뜬공이 날아갔을 때의 수비다. 상대는 태그업을 노리기 때문에 홈으로 진루하는 것을 저지한다.

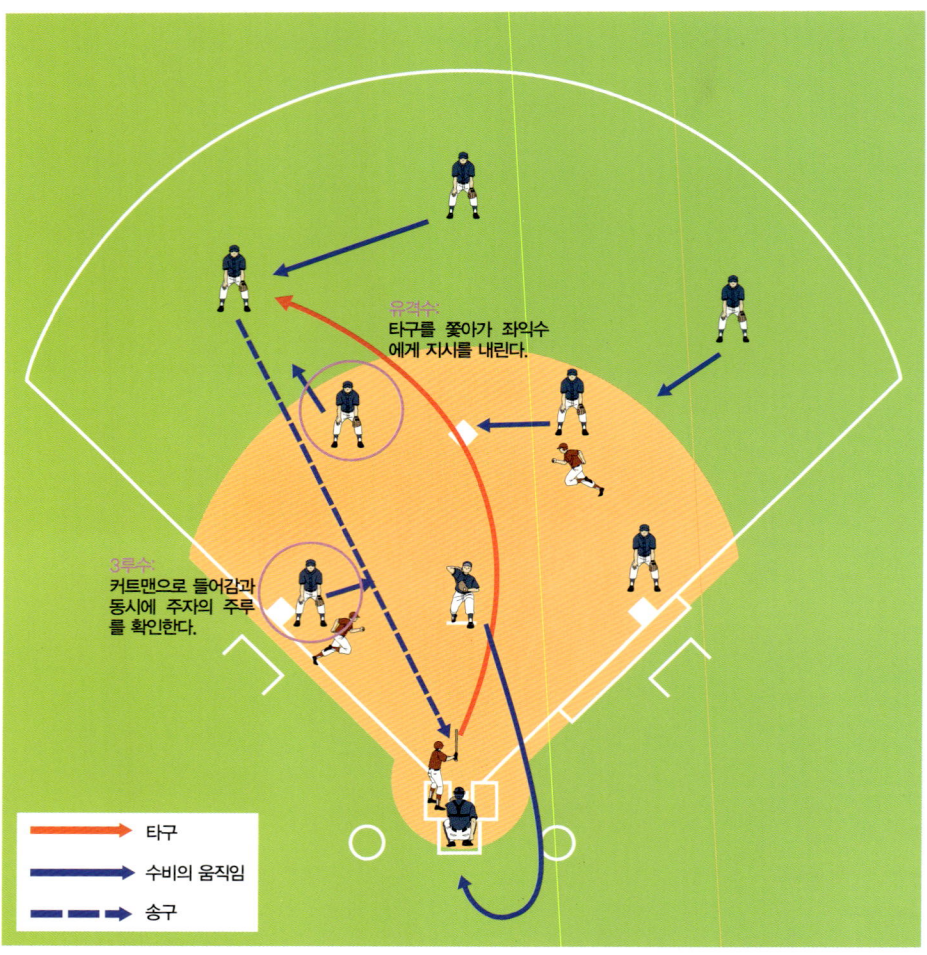

유격수: 타구를 쫓아가 좌익수에게 지시를 내린다.

3루수: 커트맨으로 들어감과 동시에 주자의 주루를 확인한다.

- 타구
- 수비의 움직임
- 송구

그 밖의 수비수

①**투수:** 홈플레이트 백업
②**포수:** 홈을 지킴과 동시에 태그 플레이에 대비
③**1루수:** 1루 베이스 커버
④**2루수:** 2루 베이스 커버
⑦**좌익수:** 타구를 쫓아가 홈으로 송구
⑧**중견수:** 좌익수 백업
⑨**우익수:** 2루 백업, 우중간의 2루 후방으로 이동

LESSON 131
주자 1, 2루, 좌익수 방면 깊은 플라이

• 인원 | 팀
• 시간 | 10분 정도

목적 ≫ 태그업이 가능한 깊은 플라이일 때의 수비. 1, 2루 주자의 태그업에 따른 진루를 저지한다.

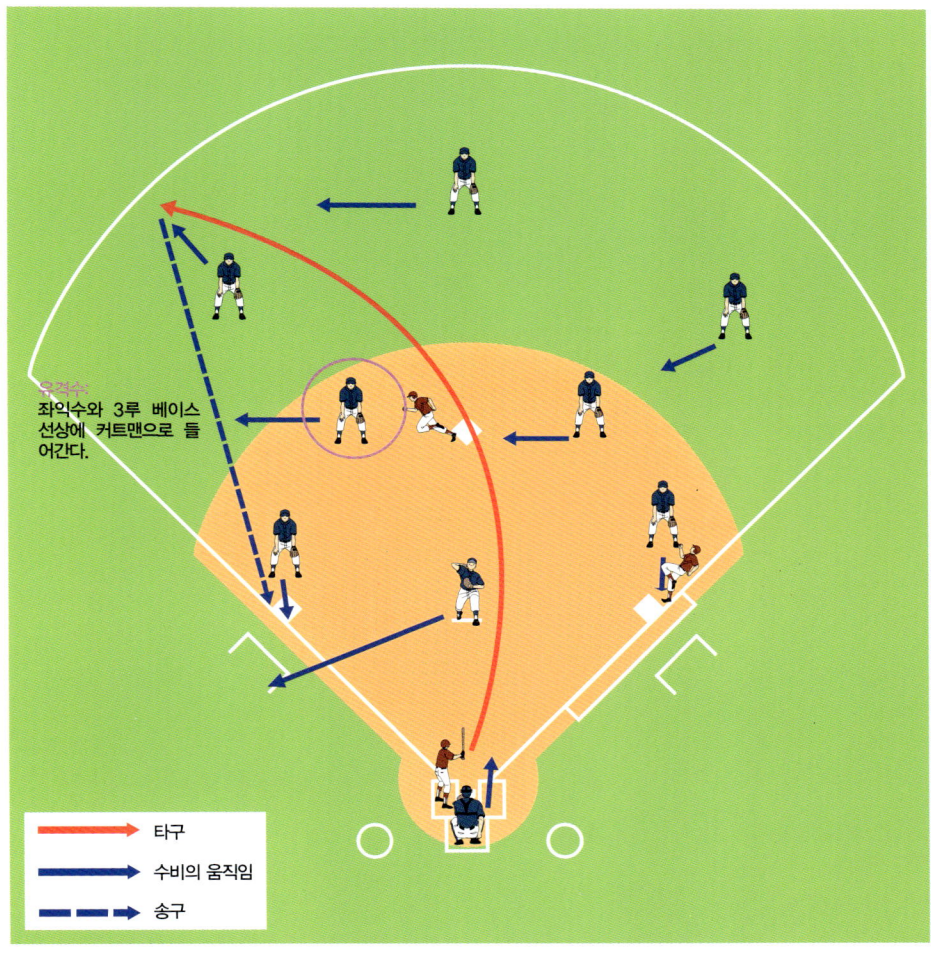

유격수
좌익수와 3루 베이스 선상에 커트맨으로 들어간다.

→ 타구
→ 수비의 움직임
--→ 송구

그 밖의 수비수

① **투수**: 3루 백업
② **포수**: 홈플레이트 커버
③ **1루수**: 1루 베이스 커버
④ **2루수**: 2루 베이스 커버
⑤ **3루수**: 3루 베이스 커버, 유격수에게 지시
⑦ **좌익수**: 타구를 쫓아감
⑧ **중견수**: 좌익수 백업
⑨ **우익수**: 2루 방향으로 전진

LESSON 132
주자 3루, 좌익수 플라이
(주자 2, 3루, 만루도 동일)

• 인원 | 팀
• 시간 | 10분 정도

목적 >>> 주자가 3루에 있는 상황에서 좌익수 플라이일 때의 수비다. 무슨 일이 있어도 홈을 지킨다.

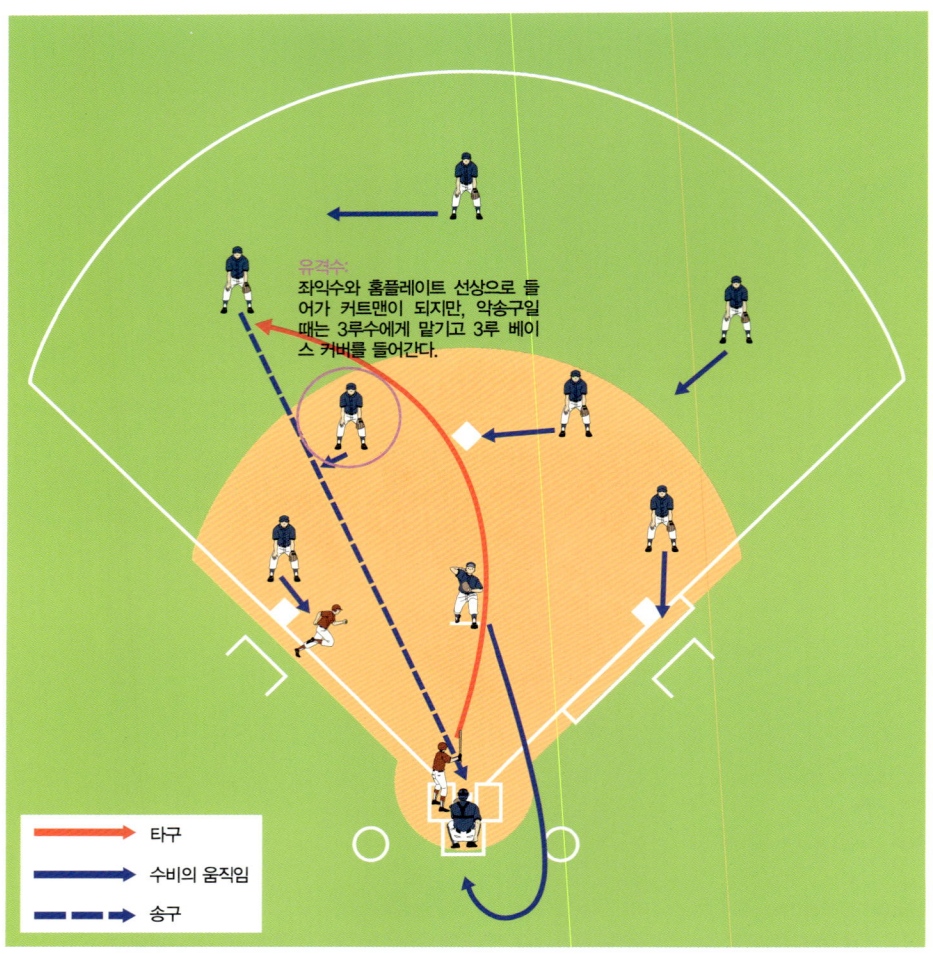

유격수: 좌익수와 홈플레이트 선상으로 들어가 커트맨이 되지만, 악송구일 때는 3루수에게 맡기고 3루 베이스 커버를 들어간다.

➡ 타구
➡ 수비의 움직임
--▶ 송구

그 밖의 수비수

①투수: 홈플레이트 백업
②포수: 홈에서 커트맨에게 지시, 블로킹으로 홈플레이트 커버
③1루수: 1루 베이스 커버
④2루수: 2루 베이스 커버
⑤3루수: 3루 베이스 커버
⑦좌익수: 타구를 쫓아감(여유가 있을 때는 앞으로 달려오며 공을 잡고 그대로 송구)
⑧중견수: 좌익수 백업
⑨우익수: 2루 백업

LESSON 133

주자 1, 3루, 3루 후방(좌익수 정위치 근처) 파울 플라이

- 인원 | 팀
- 시간 | 10분 정도

목적 ≫ 주자가 1, 3루인 상황에서 좌익수 방면 뜬공일 때의 수비다. 포수의 지시에 따라 진루를 저지한다.

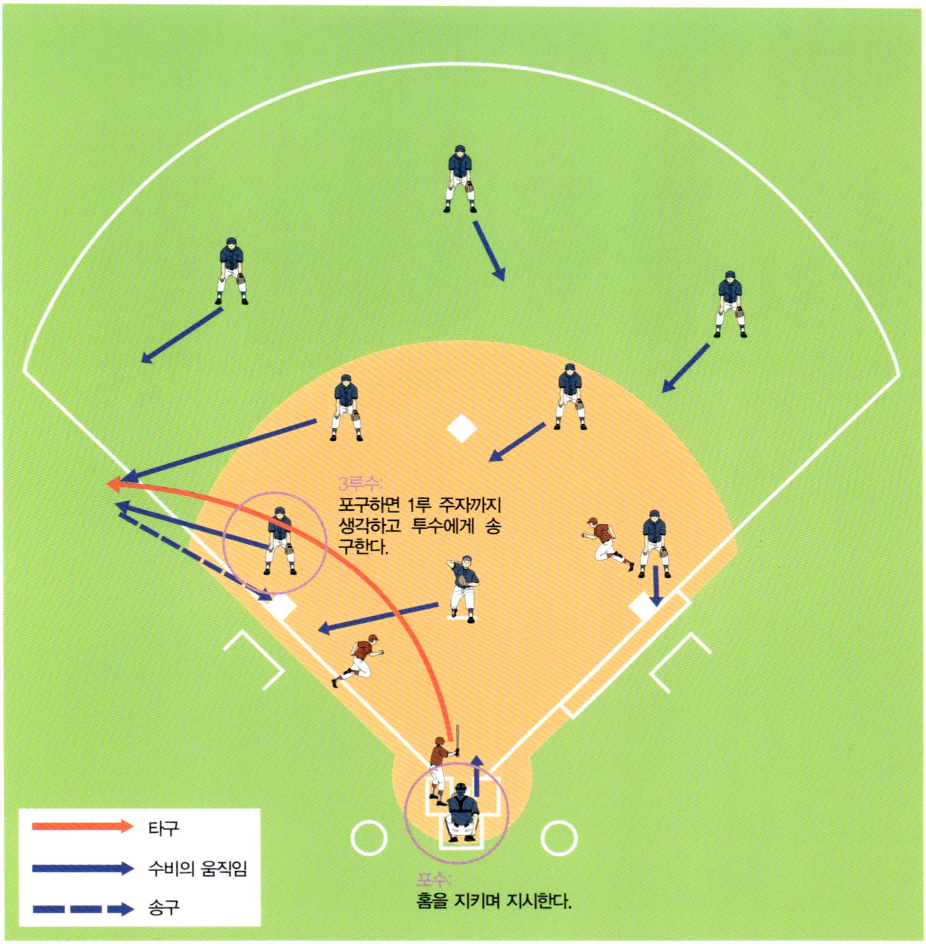

3루수: 포구하면 1루 주자까지 생각하고 투수에게 송구한다.

포수: 홈을 지키며 지시한다.

- 🟧➡ 타구
- 🟦➡ 수비의 움직임
- 🟦--➡ 송구

그 밖의 수비수

①**투수:** 3루 베이스와 가까운 파울존으로 들어가 커트맨
③**1루수:** 1루 베이스 커버(런다운 플레이에 대비)
④**2루수:** 1루 주자의 선상에서 커트맨이 되어 2루 진루를 저지
⑥**유격수:** 3루수와 동일
⑦**좌익수:** 3루 또는 유격수에게 지시
⑧**중견수:** 2루 베이스에 접근해 투수→2루수로 이어지는 송구를 백업
⑨**우익수:** 1루 백업

LESSON 134
주자 없음, 중견수 앞 안타

• 인원 | 팀
• 시간 | 10분 정도

목적 >>> 주자가 없는 상황에서 중견수 앞 안타일 때의 수비다. 2루로 진루하는 것을 저지한다.

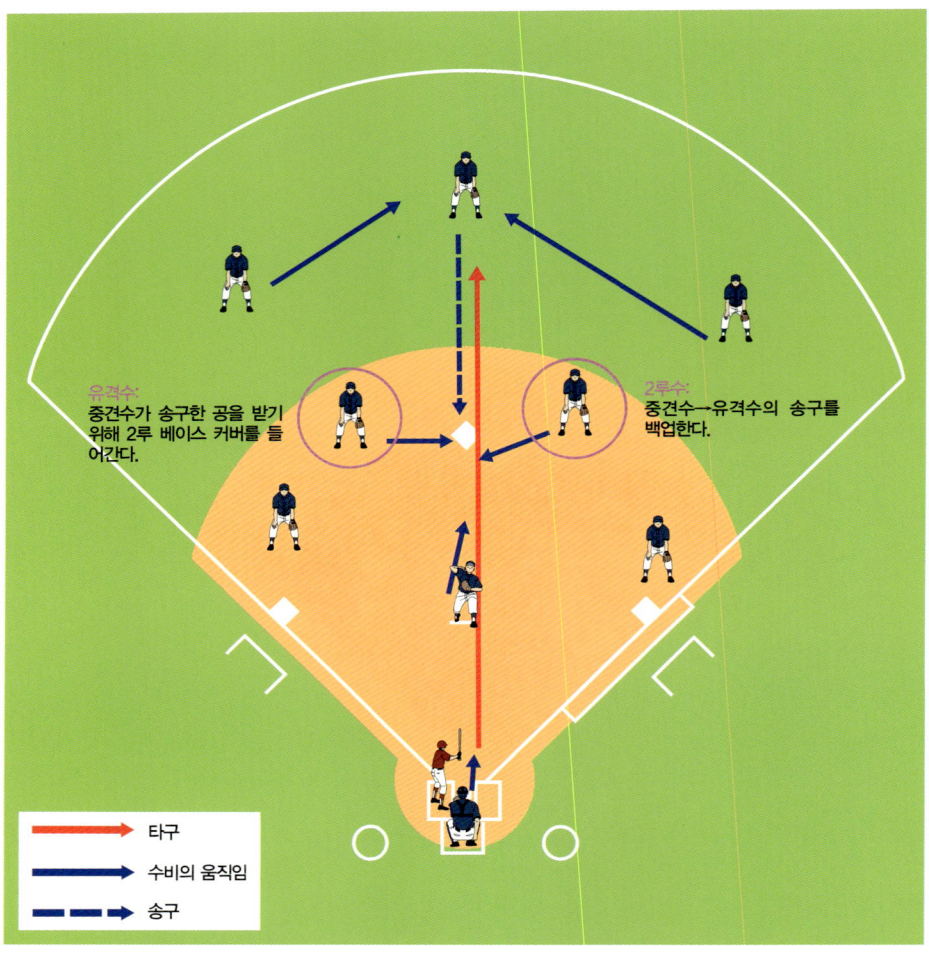

유격수: 중견수가 송구한 공을 받기 위해 2루 베이스 커버를 들어간다.

2루수: 중견수→유격수의 송구를 백업한다.

→ 타구
→ 수비의 움직임
--→ 송구

그 밖의 수비수

① **투수:** 마운드와 2루의 중간 지점으로 이동
② **포수:** 홈플레이트 커버
③ **1루수:** 타자 주자가 1루 턴을 할 때 베이스를 터치했는지 확인하고 1루 베이스 커버를 들어감
⑤ **3루수:** 3루 지역 커버
⑦ **좌익수:** 중견수 백업
⑧ **중견수:** 타구 처리
⑨ **우익수:** 중견수 백업

LESSON 135
주자 1루, 중견수 앞 안타

- 인원 | 팀
- 시간 | 10분 정도

목적 >>> 주자 1루에서 중견수 앞으로 가는 안타를 맞았을 때의 수비다. 주자의 3루 진루를 저지한다.

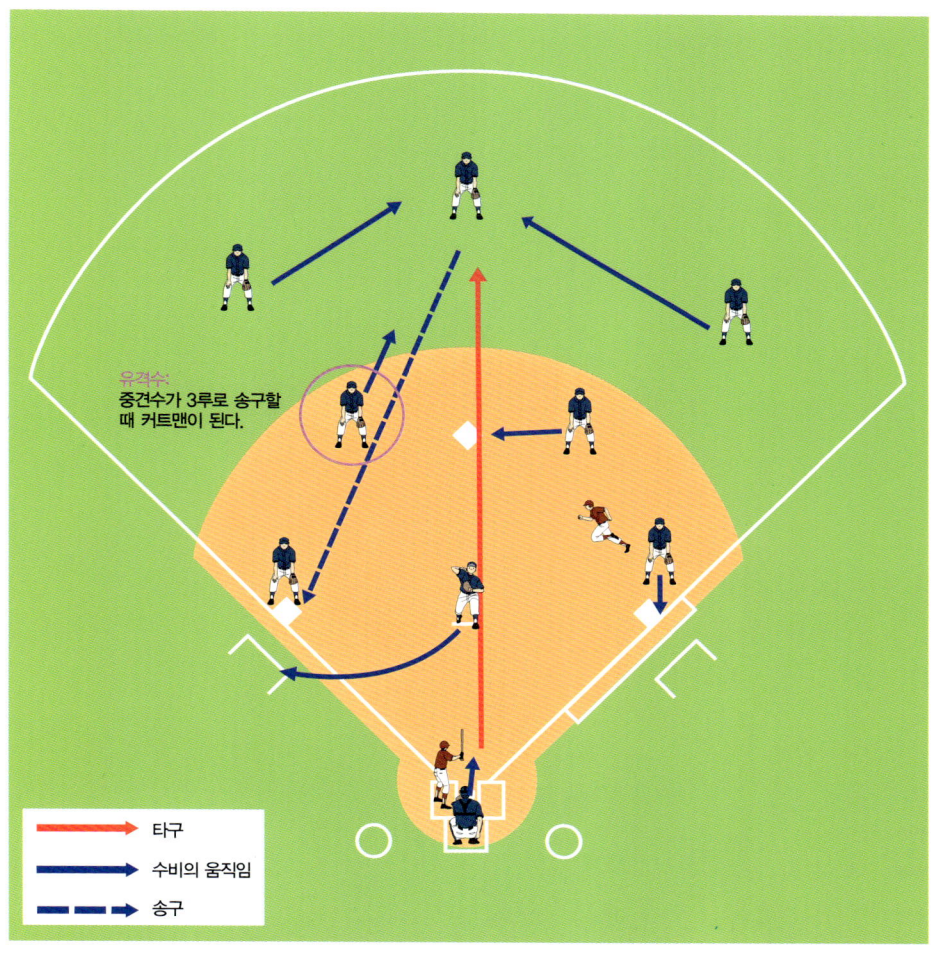

유격수:
중견수가 3루로 송구할 때 커트맨이 된다.

→ 타구
→ 수비의 움직임
--→ 송구

그 밖의 수비수

① 투수: 3루 백업
② 포수: 홈플레이트 커버
③ 1루수: 1루 베이스 커버
④ 2루수: 2루 베이스 커버
⑤ 3루수: 3루 베이스 커버
⑦ 좌익수: 중견수 백업
⑧ 중견수: 타구 처리
⑨ 우익수: 중견수 백업

LESSON 136
주자 2루, 중견수 앞 안타

• 인원 | 팀
• 시간 | 10분 정도

목적 »» 주자가 2루에 있는 상황에서 중견수 앞 안타에 대한 수비다. 홈으로 진루하는 것을 저지한다.

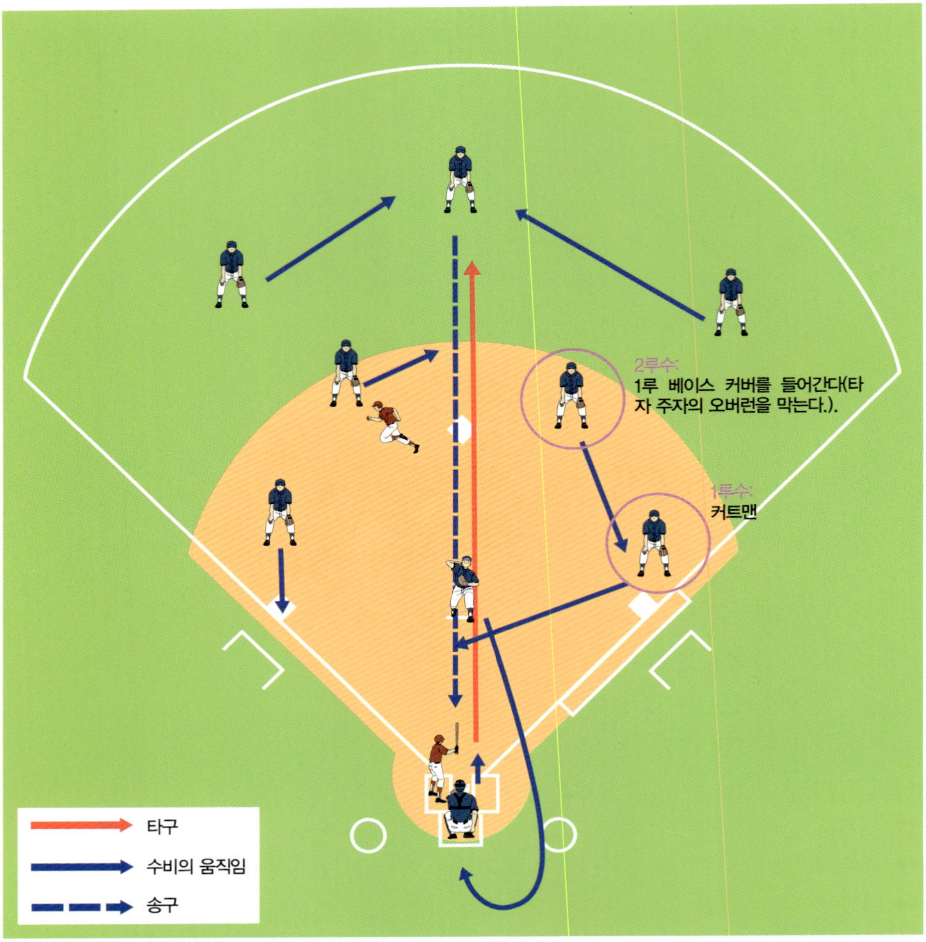

2루수: 1루 베이스 커버를 들어간다(타자 주자의 오버런을 막는다.).

1루수: 커트맨

- 타구
- 수비의 움직임
- 송구

그 밖의 수비수

① 투수: 홈플레이트 백업
② 포수: 홈플레이트 커버
⑤ 3루수: 3루 베이스 커버
⑥ 유격수: 타구를 쫓아가 커트맨에게 지시
⑦ 좌익수: 중견수 백업
⑧ 중견수: 타구 처리
⑨ 우익수: 중견수 백업

LESSON 137
주자 3루, 중견수 플라이

- 인원 | 팀
- 시간 | 10분 정도

목적 »» 주자 3루에서 중견수 뜬공을 맞았을 때의 수비다. 3루 주자의 태그업이나 타자의 2루 진루를 저지한다.

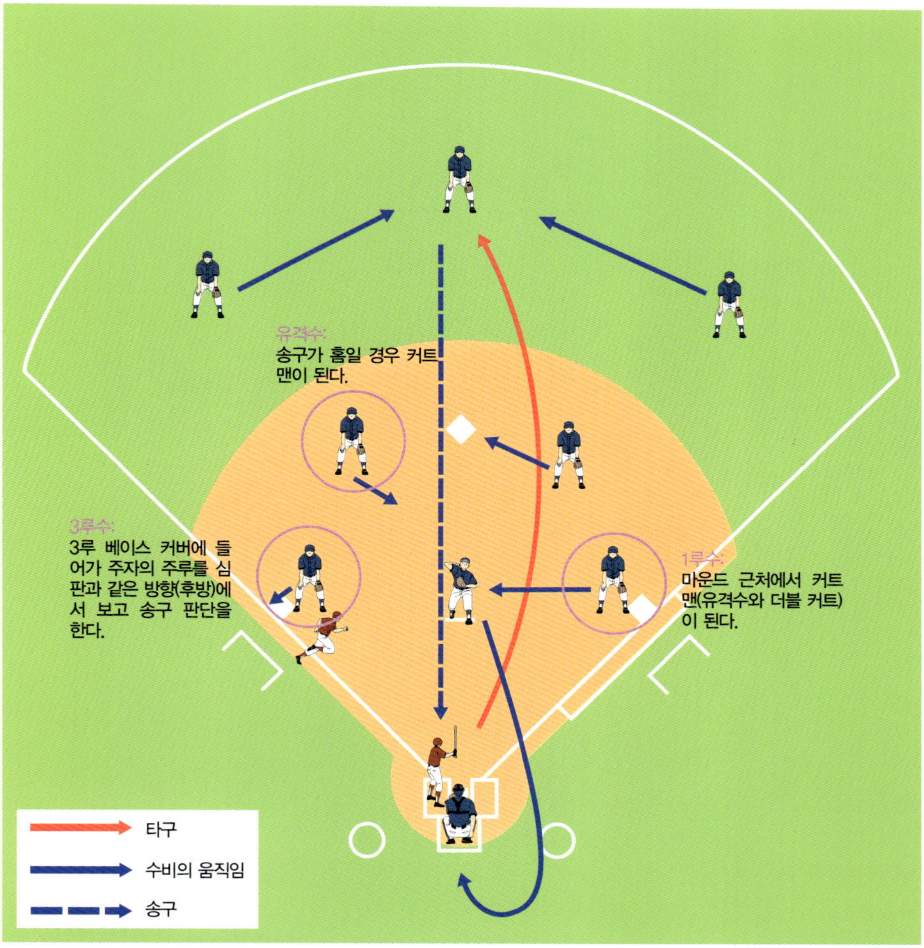

유격수: 송구가 홈일 경우 커트맨이 된다.

3루수: 3루 베이스 커버에 들어가 주자의 주루를 심판과 같은 방향(후방)에서 보고 송구 판단을 한다.

1루수: 마운드 근처에서 커트맨(유격수와 더블 커트)이 된다.

→ 타구
→ 수비의 움직임
--▶ 송구

그 밖의 수비수

- ①투수: 홈플레이트 백업
- ②포수: 홈플레이트에서 커트맨에게 지시, 블로킹으로 홈플레이트 커버
- ④2루수: 타구 방향으로 가서 중견수에게 송구할 곳을 지시
- ⑦좌익수: 중견수 백업
- ⑧중견수: 타구 처리
- ⑨우익수: 중견수 백업

LESSON 138
주자 1, 2루, 중견수 앞 안타

• 인원 | 팀
• 시간 | 10분 정도

목적 >>> 주자가 1, 2루인 상황에서 중견수 앞 안타를 맞았을 때의 수비다. 각 주자의 진루를 재빨리 저지한다.

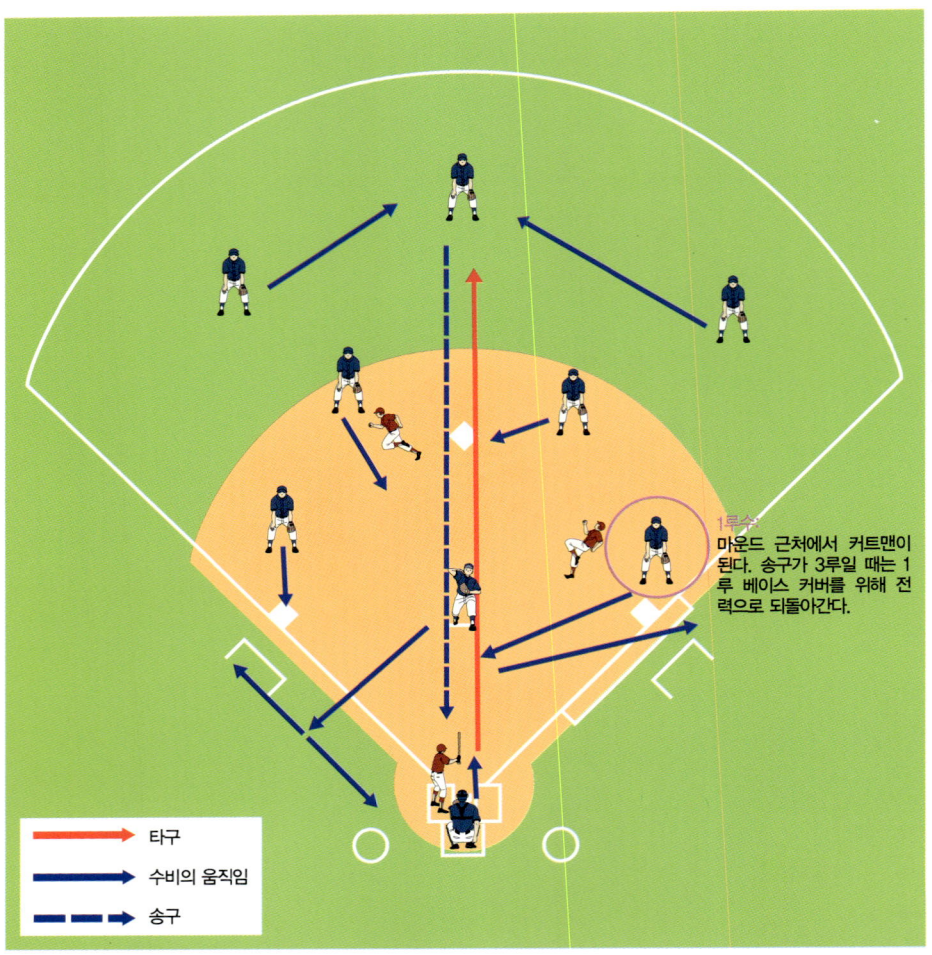

1루수: 마운드 근처에서 커트맨이 된다. 송구가 3루일 때는 1루 베이스 커버를 위해 전력으로 되돌아간다.

→ 타구
→ 수비의 움직임
⇢ 송구

그 밖의 수비수

①투수: 3루와 홈 사이의 중간 지점으로 가서 다음 송구가 예상되는 루를 백업
②포수: 홈플레이트 커버
④2루수: 2루 베이스 커버
⑤3루수: 3루 베이스 커버
⑥유격수: 송구가 3루일 경우 커트맨이 됨
⑦좌익수: 중견수의 백업
⑧중견수: 포구한다
⑨우익수: 중견수의 백업

LESSON 139

주자 2루, 중견수 플라이 (주자 1, 2루도 동일)

- 인원 | 팀
- 시간 | 10분 정도

목적 >>> 주자가 2루에 있는 상황에서 중견수 앞 뜬공일 경우의 수비다. 태그업을 통한 주루를 저지한다.

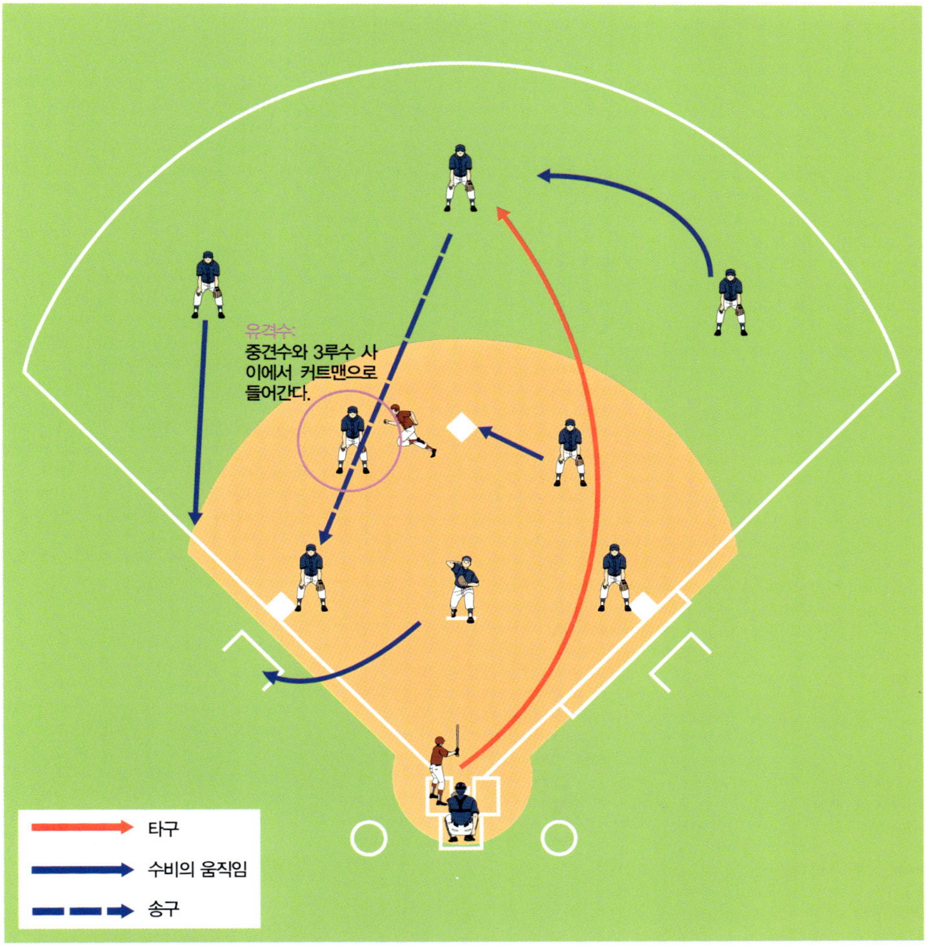

유격수: 중견수와 3루수 사이에서 커트맨으로 들어간다.

- 타구
- 수비의 움직임
- 송구

그 밖의 수비수

① **투수:** 3루 백업
② **포수:** 홈플레이트 커버
③ **1루수:** 1루 베이스 커버
④ **2루수:** 2루 베이스 커버, 주자의 태그업 확인
⑤ **3루수:** 3루 베이스 커버, 유격수에게 지시, 태그 플레이 대비
⑦ **좌익수:** 3루 백업
⑧ **중견수:** 타구 처리
⑨ **우익수:** 중견수 백업

CHAPTER 10 수비 포메이션 | 185

LESSON 140
주자 2, 3루, 중견수 플라이(주자 만루도 동일)

• 인원 | 팀
• 시간 | 10분 정도

목적 》》 주자가 2, 3루에 있는 상황에서 중견수 뜬공일 때의 수비다. 어지간히 깊은 타구가 아닌 이상 홈으로 진루하는 것을 저지한다.

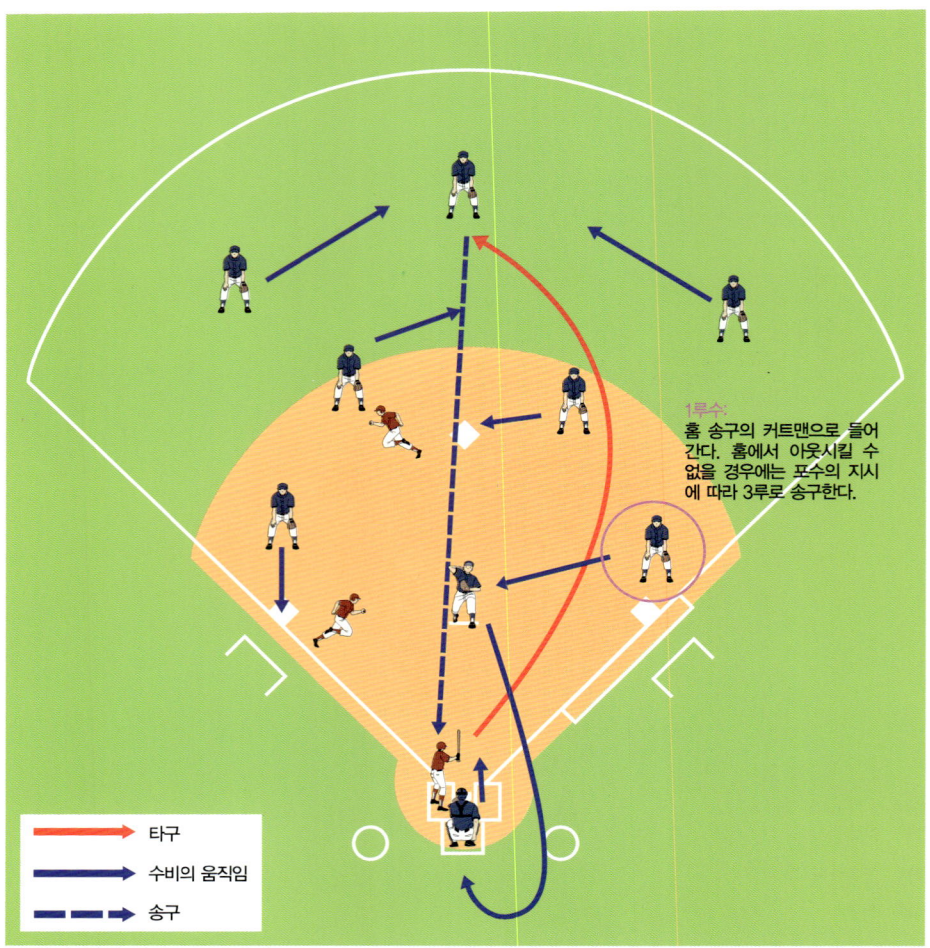

1루수: 홈 송구의 커트맨으로 들어간다. 홈에서 아웃시킬 수 없을 경우에는 포수의 지시에 따라 3루로 송구한다.

→ 타구
→ 수비의 움직임
⇢ 송구

그 밖의 수비수

①**투수:** 홈 뒤에서 백업
②**포수:** 홈플레이트 커버, 1루수에게 송구 지시
④**2루수:** 2루 베이스 커버, 주자의 태그업 확인
⑤**3루수:** 3루 베이스 커버, 주자의 태그업 확인
⑥**유격수:** 타구를 쫓아가 송구할 곳 지시
⑦**좌익수:** 중견수 백업
⑧**중견수:** 타구 처리
⑨**우익수:** 중견수 백업

LESSON 141
주자 없음, 우익수 앞 안타

• 인원 | 팀
• 시간 | 10분 정도

목적 ≫ 주자가 없는 상황에서 우익수 앞 안타일 때의 수비다. 2루로 진루하는 것을 저지한다.

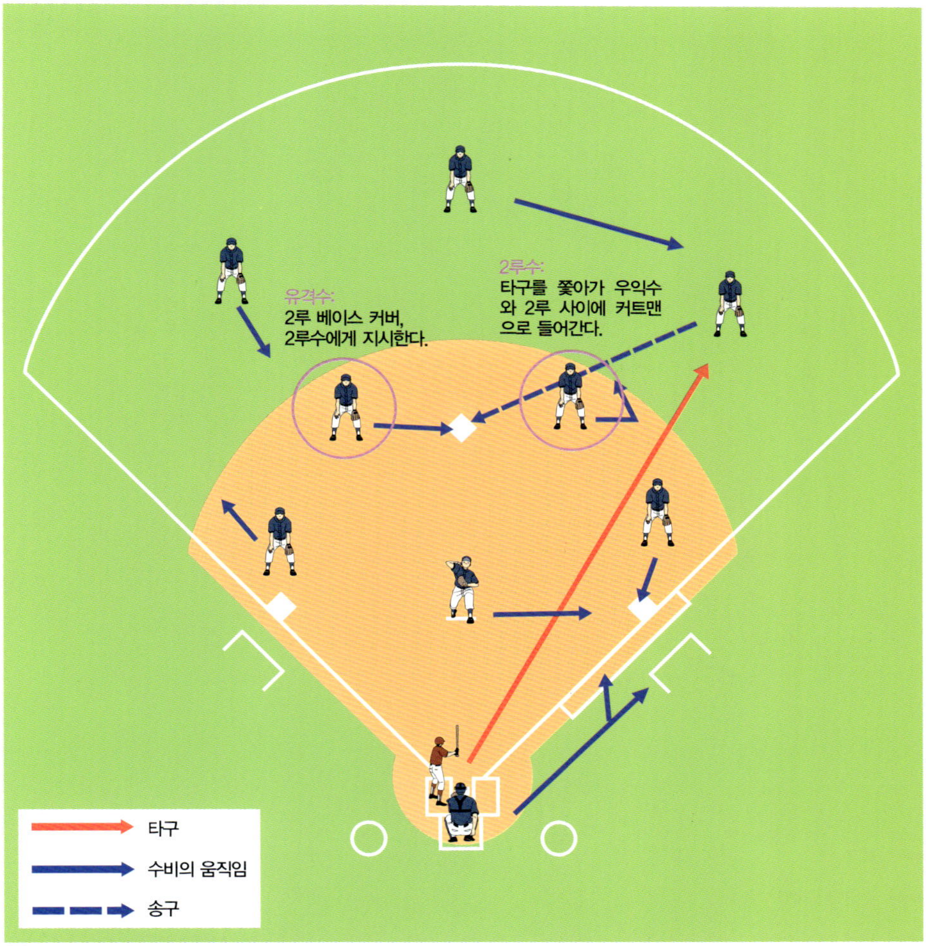

유격수: 2루 베이스 커버, 2루수에게 지시한다.

2루수: 타구를 쫓아가 우익수와 2루 사이에 커트맨으로 들어간다.

- ➡️ 타구
- ➡️ 수비의 움직임
- ⇢ 송구

그 밖의 수비수

① **투수:** 1루 베이스 커버
② **포수:** 1루 백업, 1루수→투수, 2루수→투수, 우익수→투수의 송구에 대비
③ **1루수:** 1루 베이스 커버
⑤ **3루수:** 우익수의 2루 송구에 대비해 백업
⑦ **좌익수:** 우익수의 2루 송구에 대비해 백업
⑧ **중견수:** 우익수 백업
⑨ **우익수:** 타구 처리

LESSON 142
주자 없음, 우중간 장타

• 인원 | 팀
• 시간 | 10분 정도

목적 ≫ 주자가 없는 상황에서 우중간으로 장타를 맞았을 경우의 수비다. 유격수는 송구에 맞춰 2루수를 커버하며 타자의 진루를 저지한다.

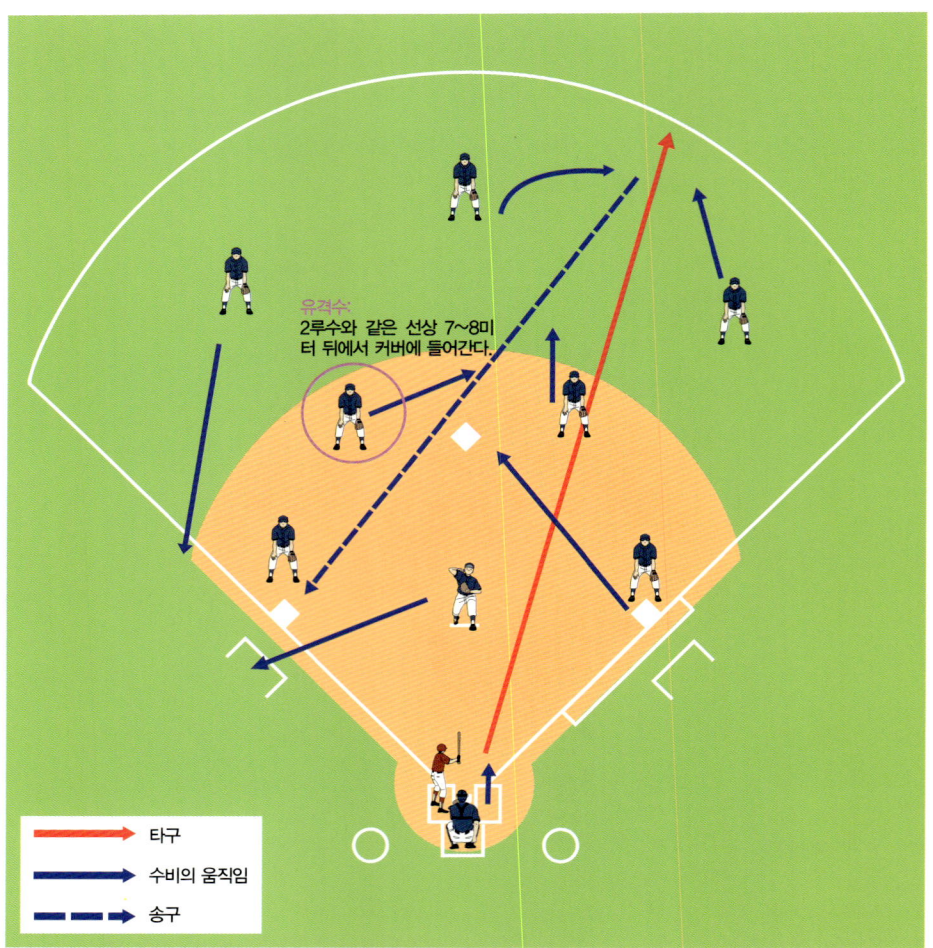

유격수: 2루수와 같은 선상 7~8미터 뒤에서 커버에 들어간다.

→ 타구
→ 수비의 움직임
--→ 송구

그 밖의 수비수

①투수: 3루 백업
②포수: 홈플레이트 커버
③1루수: 타자 주자를 쫓아 2루 베이스 커버
④2루수: 우익수와 3루를 잇는 선상에서 커트맨
⑤3루수: 3루 커버
⑦좌익수: 3루를 향해 내야로 이동
⑧중견수: 우익수보다 타구를 쫓아갔다면 처리하고, 늦었다면 송구할 곳을 지시
⑨우익수: 중견수보다 타구를 쫓아갔다면 처리하고, 늦었다면 송구할 곳을 지시

LESSON 143

주자 1, 2루, 우익수 앞 안타 (주자 만루도 동일)

• 인원 | 팀
• 시간 | 10분 정도

목적 ≫ 주자의 진루를 저지한다. 유격수는 베이스로 들어가는 것이 아니라 커트맨 역할을 수행한다. 우익수는 홈 송구가 늦었다고 판단되면 3루로 송구한다.

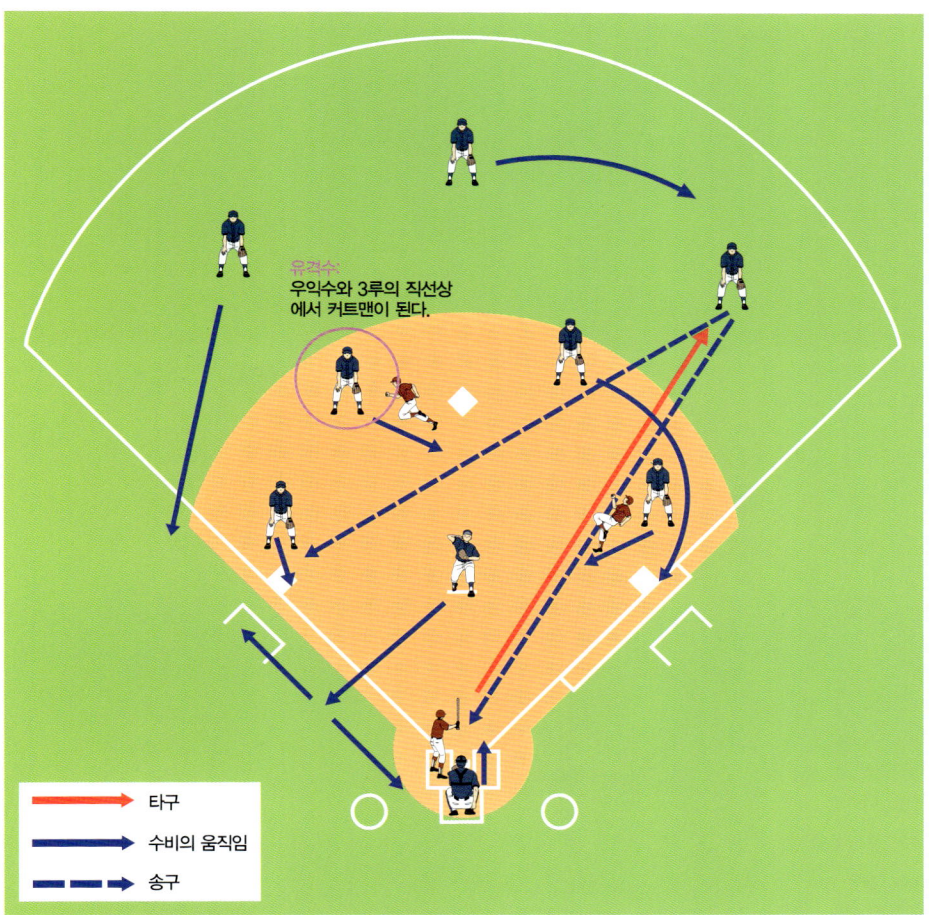

유격수:
우익수와 3루의 직선상에서 커트맨이 된다.

— 타구
— 수비의 움직임
-- 송구

그 밖의 수비수

① **투수**: 홈이나 3루 백업
② **포수**: 홈플레이트에서 커트맨에게 송구 지시, 홈플레이트 커버
③ **1루수**: 우익수와 홈을 연결하는 선상에서 커트맨
④ **2루수**: 1루 베이스 커버
⑤ **3루수**: 3루 베이스 커버
⑦ **좌익수**: 1루수→3루수, 포수→3루수의 송구를 백업
⑧ **중견수**: 우익수의 백업과 송구할 곳 지시
⑨ **우익수**: 타구 처리

LESSON 144
주자 1루, 우중간 장타

• 인원 | 팀
• 시간 | 10분 정도

목적 〉〉〉 주자가 1루에 있는 상황에서 우중간의 장타를 맞았을 때의 수비다. 주자가 홈으로 진루하는 것을 저지한다. 유격수는 2루수 뒤쪽으로 백업을 들어간다.

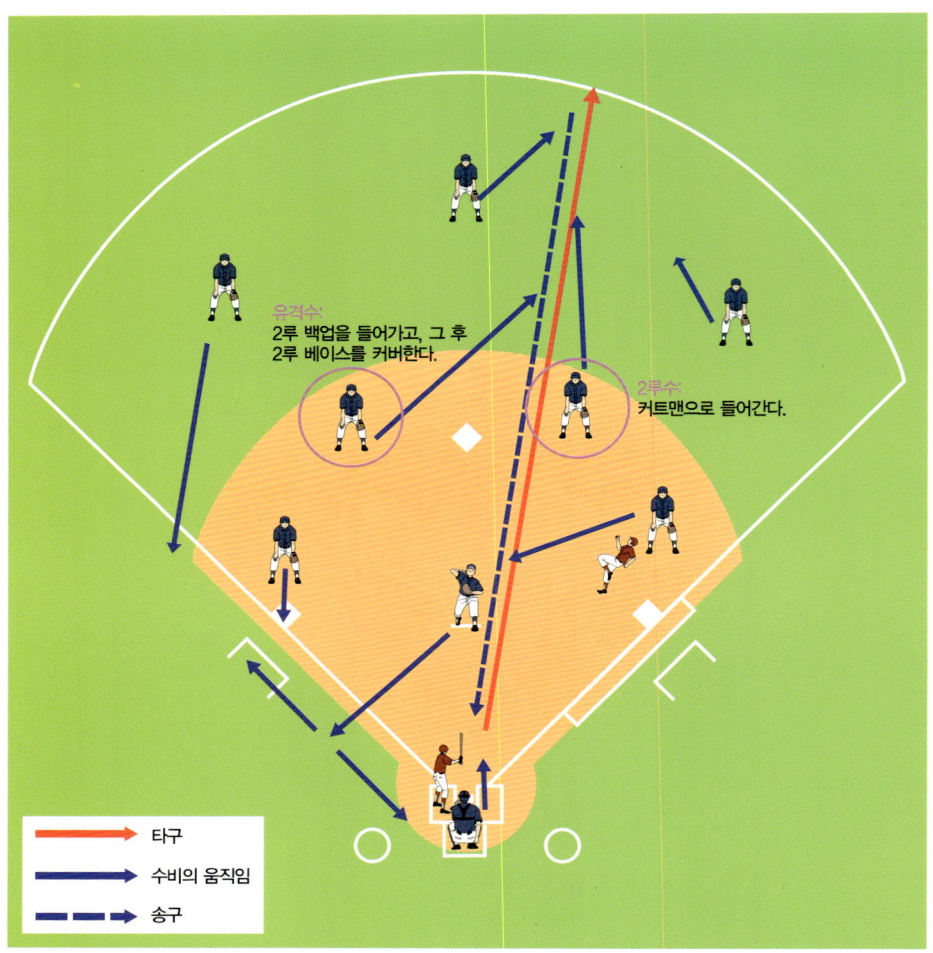

유격수:
2루 백업을 들어가고, 그 후 2루 베이스를 커버한다.

2루수:
커트맨으로 들어간다.

→ 타구
→ 수비의 움직임
--→ 송구

그 밖의 수비수

①투수: 3루와 홈의 중간 지점으로 달려가 송구가 어느 쪽으로 오는지 확인한 다음 송구가 오는 루를 백업
②포수: 홈플레이트 커버
③1루수: 커트맨
⑤3루수: 3루 베이스 커버
⑦좌익수: 3루 후방으로 백업
⑧중견수: 타구를 쫓아감
⑨우익수: 타구를 쫓아감

190 | 야구 마스터 가이드

LESSON 145
주자 1루, 우익수 앞 안타

• 인원 | 팀
• 시간 | 10분 정도

목적 ≫ 주자가 1루에 있는 상황에서 우익수 앞 안타를 맞았을 때의 수비. 주자가 3루로 진루하는 것을 저지한다.

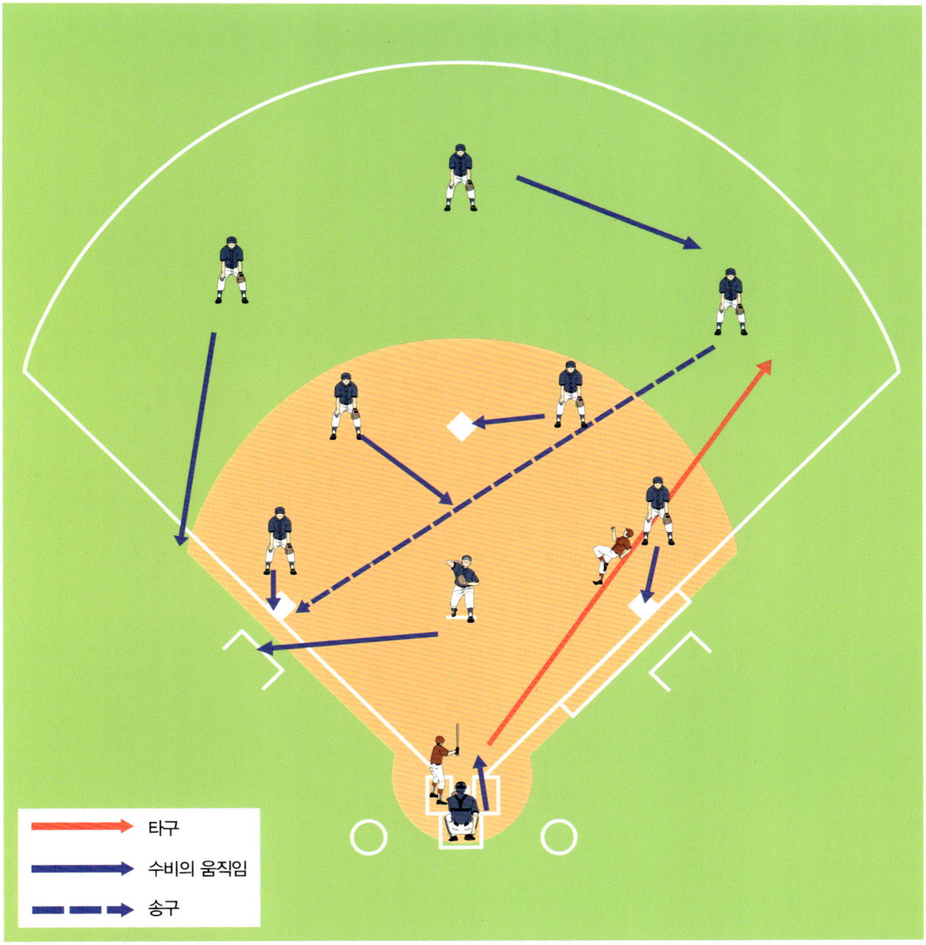

→ 타구
→ 수비의 움직임
--→ 송구

그 밖의 수비수

① 투수: 3루 백업
② 포수: 홈플레이트 커버
③ 1루수: 1루 베이스 커버
④ 2루수: 2루 베이스 커버
⑤ 3루수: 3루 베이스 커버
⑥ 유격수: 우익수와 3루를 잇는 선상으로 들어가 커트맨
⑦ 좌익수: 3루 백업
⑧ 중견수: 우익수 백업
⑨ 우익수: 타구 처리

LESSON 146
주자 없음, 우익선상 장타

• 인원 | 팀
• 시간 | 10분 정도

목적 ››› 주자가 없는 상황에서 우익선상으로 장타를 맞았을 경우, 2루수가 커트맨으로 들어가고 유격수가 2루수 백업을 들어가서 주자가 3루로 진루하는 것을 저지한다.

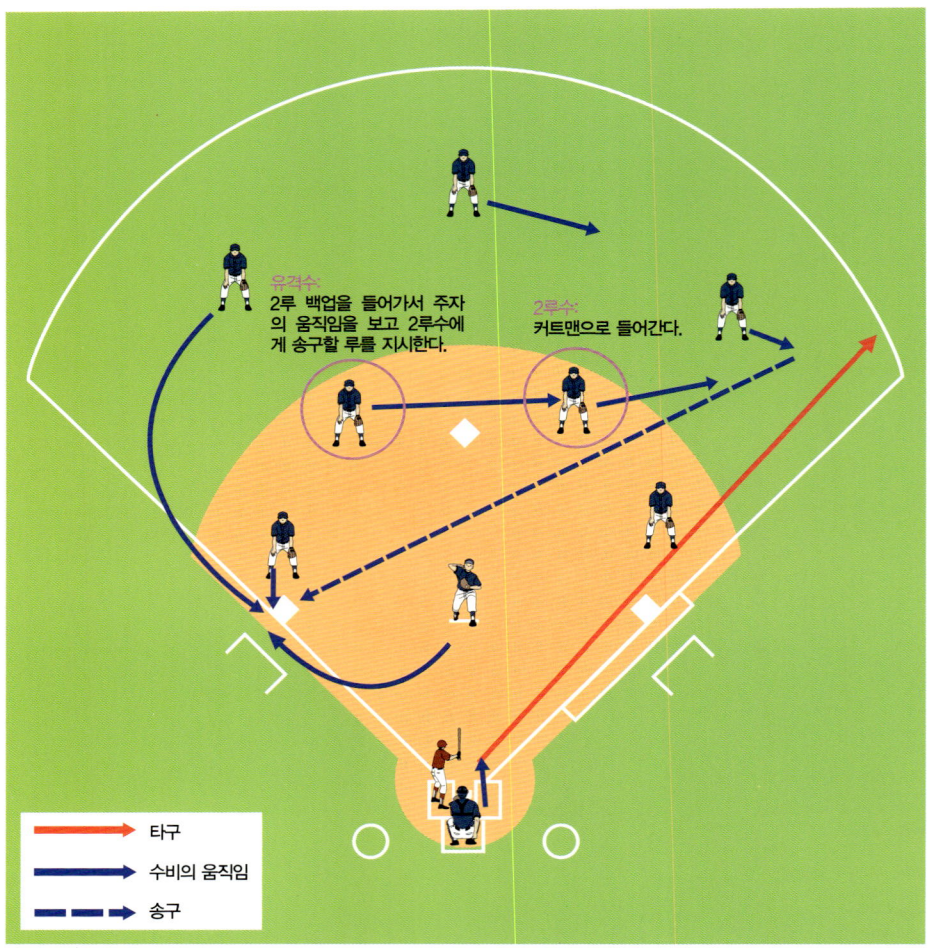

유격수: 2루 백업을 들어가서 주자의 움직임을 보고 2루수에게 송구할 루를 지시한다.

2루수: 커트맨으로 들어간다.

→ 타구
→ 수비의 움직임
--→ 송구

그 밖의 수비수

①투수: 3루 백업
②포수: 홈플레이트 커버
③1루수: 타자 주자의 주루를 확인한 뒤 1루 베이스 커버
⑤3루수: 3루 베이스 커버
⑦좌익수: 3루 후방으로 이동
⑧중견수: 우익수 백업
⑨우익수: 타구 처리

LESSON 147
주자 1루, 우익선상 장타

- 인원 | 팀
- 시간 | 10분 정도

목적 》》 주자 1루 상황에서 우익선상 장타를 맞았을 경우, 2루수는 1루 주자의 홈 진루를 저지하기 위해 커트맨이 된다.

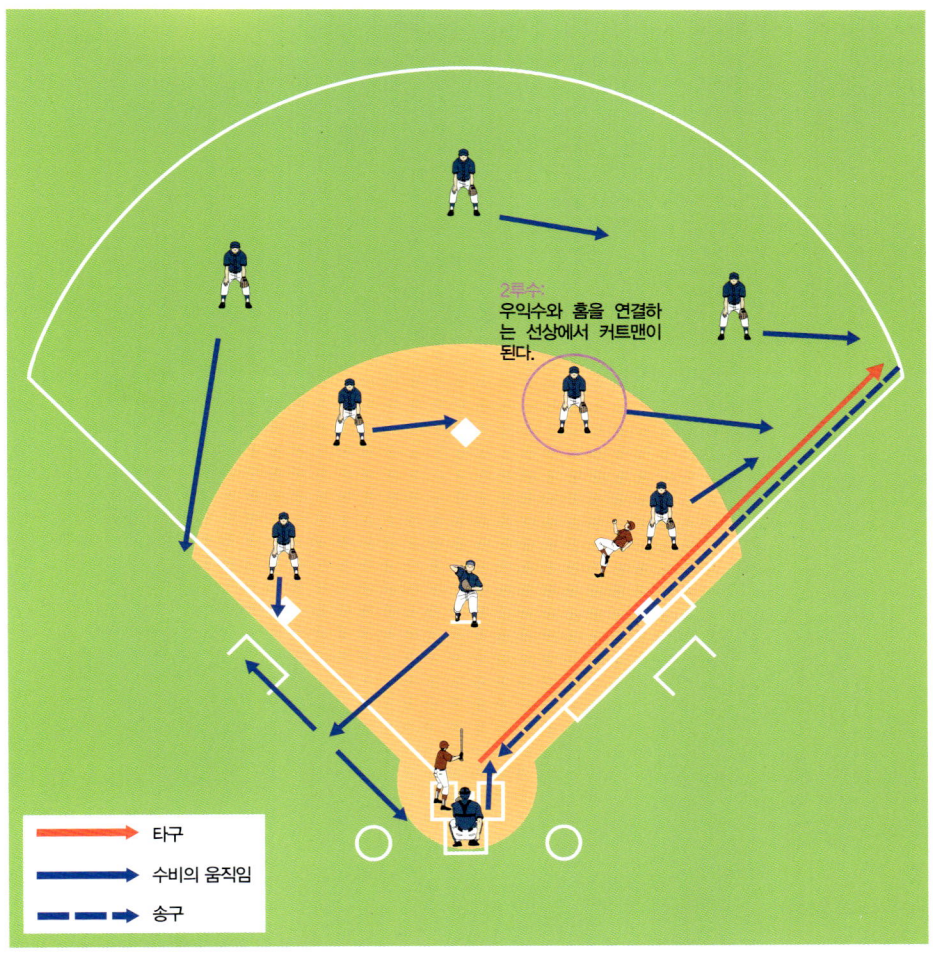

2루수: 우익수와 홈을 연결하는 선상에서 커트맨이 된다.

- 타구
- 수비의 움직임
- 송구

그 밖의 수비수

① 투수: 3루와 홈 사이의 중간 지점으로 이동하여 송구 지점에 따라 움직임
② 포수: 홈플레이트 커버
③ 1루수: 2루수 뒤를 쫓아가서 약 7~8미터 뒤에서 백업
⑤ 3루수: 3루 베이스 커버
⑥ 유격수: 2루 베이스 커버
⑦ 좌익수: 3루 백업
⑧ 중견수: 우익수 백업
⑨ 우익수: 타구 처리

LESSON 148

주자 2루, 우익수 깊은 플라이 (주자 1, 2루도 동일)

- 인원 | 팀
- 시간 | 10분 정도

목적 » 주자가 2루에 있는 상황에서 우익수 앞 뜬공일 경우의 수비다. 2루수는 우익수 방향으로 타구를 쫓아가 송구 지시를 내리고, 유격수가 2루를 지키며 주자의 3루 진루를 저지한다.

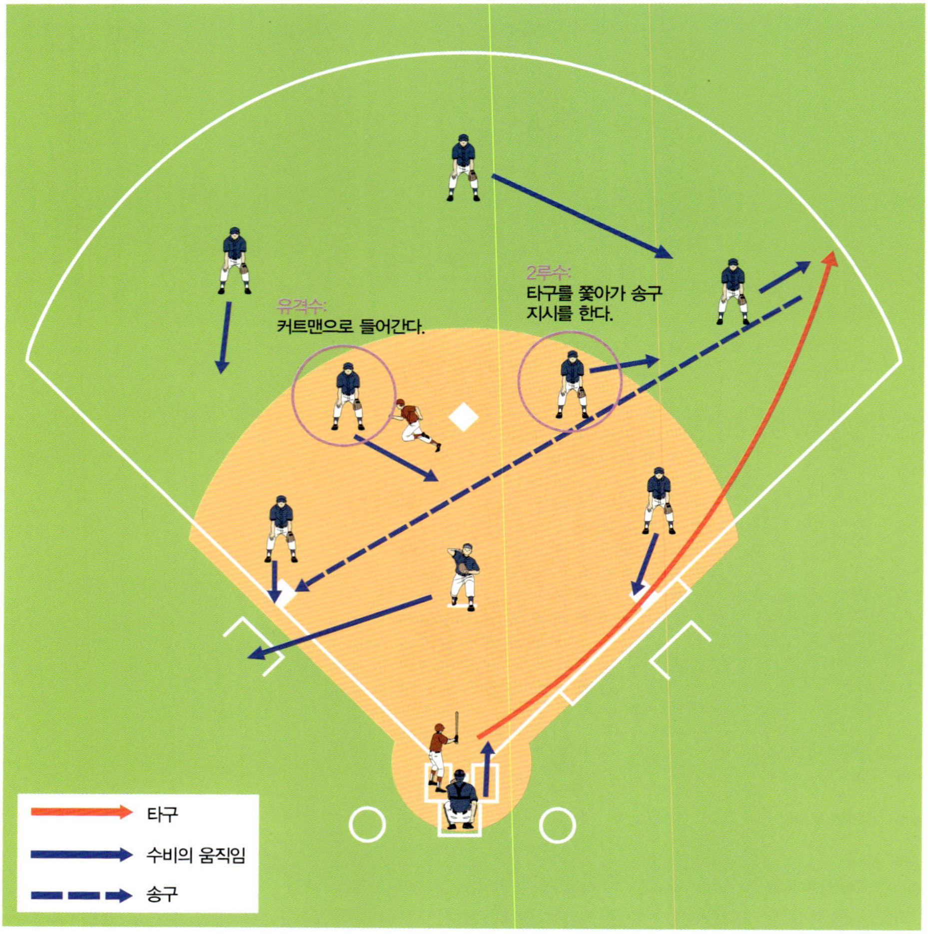

유격수: 커트맨으로 들어간다.

2루수: 타구를 쫓아가 송구 지시를 한다.

- 타구
- 수비의 움직임
- 송구

그 밖의 수비수

① 투수: 3루 백업
② 포수: 홈플레이트 커버
③ 1루수: 1루 베이스 커버
⑤ 3루수: 3루 베이스 커버
⑧ 중견수: 우익수 백업
⑨ 우익수: 타구 처리

LESSON 149
주자 3루, 우익수 플라이

- 인원 | 팀
- 시간 | 10분 정도

목적 >>> 되도록 커트맨을 줄이기 위해 1루수만 커트맨이 된다. 태그업을 통해 홈으로 진루하는 것을 저지한다.

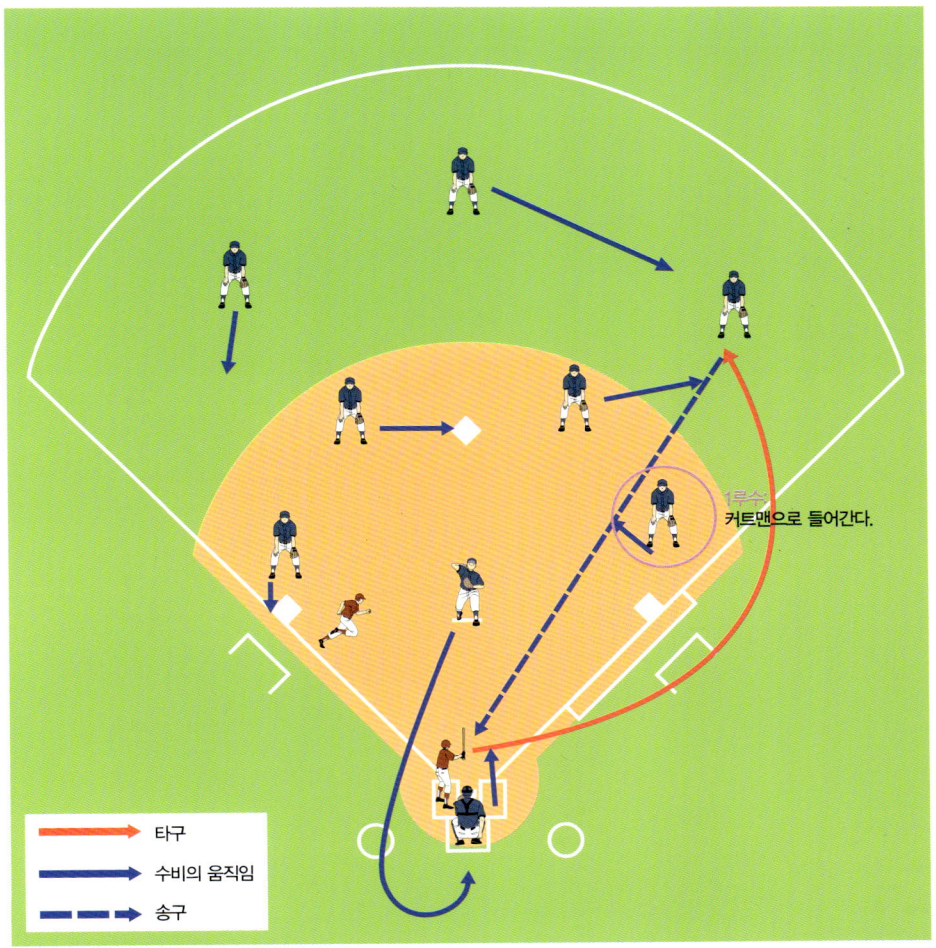

그 밖의 수비수

① 투수: 홈플레이트 백업
② 포수: 홈플레이트에서 커트맨에게 지시, 블로킹으로 홈플레이트 커버
④ 2루수: 타구를 쫓아감
⑤ 3루수: 3루 베이스 커버, 주자의 주루 확인
⑥ 유격수: 2루 베이스 커버
⑧ 중견수: 우익수 백업
⑨ 우익수: 타구 처리

LESSON 150
주자 2, 3루, 우익수 플라이
(주자 만루도 동일)

- 인원 | 팀
- 시간 | 10분 정도

목적 ≫ 주자가 2, 3루에 있는 상황에서 우익수 방향으로 뜬공이 떴을 때는 투수와 2루수의 수비가 중요하다. 홈으로 진루하는 것을 저지한다.

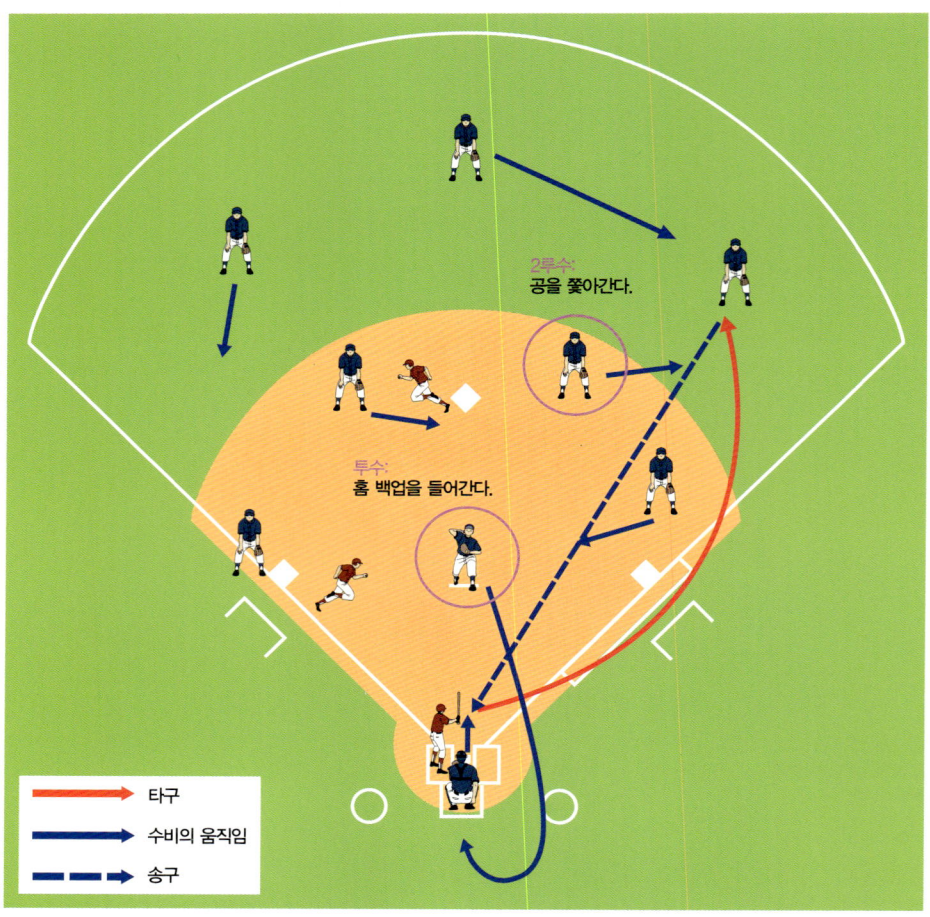

그 밖의 수비수

- ②포수: 홈플레이트 커버, 커트맨에게 지시
- ③1루수: 우익수와 홈을 연결하는 선상에서 커트맨
- ⑤3루수: 3루 베이스 커버
- ⑥유격수: 2루 베이스 커버
- ⑧중견수: 우익수 백업
- ⑨우익수: 타구 처리

LESSON 151
주자 1, 3루, 1루 후방의 파울 플라이

- 인원 | 팀
- 시간 | 10분 정도

목적 » 3루 주자의 홈 진루를 저지한다. 1루 주자의 움직임에 속지 않도록 포수의 정확한 지시가 중요하다.

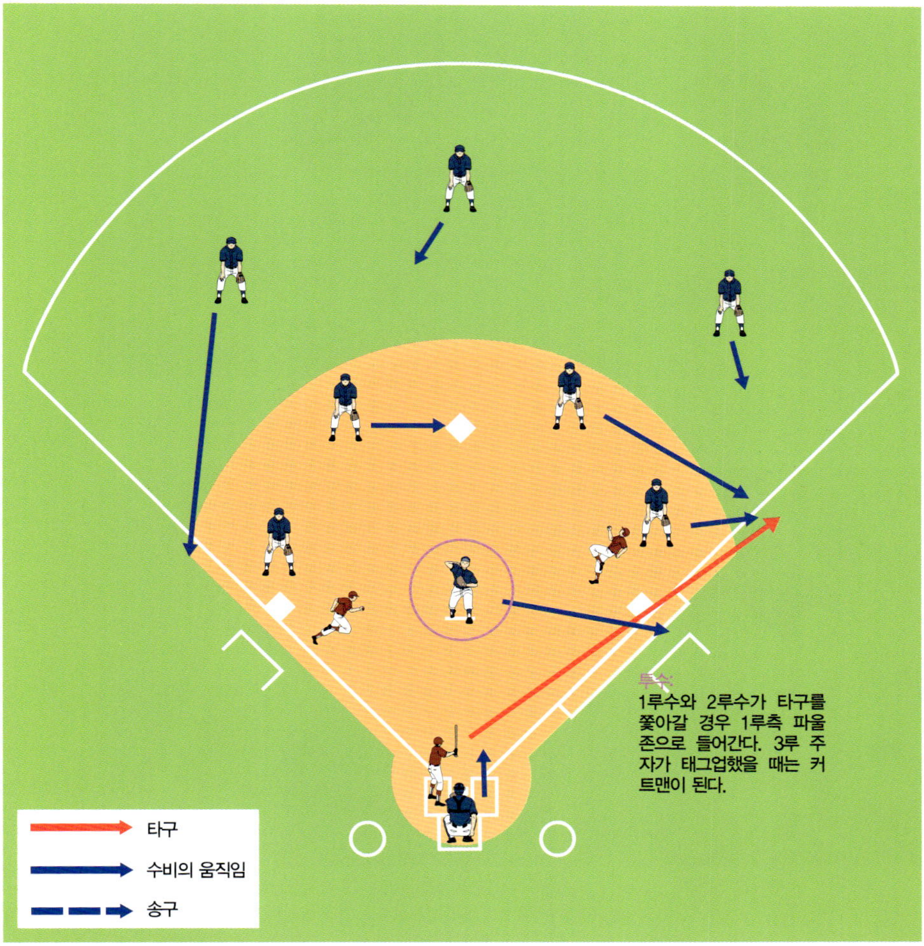

1루수와 2루수가 타구를 쫓아갈 경우 1루측 파울 존으로 들어간다. 3루 주자가 태그업했을 때는 커트맨이 된다.

→ 타구
→ 수비의 움직임
--→ 송구

그 밖의 수비수

②포수: 홈플레이트 커버, 송구 지시
③1루수: 공을 잡으면 투수에게 송구
④2루수: 공을 잡으면 투수에게 송구
⑤3루수: 3루 베이스 커버, 주자의 태그업 확인
⑥유격수: 2루 베이스 커버, 런다운 플레이 대비
⑦좌익수: 3루 백업
⑧중견수: 투수→유격수로 이어지는 송구의 백업
⑨우익수: 1루수 또는 2루수에게 지시

LESSON 152
더블 플레이의 철칙

• 인원 | 그룹
• 시간 | 3분 정도

목적 ≫ 더블 플레이를 할 때 무엇을 중요시하느냐를 팀이 명심하고 있는지 확인한다.

포구를 확실히 한 다음 송구한다.

포구하는 사이에 다른 선수가 베이스 커버를 들어간다.

슬라이딩으로 들어오는 주자를 주의하며 1루로 송구한다.

1아웃을 확실히 잡는 것이 중요하다. 그러므로 무리하게 1루로 던지지 않아도 된다.

POINT TIP!
더블 플레이를 노릴 때는 선수들도 2아웃을 잡으려고 서둘게 된다. 평소에 '확실한 1아웃이 중요하며 2아웃은 보너스'라고 이해하기 바란다. 침착하게 확실한 플레이를 해야 속도도 빨라진다.

원 포인트 레슨
먼저 첫 아웃을 확실히 잡는 것이 중요하다. 첫 번째 아웃이 없으면 더블 플레이는 있을 수 없기 때문이다. 또 처음에 공을 잡은 사람은 다음 사람이 처리하기 쉬운 송구를 해야 한다.

LESSON 153

노아웃 또는 1아웃에 주자 1루, 투수 땅볼(1-6-3 또는 1-4-3)

- 인원 | 팀
- 시간 | 10분 정도

목적 >>> 타구가 투수 쪽이나 2루수 쪽으로 치우치면 유격수가, 3루수 쪽으로 치우치면 2루수가 베이스 커버를 들어간다.

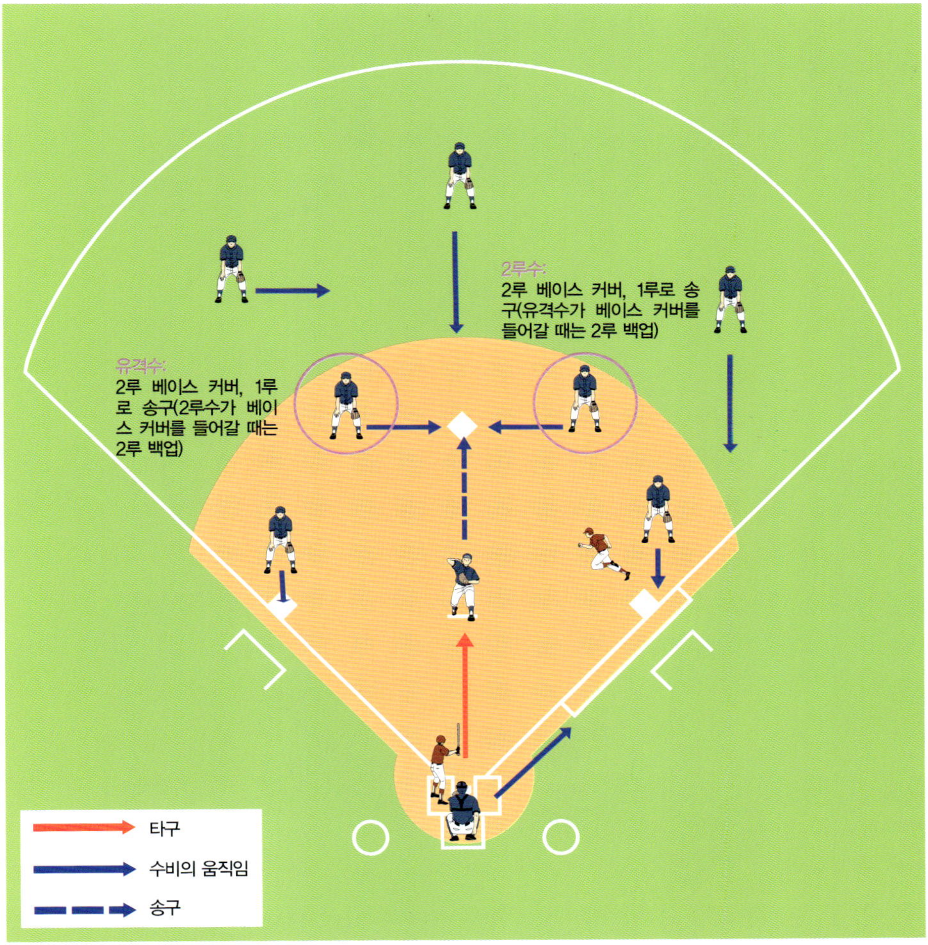

유격수:
2루 베이스 커버, 1루로 송구(2루수가 베이스 커버를 들어갈 때는 2루 백업)

2루수:
2루 베이스 커버, 1루로 송구(유격수가 베이스 커버를 들어갈 때는 1루 백업)

→ 타구
→ 수비의 움직임
⇢ 송구

그 밖의 수비수

① **투수:** 포구 후 타이밍을 맞추기 위해 한 번 호흡을 고른 뒤 2루로 송구
② **포수:** 1루 방향의 송구 실책에 대비해 1루 백업
③ **1루수:** 1루 베이스 커버
⑤ **3루수:** 3루 베이스 커버

CHAPTER 10 수비 포메이션 | 199

LESSON 154

노아웃 또는 1아웃에 주자 1루, 1루 땅볼(3-6-3)

- 인원 | 그룹
- 시간 | 10분 정도

목적 »» 1루수가 라인보다 앞에서 처리했을 경우 유격수도 안쪽에서 처리하고, 1루수가 바깥쪽에서 처리했을 경우에는 유격수도 바깥쪽에서 처리한다.

유격수: 1루수의 처리 위치에 따라 처리 위치를 바꾼다.

범례:
- 타구
- 수비의 움직임
- 송구

그 밖의 수비수

- ① 투수: 타구를 쫓아간 뒤에 1루 베이스 커버
- ② 포수: 유격수의 악송구에 대비해 1루 백업
- ③ 1루수: 송구 후 가능하다면 1루로 복귀
- ④ 2루수: 악송구에 대비해 1루 백업
- ⑤ 3루수: 3루 베이스 커버

LESSON 155

노아웃 또는 1아웃에 주자 1루, 2루 땅볼(4-6-3)

• 인원 | 그룹
• 시간 | 10분 정도

목적 》》 2루수의 정위치보다 2루 쪽으로 치우쳐서 잡았다면 유격수에게 토스한다. 반면에 정위치보다 1루 쪽으로 치우쳐서 잡았다면 평상시처럼 송구한다.

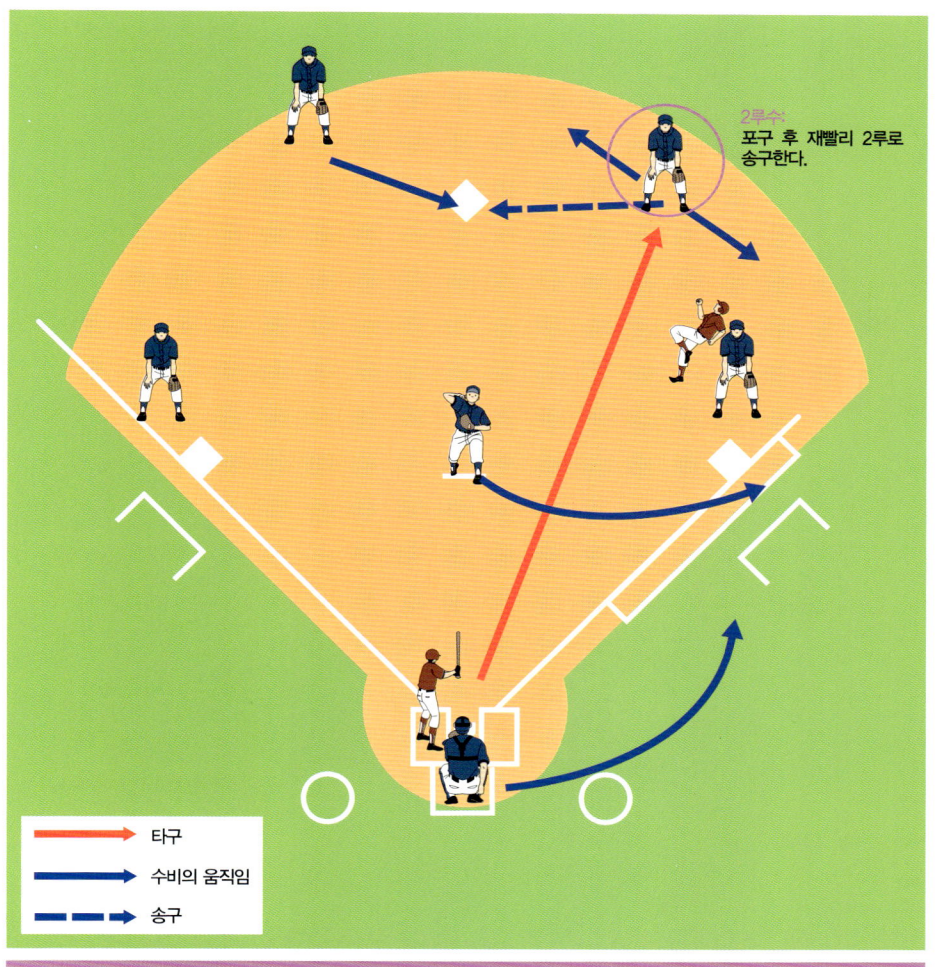

2루수: 포구 후 재빨리 2루로 송구한다.

➡ 타구
➡ 수비의 움직임
⇢ 송구

그 밖의 수비수

① 투수: 1루 백업
② 포수: 유격수의 악송구에 대비해 1루 백업
③ 1루수: 1루 베이스 커버
⑤ 3루수: 3루 베이스 커버
⑥ 유격수: 2루수의 송구를 잡은 뒤 1루로 송구

LESSON 156
노아웃 또는 1아웃에 주자 1루, 유격수 땅볼(6-4-3)

- 인원 | 그룹
- 시간 | 10분 정도

목적 ≫ 유격수는 2루수의 가슴을 노리고 송구한다. 거리가 가까우면 토스를 한다.

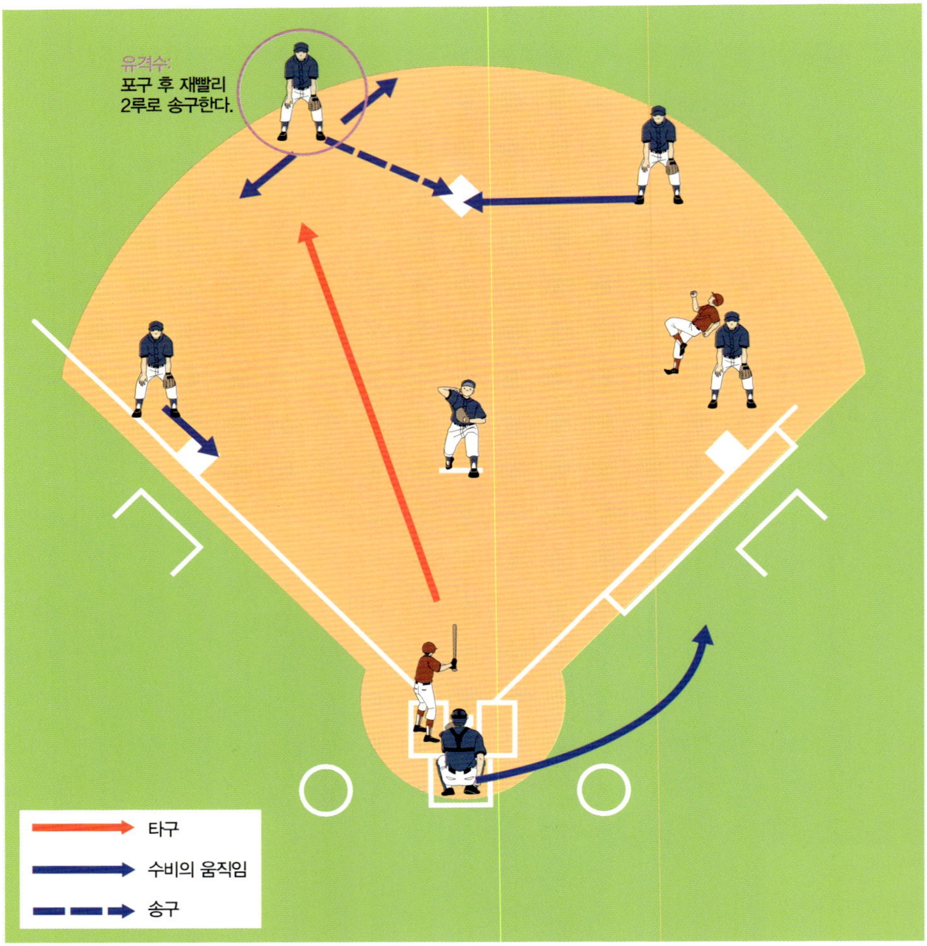

유격수: 포구 후 재빨리 2루로 송구한다.

→ 타구
→ 수비의 움직임
--→ 송구

그 밖의 수비수

① 투수: —
② 포수: 1루 백업
③ 1루수: 1루 베이스 커버
④ 2루수: 2루 베이스 커버, 포구 후 1루로 송구
⑤ 3루수: 3루 베이스 커버

LESSON 157

노아웃 또는 1아웃에 주자 1루, 3루 땅볼(5-4-3)

- 인원 | 그룹
- 시간 | 10분 정도

목적 》》 선상의 타구는 최대한 베이스 앞에서 포구한다. 재빨리 포구해 두 번째 아웃을 노린다.

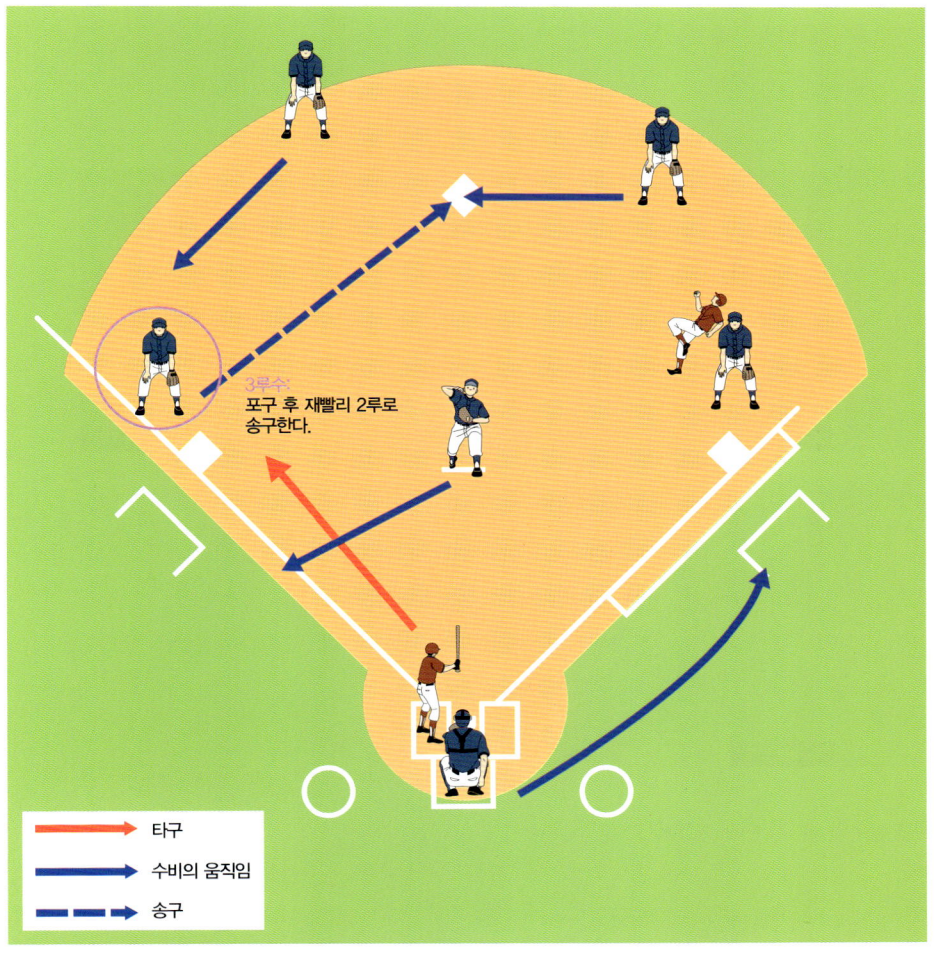

3루수: 포구 후 재빨리 2루로 송구한다.

- 타구
- 수비의 움직임
- 송구

그 밖의 수비수

① 투수: 타구를 쫓아간 뒤에는 실책에 따른 주자의 진루에 대비
② 포수: 1루 백업
③ 1루수: 1루 베이스 커버
④ 2루수: 2루 베이스 커버, 포구 후 1루에 송구
⑥ 유격수: 3루수의 타구 처리를 백업

LESSON 158
번트 시프트의 철칙

- 인원 | 그룹
- 시간 | 10분 정도

목적 »» 노아웃에 주자가 1루에 있을 경우 번트 전술에는 5가지 패턴이 있고, 주자가 1, 2루에 있을 경우에는 4가지 패턴이 있다. 각각의 전술에 대해 어떤 수비를 할지 연습한다.

주자 1루일 경우의 5가지 번트 시프트

A 기본(50%)
B 픽오프 플레이
C 차지(100%)
D 리턴 견제
E 리턴 시프트

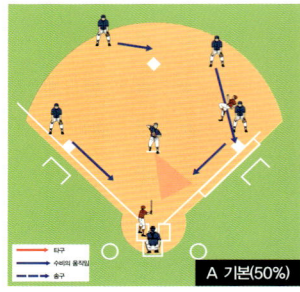

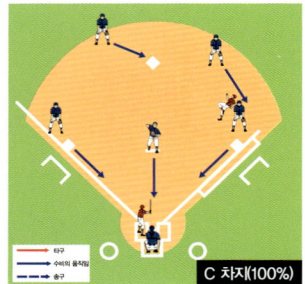
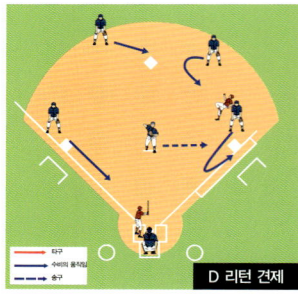

주자 1, 2루일 경우의 4가지 번트 시프트

A 기본(50%)
B 픽오프 플레이
C 차지(100%)
F 버스터 방지

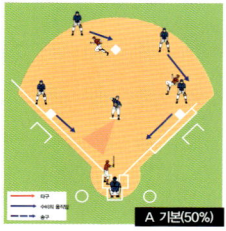

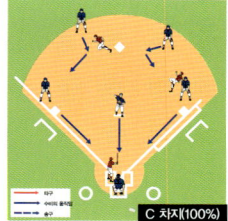
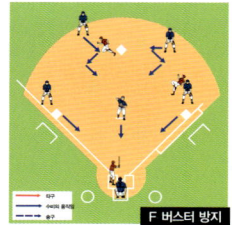

LESSON 159
주자 1루일 때의 5가지 사인 ①

• 인원 | 그룹
• 시간 | 10분 정도

목적 ››› 번트 확률이 50퍼센트일 경우의 수비. 이것이 번트 시프트의 기본이 된다.

투수: 초구는 스트라이크를 던지지 않고 볼을 던져 분위기를 살핀다.

→ 타구
→ 수비의 움직임
--→ 송구

그 밖의 수비수

②포수: 야수에게 지시
③1루수: 번트 대비를 하면서 전진
④2루수: 1루 베이스 커버
⑤3루수: 번트 대비를 하면서 전진
⑥유격수: 2루 베이스 커버

POINT TIP!
번트 시프트에는 다음의 5가지가 있다.
A. 기본(50%)   B. 픽오프 플레이
C. 차지(100%)   D. 리턴 견제
E. 리턴 시프트

CHAPTER 10 수비 포메이션 | 205

LESSON 160
주자 1루일 때의 5가지 사인②

• 인원 | 그룹
• 시간 | 10분 정도

목적 >>> 노아웃인 경우에 한해 이 페이지와 다음 페이지의 4가지 선택도 있다.

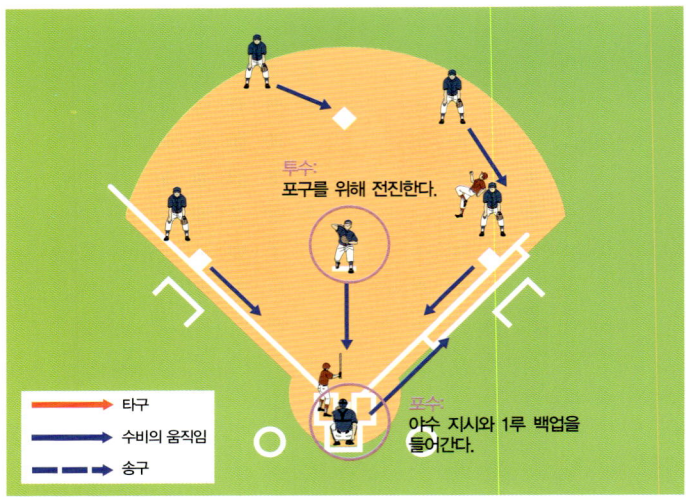

[픽 오프 플레이]

차지의 시프트로 하는 견제 플레이다.

그 밖의 수비수

③1루수: 포구를 위해 전진
④2루수: 1루 베이스 커버
⑤3루수: 포구를 위해 전진
⑥유격수: 2루 베이스 커버

LESSON 161
주자 1루일 때의 5가지 사인③

• 인원 | 그룹
• 시간 | 10분 정도

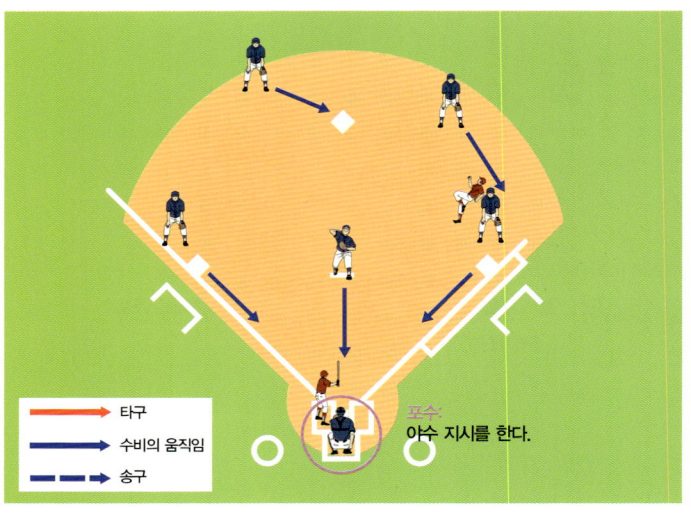

[차지(100%)]

상대가 100퍼센트 번트를 댄다는 전제에서의 수비다. 1루 주자를 2루에서 아웃시키는 것이 목적이다.

그 밖의 수비수

①투수: 포구를 위해 전진
③1루수: 포구를 위해 전진
④2루수: 1루 베이스 커버
⑤3루수: 포구를 위해 전진
⑥유격수: 2루 베이스 커버

LESSON 162
주자 1루일 때의 5가지 사인④

• 인원 | 그룹
• 시간 | 10분 정도

목적 ≫ 이 페이지의 플레이도 노아웃인 경우에 한해 가능하다.

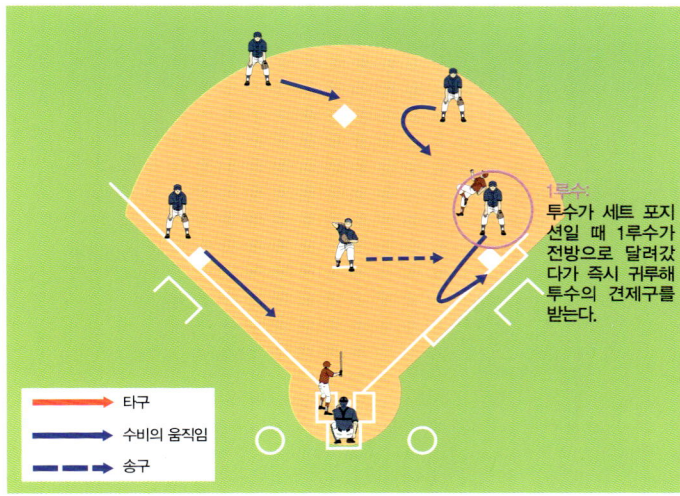

[리턴 견제]

1루수가 전진 수비를 하는 척하다가 1루로 돌아가 견제로 아웃을 시킨다.

그 밖의 수비수

①투수: 1루 견제
②포수: 야수에게 지시
④2루수: 2루로 가는 척하며 1, 2루간(주자 방향)으로 이동
⑤3루수: 포구를 위해 전진
⑥유격수: 2루 베이스 커버

1루수: 투수가 세트 포지션일 때 1루수가 전방으로 달려갔다가 즉시 귀루해 투수의 견제구를 받는다.

→ 타구
→ 수비의 움직임
--→ 송구

LESSON 163
주자 1루일 때의 5가지 사인⑤

• 인원 | 그룹
• 시간 | 10분 정도

[리턴 시프트]

리턴 견제인 척하면서 주자의 스타트를 늦추는 수비다.

그 밖의 수비수

①투수: 1루 견제를 하는 척하며 홈으로 투구
②포수: 야수에게 지시
③1루수: 레슨 162와 똑같이 행동한 뒤 전진
⑤3루수: 포구를 위해 전진
⑥유격수: 2루 베이스 커버

2루: 빠르게 전진해 포구한다.

→ 타구
→ 수비의 움직임
--→ 송구

CHAPTER 10 수비 포메이션 | 207

LESSON 164
주자 1, 2루일 때의 4가지 사인①
(주자 2루도 동일)

- 인원 | 그룹
- 시간 | 10분 정도

목적 »» 주자 1, 2루일 때는 다음 4가지 패턴의 번트 시프트가 있다.

투수: 스트라이크를 던지지 않고 볼로 분위기를 살핀다. 가능하다면 포구 후 1루 백업을 들어간다.

→ 타구
→ 수비의 움직임
⇢ 송구

[기본(50%)]

그 밖의 수비수

②포수: 투수에게 지시
③1루수: 포구를 위해 전진
④2루수: 1루 베이스 커버
⑤3루수: 포구를 위해 전진
⑥유격수: 2루 베이스 커버

LESSON 165
주자 1, 2루일 때의 4가지 사인②

- 인원 | 그룹
- 시간 | 10분 정도

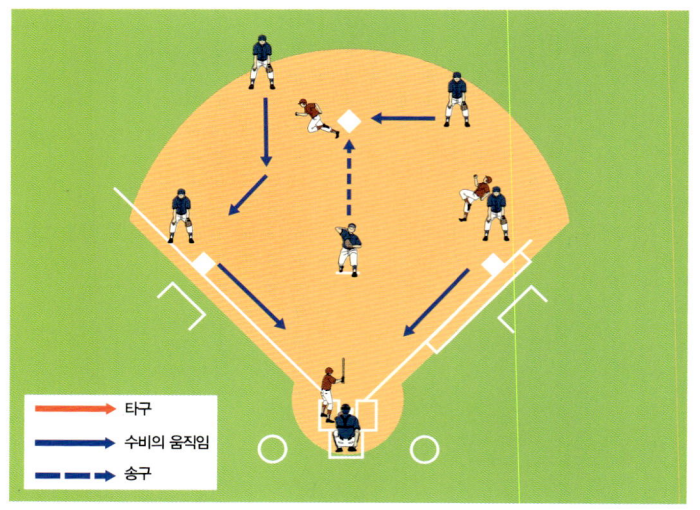

→ 타구
→ 수비의 움직임
⇢ 송구

[픽 오프 플레이]

그 밖의 수비수

①투수: 견제
③1루수: 포구를 위해 전진
④2루수: 2루 베이스 커버 후 견제구 캐치
⑤3루수: 포구를 위해 전진
⑥유격수: 2, 3루 사이로 들어갔다가 3루 베이스 커버

LESSON 166
주자 1, 2루일 때의 4가지 사인③ (주자 2루도 동일)

• 인원 | 그룹
• 시간 | 10분 정도

목적 >>> 2루 주자를 3루에서 아웃시키는 필살 팀플레이기 때문에 한 번밖에 사용하지 못한다.

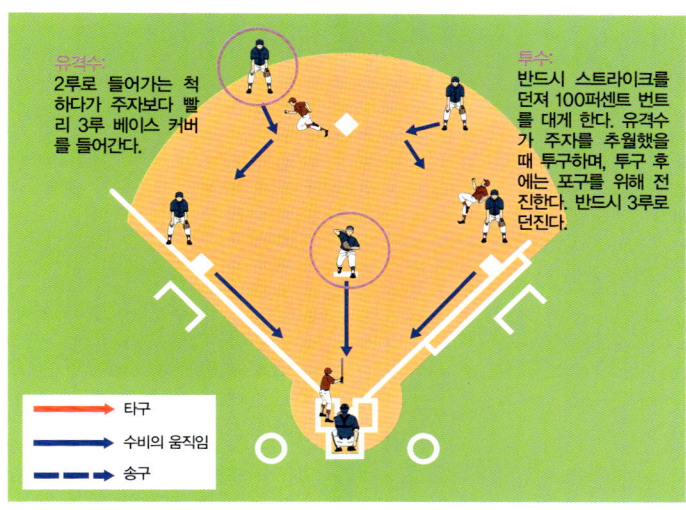

유격수:
2루로 들어가는 척하다가 주자보다 빨리 3루 베이스 커버를 들어간다.

투수:
반드시 스트라이크를 던져 100퍼센트 번트를 대게 한다. 유격수가 주자를 추월했을 때 투구하며, 투구 후에는 포구를 위해 전진한다. 반드시 3루로 던진다.

→ 타구
→ 수비의 움직임
--→ 송구

[차지(100%)]

그 밖의 수비수

②포수: 야수에게 지시
③1루수: 포구를 위해 전진, 공을 잡으면 반드시 3루로 송구
④2루수: 2루로 가는 척하면서 1루간 베이스 커버
⑤3루수: 포구를 위해 전진, 공을 잡으면 반드시 3루로 송구

LESSON 167
주자 1, 2루일 때의 4가지 사인④

• 인원 | 그룹
• 시간 | 10분 정도

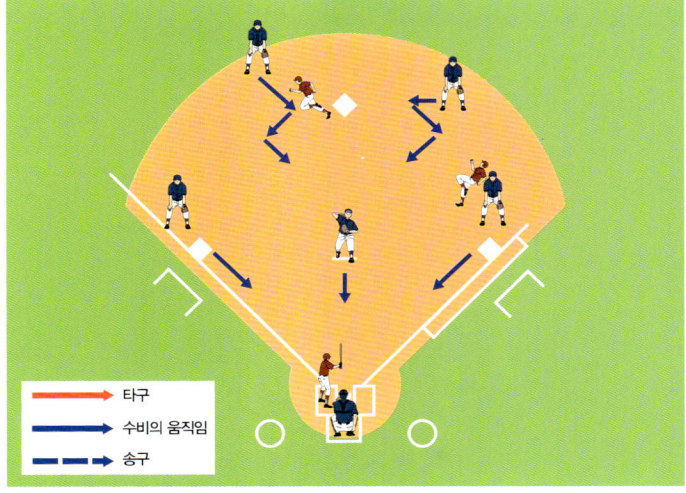

→ 타구
→ 수비의 움직임
--→ 송구

[버스터 방지]

차지인 척하며 타자가 번트에서 강공으로 바꿨을 경우의 수비다.

전체 수비수

①투수: 포구를 위해 전진하다 멈춤
②포수: 야수에게 지시
③1루수: 포구를 위해 전진하다 멈춤
④2루수: 2루로 가는 척하다 1루 주자의 전방으로 들어가 수비
⑤3루수: 포구를 위해 전진하다 멈춤
⑥유격수: 2루로 들어가는 척하다 2루 주자의 전방에서 수비

CHAPTER 10 수비 포메이션

LESSON 168
더블 스틸(주자 1, 3루) 저지

• 인원 | 그룹
• 시간 | 10분 정도

목적 ⟫⟫ 더블 스틸을 저지하는 방법에는 다음의 4가지 패턴이 있다. ①투수에게 송구, ②2루 송구, ③3루 송구, ④홀드(던지지 않는다.)

①투수에게 송구
포수는 투수의 왼쪽으로 높이 송구한다. 3루 주자가 스타트를 끊으면 투수가 공을 잡아 런다운 플레이로 연결시킨다.

②2루 송구
도루 저지와 마찬가지로 달리는 1루 주자를 2루에서 아웃시킨다. 3루 주자가 스타트하면 2루수는 베이스 앞으로 나와 공을 잡고 홈으로 송구한다.

③3루 송구
상대의 허를 찌르고 갑자기 3루로 송구해 아웃시킨다. 송구는 3루 주자와 3루수가 겹치지 않도록 옆으로 스텝을 밟아 던진다.

④홀드
2아웃 1, 3루에서 약한 타자일 때 사용하는 전술이다. 더블 스틸을 시도해도 공을 던지지 않고 침착하게 타자를 아웃시킨다. 쓸데없는 플레이로 위험을 초래해 득점을 허용하지 않도록 한다.

LESSON 169
주자 1, 3루 런다운 플레이

• 인원 | 그룹
• 시간 | 10분 정도

목적 >>> 견제구를 던져 1루 주자를 협공으로 몰아넣었을 때의 플레이다. 3루 주자의 움직임을 주의하면서 최대한 빨리 아웃시킨다.

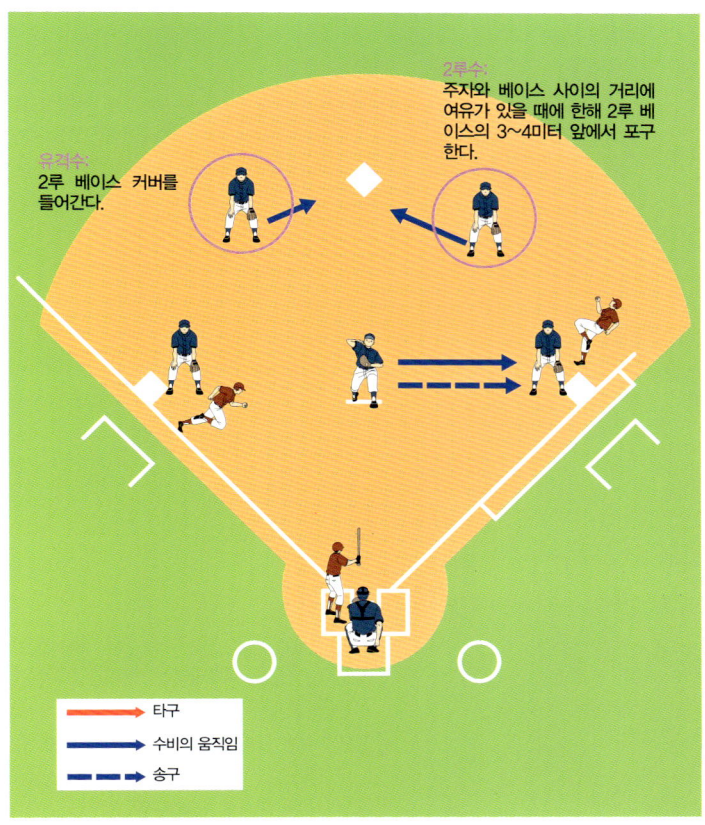

그 밖의 수비수

① **투수:** 1루로 견제구를 던지고 1루로 베이스 커버
② **포수:** 야수에게 지시
③ **1루수:** 주자 협공

주자를 협공할 때 주자가 움직이지 못하도록 B는 움직이지 않는다. 기본적으로 공을 가지고 있는 A가 움직인다.

LESSON 170
게임 펑고로 연계 플레이 강화하기 ① – 각 포지션의 더블 플레이 Ⓐ

• 인원 | 그룹
• 시간 | 10분 정도

목적 ›› 기본적인 게임 펑고를 소개한다. 여기에서는 2루 땅볼과 3루 땅볼일 때 더블 플레이를 위한 움직임이다.

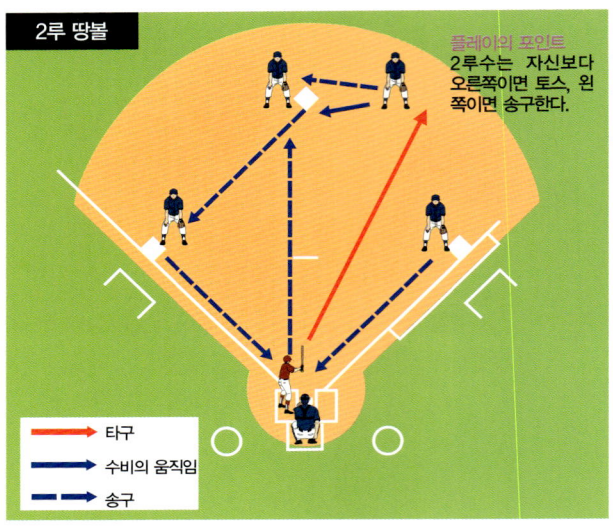

2루 땅볼

플레이의 포인트
2루수는 자신보다 오른쪽이면 토스, 왼쪽이면 송구한다.

송구의 흐름

1. 2루수는 공을 잡은 후 2루 베이스로 들어간 유격수에게 송구한다. 2루수는 송구 후 2루 베이스 앞으로 이동한다.
2. 2루수로부터 공을 받은 유격수는 베이스를 밟고 1루수에게 송구한다.
3. 1루수는 포수에게 송구한다.
4. 포수는 2루수에게 송구한다.
5. 2루수는 3루수에게 송구한다.
6. 3루수는 포수에게 송구한다.

→ 타구
→ 수비의 움직임
--> 송구

3루 땅볼

송구의 흐름

1. 3루수는 공을 잡은 후 2루 베이스로 들어간 2루수에게 송구한다. 3루수는 송구 후 3루 베이스로 이동한다.
2. 2루수는 베이스를 밟고 1루수에게 송구한다.
3. 1루수는 포수에게 송구한다.
4. 포수는 3루수에게 송구한다.
5. 3루수는 포수에게 송구한다.

→ 타구
→ 수비의 움직임
--> 송구

LESSON 171

게임 펑고로 연계 플레이 강화하기② –각 포지션의 더블 플레이 ⓑ

• 인원 | 그룹
• 시간 | 10분 정도

목적 ⟫⟫ 유격수 땅볼과 1루 땅볼일 때 더블 플레이를 위한 움직임이다.

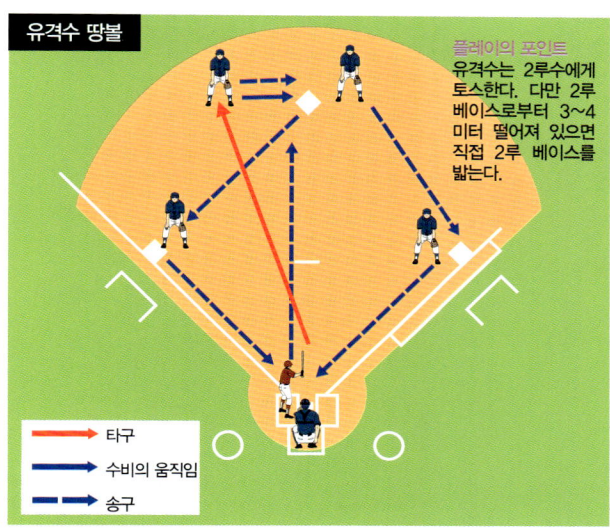

유격수 땅볼

플레이의 포인트
유격수는 2루수에게 토스한다. 다만 2루 베이스로부터 3~4 미터 떨어져 있으면 직접 2루 베이스를 밟는다.

송구의 흐름

1. 유격수는 공을 잡은 후 2루 베이스로 들어간 2루수에게 송구한다. 유격수는 송구 후 2루 베이스 앞으로 이동한다.
2. 유격수에게 공을 받은 2루수는 베이스를 밟고 1루수에게 송구한다.
3. 1루수는 포수에게 송구한다.
4. 포수는 유격수에게 송구한다.
5. 유격수는 3루수에게 송구한다.
6. 3루수는 포수에게 송구한다.

→ 타구
→ 수비의 움직임
→ 송구

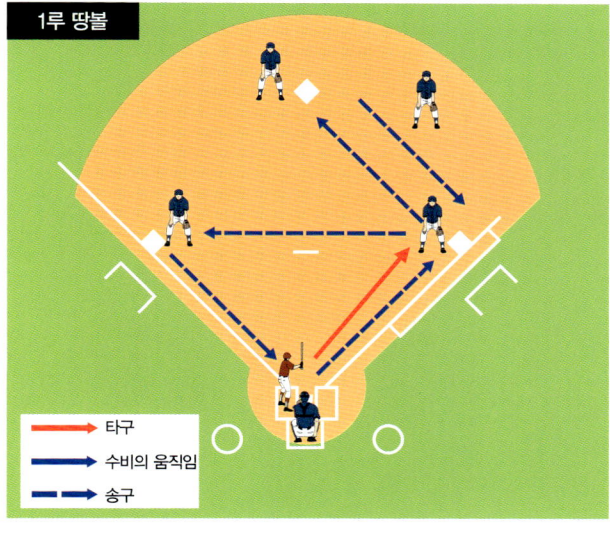

1루 땅볼

송구의 흐름

1. 1루수는 공을 잡은 후 2루 베이스로 들어간 유격수에게 송구한다.
2. 유격수는 공을 잡고 베이스를 밟은 후 1루수에게 송구한다.
3. 1루수는 3루수에게 송구한다.
4. 3루수는 포수에게 송구한다.

→ 타구
→ 수비의 움직임
→ 송구

CHAPTER 10 수비 포메이션 | 213

LESSON 172
게임 펑고로 연계 플레이 강화하기 ③
—각 포지션에서 1루 송구 후 공 돌리기 Ⓐ

• 인원 | 그룹
• 시간 | 10분 정도

목적 >>> 2루 땅볼과 3루 땅볼을 1루수에게 송구한 뒤 공을 돌리는 일례다.

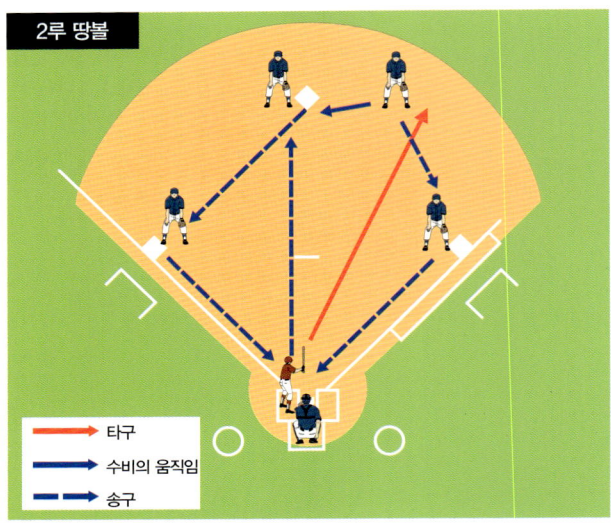

송구의 흐름

1. 2루수는 공을 잡은 후 1루수에게 송구하고 2루 베이스로 이동한다.
2. 1루수는 포수에게 송구한다.
3. 포수는 2루수에게 송구한다.
4. 2루수는 3루수에게 송구한다.
5. 3루수는 포수에게 송구한다.

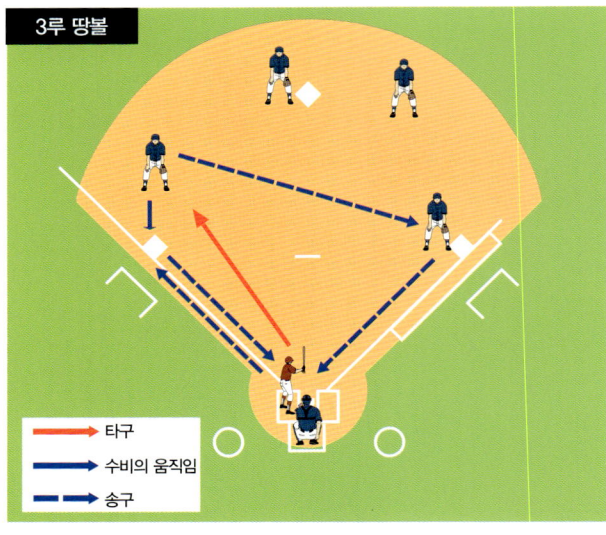

송구의 흐름

1. 3루수는 공을 잡은 후 1루수에게 송구하고 3루 베이스로 이동한다.
2. 1루수는 포수에게 송구한다.
3. 포수는 3루수에게 송구한다.
4. 3루수는 포수에게 송구한다.

LESSON 173

게임 펑고로 연계 플레이 강화하기 ④
－각 포지션에서 1루 송구 후 공 돌리기 ⓑ

•인원 | 그룹
•시간 | 10분 정도

목적 ››› 목적 1루 땅볼과 유격수 땅볼을 1루수에게 송구한 후 공을 돌리는 일례다.

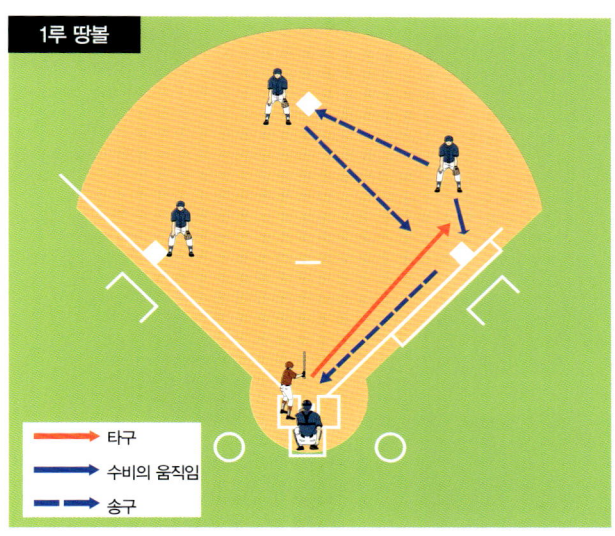

송구의 흐름

1. 1루수는 공을 잡은 후 유격수에게 송구하고 1루 베이스로 이동한다.
2. 유격수는 2루 베이스로 들어가 포구한 후 1루수에게 송구한다.
3. 1루수는 포수에게 송구한다.

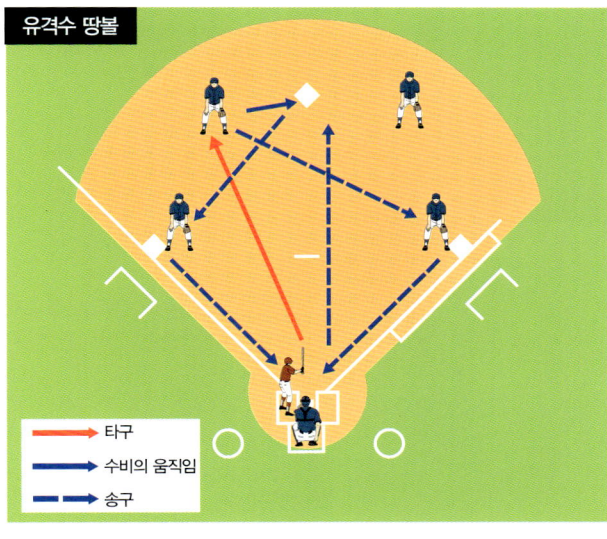

송구의 흐름

1. 유격수는 공을 잡은 후 1루수에게 송구하고 2루 베이스로 이동한다.
2. 1루수는 포수에게 송구한다.
3. 포수는 2루 베이스로 들어간 유격수에게 송구한다.
4. 유격수는 3루수에게 송구한다.
5. 3루수는 포수에게 송구한다.

LESSON 174

게임 펑고로 연계 플레이 강화하기 ⑤
—외야 각 포지션에서 2루 송구

- 인원 | 팀
- 시간 | 3분 정도

목적 ⟫ 외야의 각 포지션에서 커트맨을 놓고 2루로 송구하는 흐름이다.

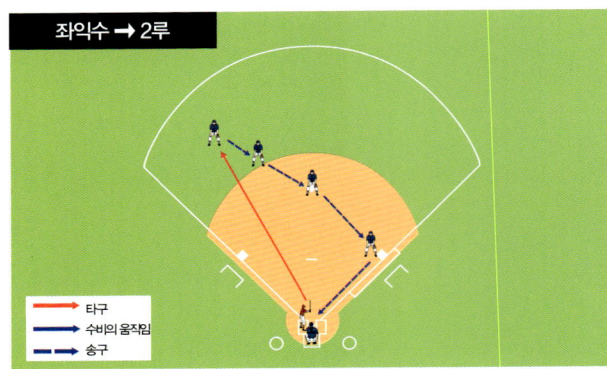

송구의 흐름

1. 좌익수는 공을 잡은 후 2루로 송구하되, 일단 중간에 들어온 커트맨인 유격수를 목표로 던진다.
2. 2루 송구가 빗나갈 경우 커트맨인 유격수가 공을 잡아 2루로 던진다.
3. 2루수는 2루에서 공을 잡은 후 1루수에게 송구한다.
4. 1루수는 포수에게 송구한다.

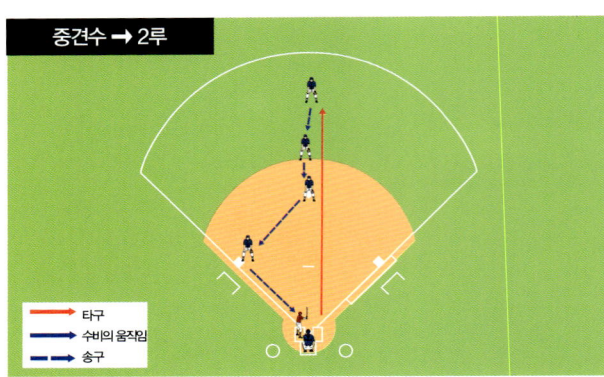

송구의 흐름

1. 중견수는 공을 잡은 후 2루로 송구하되, 일단 중간에 들어온 커트맨인 유격수를 목표로 던진다.
2. 2루 송구가 빗나갈 경우 커트맨인 유격수가 공을 잡아 2루로 던진다.
3. 2루수는 2루에서 공을 잡은 후 3루수에게 송구한다.
4. 3루수는 포수에게 송구한다.

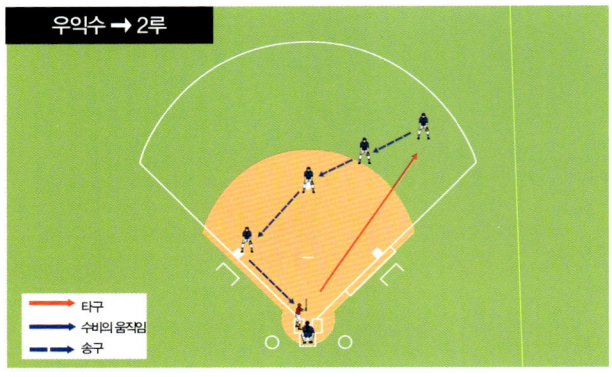

송구의 흐름

1. 우익수는 공을 잡은 후 2루로 송구하되, 일단 중간에 들어온 커트맨인 2루수를 목표로 던진다.
2. 2루 송구가 빗나갈 경우 커트맨인 유격수가 공을 잡아 2루로 던진다.
3. 유격수는 2루에서 공을 잡은 후 3루수에게 송구한다.
4. 3루수는 포수에게 송구한다.

LESSON 175

게임 평고로 연계 플레이 강화하기 ⑥
- 외야 각 포지션에서 3루 송구

- 인원 | 팀
- 시간 | 3분 정도

목적 >>> 외야의 각 포지션에서 커트맨을 놓고 3루로 송구하는 흐름이다.

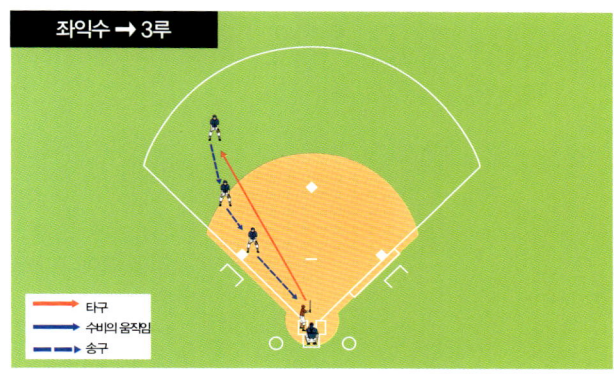

송구의 흐름

1. 좌익수는 공을 잡은 후 3루로 송구하되, 일단 중간에 들어온 커트맨인 유격수를 목표로 던진다.
2. 3루 송구가 빗나갈 경우 커트맨인 유격수가 공을 잡아 3루로 던진다.
3. 3루수는 3루에서 공을 잡은 후 포수에게 송구한다.

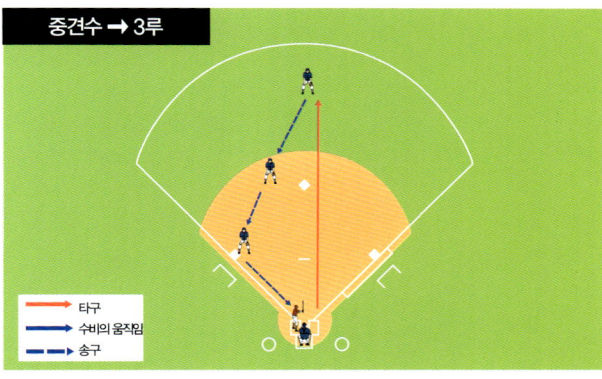

송구의 흐름

1. 중견수는 공을 잡은 후 3루로 송구하되, 일단 중간에 들어온 커트맨인 유격수를 목표로 던진다.
2. 3루 송구가 빗나갈 경우 커트맨인 유격수가 공을 잡아 3루로 던진다.
3. 3루수는 3루에서 공을 잡은 후 포수에게 송구한다.

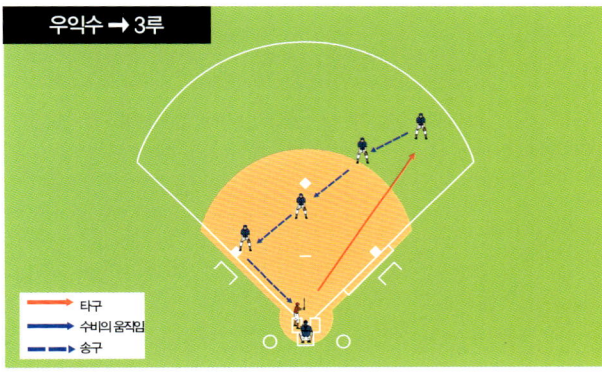

송구의 흐름

1. 우익수는 공을 잡은 후 3루로 송구하되, 일단 중간에 들어온 커트맨을 목표로 던진다.
2. 2루수와 유격수는 각각 우익수와 3루 베이스를 연결한 직선상에 커트맨으로 들어간다.
3. 2루수와 3루수는 송구가 빗나가거나 약할 때 중계해 3루로 던진다.
4. 3루수는 3루에서 공을 잡은 후 포수에게 송구한다.

LESSON 176
게임 펑고로 연계 플레이 강화하기 ⑦
–좌익수 홈 송구 후 공 돌리기

• 인원 | 팀
• 시간 | 10분 정도

목적 ≫ 좌익수의 홈 송구와 커트맨의 움직임을 확인한다.

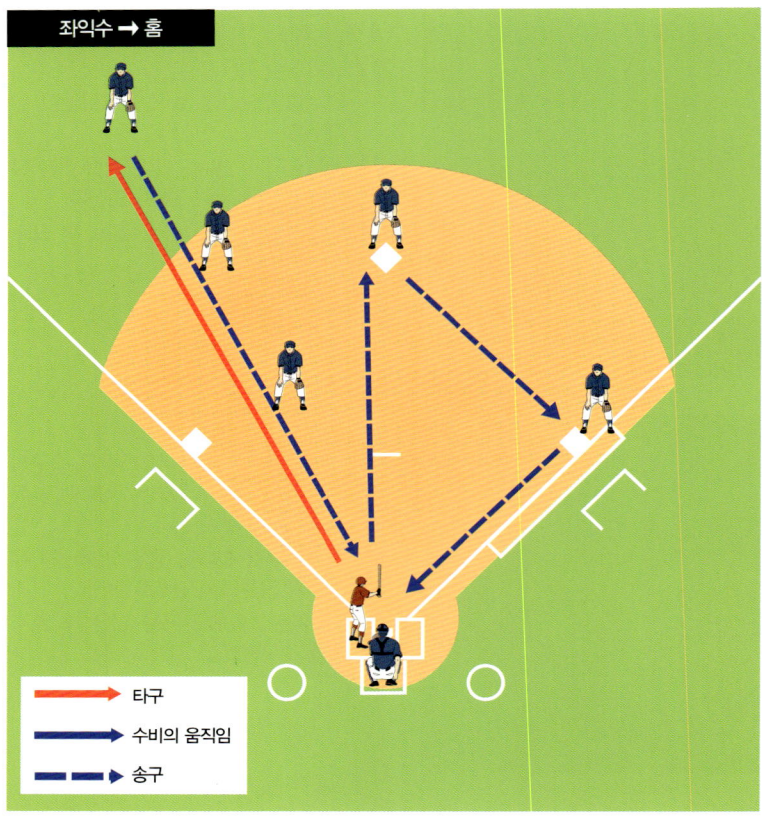

좌익수 ➡ 홈

타구
수비의 움직임
송구

송구의 흐름

1. 좌익수는 공을 잡은 후 홈으로 송구하되, 일단 중간에 들어온 커트맨인 3루수를 목표로 던진다.
2. 홈 송구가 빗나갈 경우 커트맨인 3루수가 공을 잡아 홈으로 던진다.
3. 포수는 홈에서 공을 잡은 후 2루수에게 송구한다.
4. 2루수는 2루에서 공을 잡은 후 1루수에게 송구한다.
5. 1루수는 공을 잡은 후 포수에게 송구한다.

레벨업 훈련
다양한 펑고 훈련
막연히 좌익수 방면으로 치기만 하는 것이 아니라 플라이 볼을 날리거나 좌우 방향, 선상 등 방향과 강도에 변화를 준다. 이때 포구하는 선수보다 커트맨의 움직임에 주목하자. 커트맨이 좌익수나 타구와의 위치 관계를 생각하며 움직이는 훈련이 된다.

코치의 한 마디!
주자가 있다고 생각하며 송구하도록 한다
게임 펑고와 같이 각 선수의 역할이 정해진 훈련은 자칫하면 단순하게 포구와 송구를 계속하는 훈련이 될 수 있다. 따라서 항상 주자가 달리고 있다고 생각하며 주자와 송구할 루에 있는 야수가 일직선상이 되지 않도록 하고, 주자의 슬라이딩을 피하며 송구하는 등 경기 장면을 연상하며 훈련하도록 하자.

LESSON 177
게임 펑고로 연계 플레이 강화하기 ⑧
—중견수 홈 송구 후 공 돌리기

• 인원 | 팀
• 시간 | 10분 정도

목적 ››› 중견수의 홈 송구와 커트맨의 움직임을 확인한다.

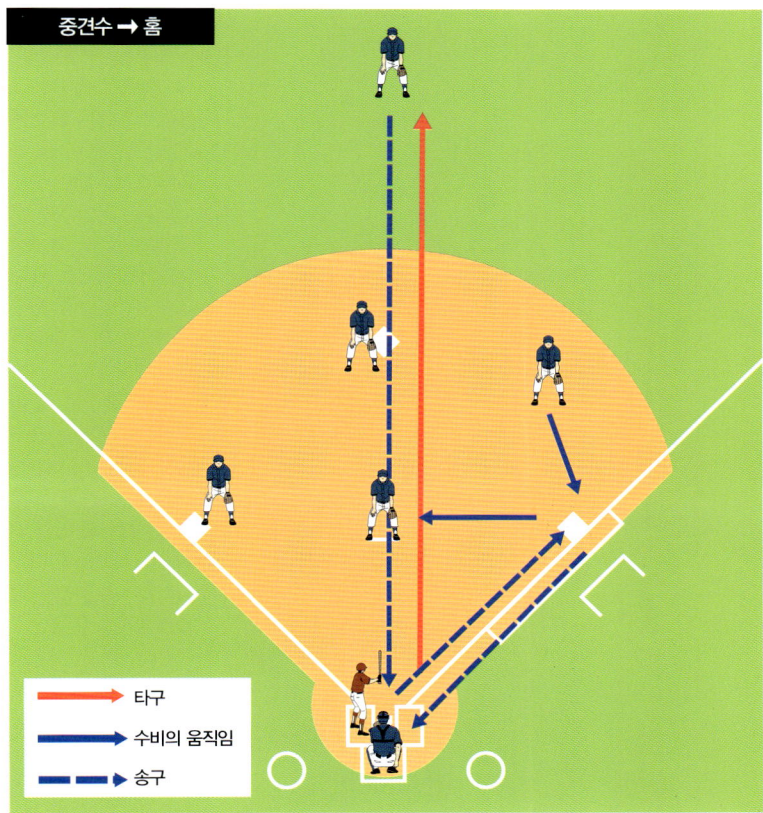

중견수 ➡ 홈

→ 타구
→ 수비의 움직임
--▶ 송구

송구의 흐름

1 중견수는 공을 잡은 후 홈으로 송구하되, 일단 중간에 들어온 커트맨인 1루수를 목표로 던진다.

2 유격수는 2루 베이스로 들어가 송구가 크게 빗나갔을 때만 공을 잡아 홈으로 던진다.

3 1루수는 중견수의 송구를 잡은 후 포수에게 송구한다.

4 포수는 1루로 들어간 2루수에게 송구한다.

5 2루수는 공을 잡은 후 포수에게 송구한다.

코치의 한 마디!
햇빛은 글러브로 차단한다

플라이 볼이 햇빛에 가리는 현상은 자주 일어난다. 그런 경우에는 글러브로 햇빛을 차단하면서 공을 쫓거나 태양을 똑바로 바라보지 않도록 시선을 살짝 어긋나게 해서 보면 공의 위치를 잘 잃어버리지 않게 된다.

NG! 스텝&스로가 흔들리면 송구도 흔들린다

강견인데도 송구가 흐트러지거나 멀리 던지지 못하는 선수가 있다. 그 원인은 스텝&스로의 타이밍에 있는 경우가 많다. 빠르게 달려와 공을 잡으면 자세가 무너지는데, 그 자세를 바로잡지 않고 던지면 송구가 부정확하게 된다. 이런 선수들은 포구 후 침착하게 자세를 바로잡는 연습을 하는 것이 필요하다.

CHAPTER 10 수비 포메이션

LESSON 178

게임 펑고로 연계 플레이 강화하기⑨ –우익수 홈 송구 후 공 돌리기

• 인원 | 팀
• 시간 | 10분 정도

목적 »» 우익수의 홈 송구와 커트맨의 움직임을 확인한다.

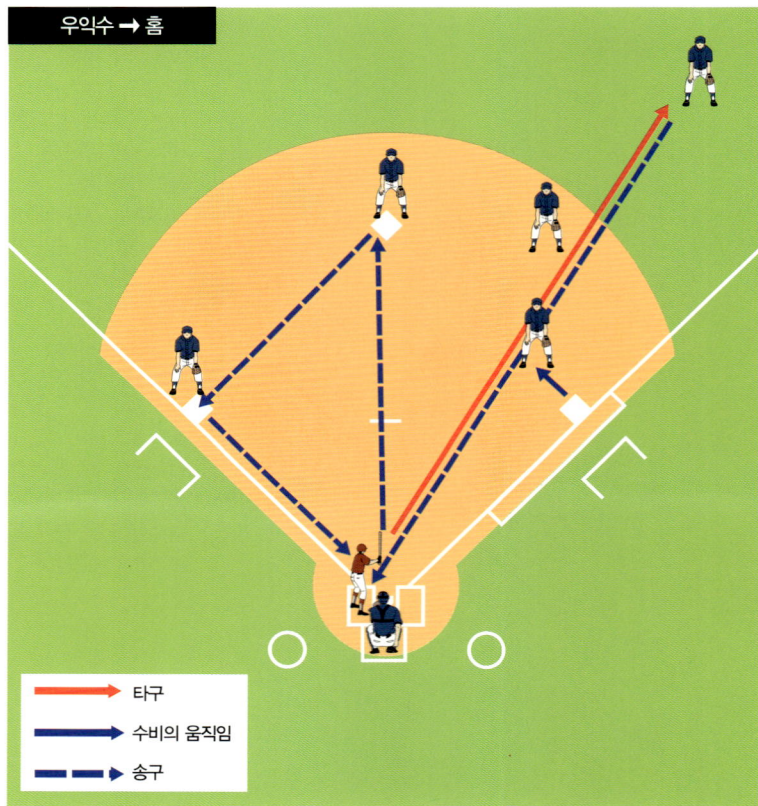

우익수 ➡ 홈

타구
수비의 움직임
송구

송구의 흐름

1. 우익수는 공을 잡은 후 홈으로 송구하되, 일단 중간에 들어온 커트맨인 1루수를 목표로 던진다.
2. 1루수는 우익수와 홈 플레이트의 직선상에 커트맨으로 들어가고, 우익수의 송구를 잡은 후 포수에게 송구한다.
3. 포수는 2루로 들어간 유격수에게 송구한다.
4. 유격수는 공을 잡은 후 3루로 들어간 3루수에게 송구한다.
5. 3루수는 공을 잡은 후 포수에게 송구한다.

코치의 한 마디!

펑고를 할 때는 우측으로 휘는 타구를 친다

우익수 방면의 타구는 오른쪽으로 휠 때가 많다. 따라서 타구의 질의 차이를 평소에 알아두는 것이 중요하다. 펑고를 할 때도 몸을 우익수 방면으로 향하고 치는 것이 아니라 우측으로 휘어지도록 회전을 주는 것이 코치에게 필요한 펑고 기술이다.

NG! 뒤를 돌아보는 시기를 알지 못해 타구의 위치를 잃어버린다

자신의 머리 위를 넘어갈 것 같은 타구의 경우 첫 번째 스텝이 중요하다. 오른쪽으로 돌 때는 오른발을, 왼쪽으로 돌 때는 왼발을 뒤로 당기면 자연스럽게 회전할 수 있다. 이때 회전과 동시에 목을 타구 방향으로 향하면 즉시 타구를 파악할 수 있다.

LESSON 179
게임 펑고로 연계 플레이 강화하기 ⑩
– 포수 땅볼 처리 후 공 돌리기

• 인원 | 그룹
• 시간 | 10분 정도

목적 »» 포수가 타구를 처리함과 동시에 투수가 큰 목소리로 다음 동작을 지시한다.

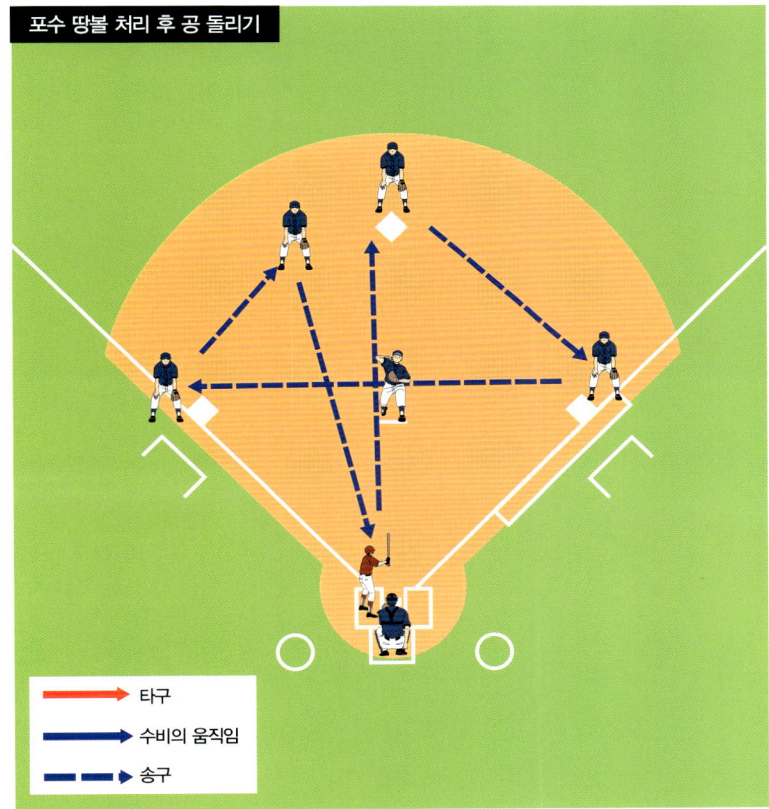

포수 땅볼 처리 후 공 돌리기

→ 타구
→ 수비의 움직임
⇢ 송구

송구의 흐름

1. 포수는 공을 잡은 후 투수의 지시에 따라 2루로 송구한다.
2. 2루수는 1루로 송구한다.
3. 1루수는 3루로 송구한다.
4. 3루수는 유격수에게 송구한다.
5. 유격수는 포수에게 송구한다.

포수가 2루로 송구했을 경우의 일례

코치의 한 마디!

포수에게 의존하는 팀에서 탈피한다

타자와 같은 방향을 향하고 있는 포수는 수비의 사령탑이다. 그러나 항상 포수 한 사람에게만 의존한다면 포수가 플레이를 하고 있을 때 지시를 내리지 못한다. 항상 포수의 지시를 복창하게 하거나 훈련 중에 지시를 내리는 역할을 바꾸는 등 모두가 동시에 상황을 파악해 지시할 수 있는 선수가 되는 것이 이상적이다.

NG! 허리를 펴고 공을 쫓아가 송구

낮은 자세를 유지하던 포수가 허리를 펴면 시선의 높이가 달라져 공이 잘 보이지 않게 되며, 이동이 늦어지거나 송구에 중요한 스텝&스로를 하지 못하게 된다. 레슨 079의 훈련과 같이 항상 낮은 자세로 이동하고 송구하는 것을 잊지 말아야 한다.

CHAPTER 10 수비 포메이션 | 221

LESSON 180
게임 펑고로 연계 플레이 강화하기⑪
–주자 1, 3루에서 1루측 파울 플라이

• 인원 | 그룹
• 시간 | 10분 정도

목적 >>> 주자 두 명 모두 태그업 할 가능성이 있다. 플라이를 잡으면 주자에게 현혹당해 2루로 송구하지 말고 커트맨인 투수에게 송구하는 것이 중요하다.

전체 수비수

① **투수:** 플라이 볼이 뜬 쪽의 베이스로 달린다. 1루 베이스 2미터 앞쪽으로 달려가 커트맨이 된다.

② **포수:** 홈플레이트를 커버한다.

③ **1루수:** 플라이 볼을 잡아 투수에게 송구한다. 주자에게 현혹되어 2루로 송구하지 말아야 한다.

④ **2루수:** 플라이 볼을 쫓아가며, 1루 베이스 커버를 들어간다.

⑤ **3루수:** 3루 베이스 커버를 들어간다.

⑥ **유격수:** 2루 베이스 커버를 들어간다.

코치의 한 마디!
일단은 투수에게
이와 같은 상황은 자주 일어나지는 않기 때문에 훈련 경험이 적은 경우에는 제대로 대응할 수 없을 것이다. 그럴 때 최소한 해야 할 일은 득점의 저지다. 이를 위해서는 가능한 한 빨리 투수에게 공을 던져야 한다.

NG! 트릭 플레이에 속아 실점
강한 팀은 이러한 상황에서 트릭 플레이를 한다. 2루로 송구를 유도하기 위해 1루 주자가 과장되게 스타트하는 시늉을 하거나 3루 주자가 뛰어 들어오는 척한다. 이럴 경우 실점을 막으면 그것으로 충분하다고 생각하자. 욕심을 부리지 않으면 트릭 플레이에 걸려들지 않게 된다.

LESSON 181

게임 펑고로 연계 플레이 강화하기 ⑫ -주자 1, 3루에서 3루측 파울 플라이

- 인원 | 그룹
- 시간 | 10분 정도

목적 ››› 1루측 파울 플라이와 마찬가지로 플라이 볼을 잡으면 주자에게 현혹당해 2루로 송구하지 말고 커트맨인 투수에게 송구하는 것이 중요하다. 주자 두 명 모두 태그업 할 가능성이 있다.

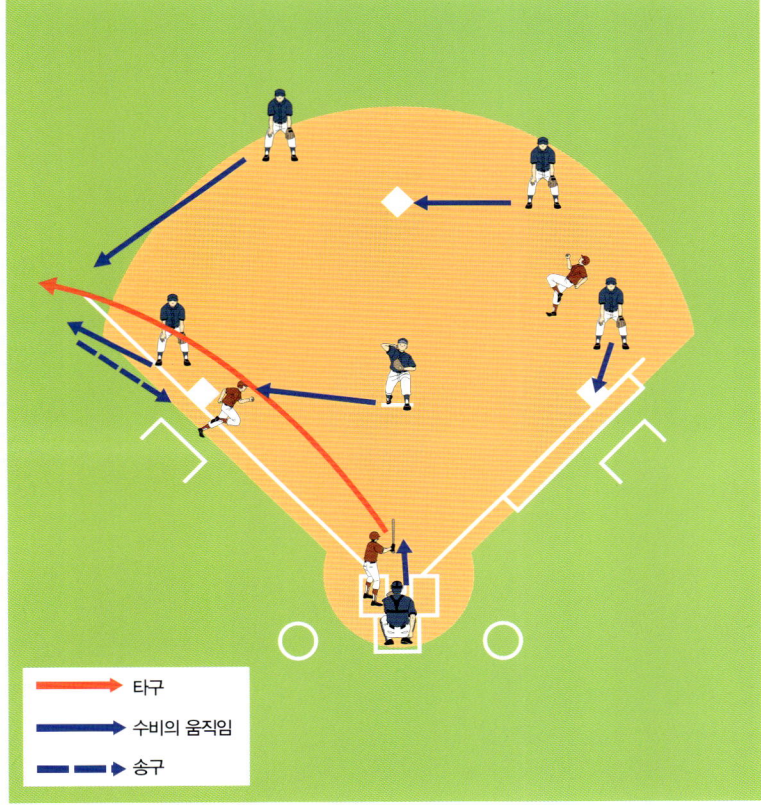

전체 수비수

① 투수: 플라이 볼이 뜬 쪽의 베이스로 달린다. 3루 베이스 2미터 앞쪽으로 달려가 커트맨이 된다.

② 포수: 홈플레이트를 커버한다.

③ 1루수: 1루 베이스 커버를 들어간다.

④ 2루수: 2루 베이스 커버를 들어가 런다운 플레이에 대비한다.

⑤ 3루수: 플라이 볼을 잡아 투수에게 송구한다. 주자에게 현혹되어 2루로 송구하지 말아야 한다.

⑥ 유격수: 3루수와 동일하다.

범례: 타구 / 수비의 움직임 / 송구

레벨업 훈련
가장 많은 실책은 악송구

가장 많은 실책은 악송구다. 고교 야구에서도 실책의 80퍼센트가 악송구다. 특히 선수들이 커버 플레이를 전력으로 수행하는 상황에서는 이와 같은 실책이 일어나기 쉽다. 반복 훈련도 중요하지만 송구를 할 때 상대가 잡기 좋은 위치로 던진다는 기본 원칙을 잊지 말아야 한다.

코치의 한 마디!
당해서 기분이 나쁜 플레이는 그대로 되갚아 준다

강팀의 실책을 유도하는 플레이나 실책을 놓치지 않는 플레이를 보면 비록 상대팀이긴 하지만 훌륭하다고 인정하게 된다. 이런 플레이를 본다면 그 플레이를 본받도록 하자.

⚾ Baseball Column

기억에 남는 포메이션 플레이

코치와 선수의 신뢰 관계의 표본

포메이션 플레이는 신뢰 관계가 있어야 성공할 수 있다. 상황을 판단해 작전을 예측하고 포메이션을 생각해 팀 전원이 자신의 역할을 수행해야 한다. 또 얼마나 자신의 팀을 신뢰하고 있느냐도 중요하다. 이 중 어느 하나가 부족해도 포메이션 플레이는 성공하지 못한다.

내 기억에 강렬히 남아 있는 포메이션 플레이는 1965년 이래 9연패의 위업을 달성한 요미우리 자이언츠의 당시 플레이다. 한큐 브레이브스(현 오릭스 버팔로스)와 맞붙은 1972년 일본 시리즈 4차전에서 이와 같은 장면이 있었다. 요미우리가 2점을 앞선 상태에서 9회초 한큐의 공격이었다. 노아웃에 주자 1, 2루 상황, 요미우리의 내야진은 1루수 오 사다하루, 2루수 도이 쇼조, 유격수 구로에 유키노부, 3루수 나가시마 시게오였고, 코치는 V9 자이언츠의 두뇌라고 일컬어지던 마키노 시게루였다. 이때 마키노 코치는 어떤 사인을 내야 할지 고민하다 마운드에 내야수들을 모아 놓고 의견을 물었다. 그리고 "타자는 강공으로 갈 것 같습니다."라는 선수들의 의견에 따라 그 포메이션을 지시했고, 예상대로 타자는 강공으로 가다 더블 플레이를 당했다.

일본 최고의 작전 참모라고 불리던 마키노 코치조차도 판단을 망설일 때가 있으며, 그럴 때는 선수에게 의견을 물어볼 정도로 팀을 신뢰하고 있었던 것이다. 이것이야말로 코치와 선수가 갖춰야 할 바람직한 모습의 표본이라고 생각한다.

실책을 저지른 선수를 교체할 것인가,
그곳으로 타구를 허용한 투수를 교체할 것인가?

메이저리그에서 수많은 일화를 남긴 케이시 스텐겔 감독의 이야기다. 하루는 에이스가 등판한 경기에서 유격수가 연속으로 두 번이나 실책을 저질렀다. 에이스가 마운드 위에서 화를 내자 스텐겔 감독은 마운드로 올라가 "네가 에이스라면 유격수 쪽으로 타구를 보내지 말았어야지. 네가 잘못한 거야."라며 그 에이스를 교체시켰다.

한편 내가 현역이었을 때 이와는 정반대의 일화가 있었다. 입단 2년차였을 때 나는 2루를 지키고 있었다. 마운드에는 400승 투수인 가네다 마사이치가 있었는

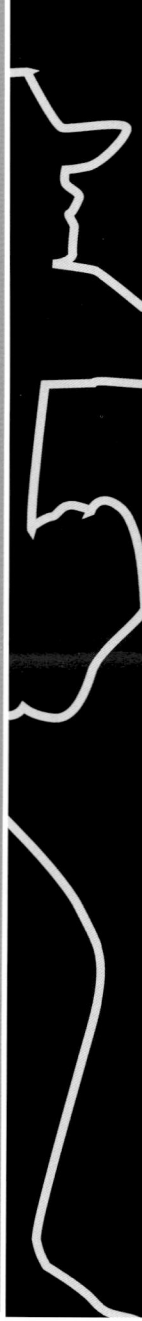

데, 나는 4번 타자의 통렬한 타구를 그만 뒤로 빠트리고 말았다. 가네다 투수는 화를 내며 가와카미 감독에게 "저런 공도 못 잡는 놈이 무슨 프로요? 교체시켜 주시오."라고 말했고, 나는 그 날 이후 2군 생활을 했다. 코치의 판단도 참으로 어려운 일이다.

CHAPTER 11
워밍업과 피지컬 트레이닝
WARMUP & TRAINING

워밍업과 피지컬 트레이닝은 부상 방지와 기술 향상을 위해 꼭 필요하다.
여기에서는 최소한 이것만큼은 해두면 좋은 워밍업과
피지컬 트레이닝을 소개한다.

훈련 전, 경기 전의 워밍업

어떤 스포츠든 워밍업과 쿨다운이 필요하다. 여기에서는 메이저리그 LA다저스에서 실시하던 워밍업을 소개하도록 하겠다. 또한 시간과 횟수는 프로야구 선수 기준이다. 자기 판단에 따라 많다고 느껴질 때는 줄여도 상관없다.

목적
①체온을 높인다.
②근육에 보내는 혈액의 양을 늘리고 근육의 유연성을 높인다.
③장애의 위험을 줄인다.

효과
①근육의 수축 속도를 증가시킨다.
②산소를 최대한 소비하고 유산의 축적을 감소시키기 위한 세포의 신진대사를 높인다.
③혈액 흐름의 저항을 감소시키는 폐의 순환 기능이 상승한다.

워밍업 방법
패시브와 액티브의 2가지 방법

1 패시브 워밍업
운동 전 신체의 특정 부분을 따뜻하게 한다(핫팩, 핫샤워 등).
예)어깨를 다친 선수는 훈련 전에 온수 샤워를 20분간 한다.

2 액티브 워밍업(일반 워밍업과 특수 워밍업)
- 일반 워밍업: 몸 전체를 덥힌다(효과는 30분 정도).
  예)워킹, 슬로우 조깅
- 특수 워밍업: 특정 근육군이나 특정 활동의 보조
  예)스윙, 공 던지기

중요 사항
①체온 상승을 위해 실시한다.
②국소보다 몸 전체를 덥힌다.
③스트레칭과 이완 운동이 포함된다.
④체력과 퍼포먼스를 충분히 개선함과 동시에 근육의 통증과 장애를 방지한다.

레벨업 훈련
어깨에 통증이 있는 사람의 워밍업 예
①20분간 온수 샤워를 한다(패시브).
②관절 스트레칭을 한다.
③체조로 각각의 근육을 덥힌다(액티브).
④천천히 가벼운 송구를 한다.
※5~10분의 워킹, 15~20분의 슬로우 조깅을 포함한다.

레벨업 훈련
유연성이란 관절가동역 전역을 자유롭게 움직이는 능력
- 목적: 장애의 위험성을 감소시킨다.
- 중요 사항
①강제적인 통증에 대해 스트레칭의 느낌을 중요하게 여긴다.
②훈련 전후에 매일 실시한다.

LESSON 182
[머리, 목] 머리와 목 돌리기

목적 »» 머리와 목의 스트레칭이다. 목 주위의 근육을 풀어주면 뇌로 가는 혈액 흐름이 좋아져 사고력도 높아진다.

머리를 크게 좌우로 흔든다.

근육이 늘어나 있는 부분을 의식한다.

실시 요령

1. 다리를 어깨너비만큼 벌리고 선다.
2. 머리를 천천히 좌우로 흔든다.
3. 반대 방향으로 돌린다.
4. 각 방향으로 10회씩 반복한다.

POINT TIP!
머리를 천천히 그리고 크게 좌우로 흔든다. 목 주위를 순서대로 늘려 나가는 느낌이다. 늘어난 부분을 의식하자.

LESSON 183
[머리, 목] 어깨 으쓱거리기와 돌리기

목적 »» 목 주위에서 어깨에 걸쳐 스트레칭을 한다. 힘을 주고 빼는 등 강약을 조절하자.

어깨를 수직으로 들어올린다.

앞뒤로 돌린다.

실시 요령

1. 양 어깨를 몸에 바싹 붙이고 선다.
2. 양 어깨를 위로 들어올리고, 전방으로 10회, 후방으로 10회 움직인다.

POINT TIP!
목 주위의 근육을 수축시켜 어깨를 끌어올리고 앞뒤로 돌린다. 앞으로 돌릴 때는 어깨 앞쪽에 힘을, 뒤로 돌릴 때는 어깨 뒤쪽에 힘을 주자.

LESSON 184
[어깨] 팔 돌리기(팔꿈치와 팔 전체)

목적 ≫ 팔의 유연성은 내전·외전, 굴곡·신전, 내회전·외회전이라는 세 가지 움직임으로 집약된다. 먼저 내회전·외회전으로 어깨를 크게 돌리자.

팔을 수평으로 하고 양 어깨에 손가락 끝을 올려놓는다.

팔꿈치를 중심으로 크게 돌린다.

실시 요령

팔꿈치 돌리기

1. 팔을 90도로 올리고 팔꿈치를 굽혀 세운 다음 손가락 끝을 양 어깨 위에 놓는다.
2. 양 팔꿈치를 전방으로 10회, 후방으로 10회 움직인다.
3. 암 스윙이 가능해질 때까지 서서히 크게 돌린다.
4. 각 방향으로 10회씩 돌린다.

팔을 옆으로 바르게 편다.

손가락 끝으로 원을 그리듯이 팔 전체를 돌린다.

실시 요령

팔 전체 돌리기

1. 팔을 90도로 들어 지면과 평행하게 만든다.
2. 팔을 전방으로 10회, 후방으로 10회 움직인다.
3. 각 방향으로 10회씩 돌린다.

POINT TIP!
팔꿈치 또는 손가락 끝이 크게 원을 그리도록 돌린다. 뒤쪽으로 움직이지 않을 때가 많으므로 견갑골을 당기듯이 뒤로 움직여 크게 돌리자.

LESSON 185
[어깨] 매달리기

목적 ≫ 어깨 주위의 굴곡, 신전으로 강화시킨다.

손가락 끝을 봉이나 고정물에 걸친다.

어깨를 평행하게 한 채 매달린다.

실시 요령

1. 양팔을 뻗은 높이보다 조금 높은 봉이나 고정물을 이용한다.
2. 발판을 사용하거나 뛰어올라 봉에 매달린다.
3. 20~30초 동안 매달리며, 2회 반복한다.

POINT TIP!
매달리기 전에 바가 너무 높은지, 아래에 물건이 없는지 확인하도록 하자. 착지할 때 생각지도 못한 부상을 당할 수 있다.

LESSON 186
[어깨, 손목] 손목을 위아래로 굽히고 팔 전체 뻗기

목적 ≫ 손목을 중심으로 팔 전체의 근육을 뻗는다. 손가락 끝이 위아래를 향해야 한다.

양손을 앞으로 뻗고, 손바닥은 정면을 향한다.

손등을 정면으로 향해 팔 근육을 늘린다.

실시 요령

1. 다리를 어깨너비보다 조금 넓게 벌리고 선다.
2. 양손을 앞으로 뻗는다.
3. 양 손목을 위로 향하고, 팔 전체가 펴지면 10초 동안 유지한다.
4. 양 손목을 아래로 향하고, 팔 전체가 펴지면 10초 동안 유지한다.

POINT TIP!
손목을 한계까지 굽히면 비로소 팔 전체의 근육이 펴진다.

LESSON 187
[어깨] 어깨의 내전과 외전

목적 ⟫ 팔을 앞뒤에서 올림으로써 팔의 회전을 촉진시켜 가능역을 넓힌다.

깍지를 끼고 손바닥을 위로 향한다.

양팔을 위로 뻗는다.

실시 요령

1. 양손을 깍지 끼고 머리위로 곧바로 뻗는다.
2. 양 팔꿈치를 펴고 손바닥이 하늘을 향하게 한 다음 위로 밀어 올리듯이 뻗는다.
3. 10~20초 정도 위로 뻗은 뒤 팔을 내린다.
4. 뒤로 깍지를 끼고 허리를 굽혀 되도록 양팔을 높이 들어올린다.
5. 10~20초 동안 유지한다.

뒤로 깍지를 낀다.

허리를 굽혀 되도록 양팔을 높이 들어올린다.

POINT TIP!

팔을 위로 올릴 때는 어깨가 몸과 일직선이 되도록 유지하기 바란다. 뒤에서 팔을 올릴 때는 좌우의 견갑골을 끌어 모으듯이 하며 팔을 끌어올리자.

LESSON 188
[어깨] 어깨의 굴곡과 신전①-크로스 오버 암

목적 ≫ 어깨 주위의 굴곡, 신전으로 강화시킨다.

가슴 앞으로 내민 오른팔의 팔꿈치 주위를 왼손으로 잡는다.

오른팔을 왼쪽 어깨 쪽으로 끌어당긴다.

실시 요령

1. 똑바로 서서 오른팔을 가슴 앞에 내밀고 왼쪽 어깨 가까이에 둔다.
2. 왼손을 오른쪽 팔꿈치 바로 위에 대고 왼쪽 어깨 방향으로 오른팔을 천천히 끌어당긴다.
3. 최대한 어깨 쪽으로 끌어당기면서 10~20초 동안 유지한다.
4. 반대쪽 팔도 동일하게 반복한다.

POINT TIP!
어깨의 유연성을 높임으로써 퍼포먼스를 향상시킬 뿐만 아니라 부상을 예방하는 효과도 있다. 시간을 들여 천천히 실행하자.

LESSON 189
[어깨] 어깨의 굴곡과 신전②-코너 스트레칭

목적 ≫ 어깨 앞쪽을 펴주는 스트레칭이다.

팔을 90도로 굽히고 벽에 바싹 다가선다.

구석에 몸을 밀착시킨다.

실시 요령

1. 벽 양쪽 모서리에 어깨 높이로 팔을 올린다.
2. 팔을 90도로 굽히고 벽에 다가간다.
3. 쾌적한 상태로 벽에 밀착한다.
4. 10~20초 동안 유지한다.

POINT TIP!
가슴을 열듯이 어깨 앞부분을 뻗고, 견갑골을 모으듯이 어깨 뒷부분을 조인다. 숨을 크게 토해내면서 벽에 다가가도록 하자.

LESSON 190
[상체] 신체의 측굴

목적 ≫ 몸의 옆면을 뻗는 스트레칭이다. 갈비뼈의 틈을 넓히듯이 겨드랑이를 뻗는다.

다리는 어깨너비 정도로 벌리고 손을 허리에 댄다.

몸을 옆으로 굽힌다.

실시 요령

1. 양발을 어깨너비로 벌리고 손은 허리에 댄다.
2. 앞으로 기울어지지 않도록 주의하며 오른쪽 방향으로 상체를 굽힌다.
3. 제자리로 돌아와 반대편으로 굽힌다.
4. 10회 반복한다.

POINT TIP!
처음부터 한 번에 굽히지 말고 서서히 크게 굽혀 나가자. 몸의 옆면을 천천히 뻗음으로써 운동 범위를 넓혀 나간다.

LESSON 191
[상체] 신체의 회전

목적 ≫ 등 주위를 풀어 주는 스트레칭이다.

허리와 고개를 곧바로 펴고 상체를 왼쪽으로 돌린다.

같은 요령으로 상체를 오른쪽으로 돌린다.

실시 요령

1. 양발을 어깨너비로 벌리고 머리 뒤로 깍지를 낀다.
2. 오른쪽으로 상체를 비튼다.
3. 제자리로 돌아와 왼쪽으로 비튼다.
4. 10회 반복한다.

POINT TIP!
골반이 뒤틀리지 않도록 주의하면서 상체만을 좌우로 비틀자. 등뼈를 중심으로 배꼽 주위를 비튼다는 의식으로 비튼다.

LESSON 192
[상체] 백 아치

목적 〉〉〉 등 전체를 편다.

무릎을 대고 엎드려 숨을 내뱉으며 배와 엉덩이를 조인다.

숨을 들이마시면서 등을 둥글게 만든다.

실시 요령

1. 무릎을 바닥에 대고 엎드린 다음, 양 무릎의 간격을 10센티미터 정도 벌리고 팔과 무릎은 지면과 수직이 되게 한다.
2. 머리를 앞으로 향하고 배와 엉덩이 근육을 수축시키며 숨을 내뱉는다. 이 자세를 5초 동안 유지한다.
3. 숨을 들이마시면서 배꼽을 들여다보듯이 머리를 숙이고 등을 둥글게 만든다. 이 자세를 5초 동안 유지한다.
4. 5~10회 반복한다.

POINT TIP!
등뼈의 감각을 넓히듯이 등 전체를 둥글게 만든다. 등의 중심을 위로 돌출시킨다.

LESSON 193
[상체] 제자리 뛰기

목적 〉〉〉 순발력과 지구력을 높이는 훈련이다.

무릎을 들며 제자리에서 달린다.

양팔은 앞뒤로 크게 흔든다.

실시 요령

1. 되도록 무릎을 높이 들면서 제자리에서 달리기를 한다.
2. 양팔은 앞뒤로 크게 흔든다.
3. 3~5분 동안 계속한다.

POINT TIP!
팔을 앞뒤로 크게 흔들면 다리를 높이 올리기가 쉬워진다. 무릎을 높이 올리려 한 나머지 상체가 뒤로 젖혀지지 않도록 주의하자.

LESSON 194
[손목] 양손과 손목 회전

목적 ⟫ 손목을 풀어주는 스트레칭이다.

팔을 앞으로 뻗는다.

양손을 동시에 같은 방향으로 돌린다.

실시 요령

1. 양손을 앞으로 뻗는다.
2. 양손과 양 손목을 천천히 시계 방향으로 돌린다.
3. 그 다음 반대 방향으로 돌린다.
4. 각 방향으로 10회 반복한다.

POINT TIP!
가장 많이 사용하는 부위임에도 불구하고 중시하지 않는 선수와 코치가 많다. 손목은 충분히 시간을 들여 풀어주자.

LESSON 195
[발목] 무릎과 발목 회전

목적 》》》 무릎과 발목을 돌리는 스트레칭이다. 발목을 부드럽게 사용하자.

발이 움직이지 않도록
엄지발가락을 붙인다.

무릎을 돌린다. 일정 횟수 후
반대 방향으로도 돌린다.

실시 요령

1. 몸을 앞으로 숙이고 무릎을 조금 굽힌 다음 두 손을 양 무릎 위에 올려놓는다.
2. 무릎을 시계 방향으로 돌린다.
3. 그 다음 반대 방향으로 돌린다.
4. 각 방향으로 10회씩 반복한다.

POINT TIP!
무릎을 돌릴 때 발이 움직이지 않도록 한다.

LESSON 196
[하체] 허벅지 앞쪽 근육 늘이기

목적 ⟫⟫ 허벅지 앞쪽 근육을 늘이는 스트레칭이다.

난간에 발목을 걸치고 젖혀 허벅지 앞쪽 근육을 늘인다.

실시 요령

1. 난간이나 의자를 이용한다.
2. 등을 돌리고 서서 난간이나 의자에 발목을 걸쳐 가슴을 젖히며 허벅지 앞쪽 근육을 늘인다.
3. 10~20초 유지한 뒤 반대편 허벅지도 늘인다.

POINT TIP!
허벅지 앞쪽 근육을 강도를 조절하면서 늘인다. 발목의 위치가 높아질수록 부담이 커진다.

LESSON 197
[하체] 무릎 주변 풀어주기

목적 ⟫⟫ 무릎 주변의 근육을 풀어주는 스트레칭이다.

양다리를 뻗고 각 무릎에 손을 올려놓는다.

호흡을 멈추지 않고 천천히 돌린다.

실시 요령

1. 양다리를 뻗고 각 무릎에 손을 올려놓는다.
2. 호흡을 멈추지 않고 오른쪽 방향으로 천천히 돌린다.
3. 좌우로 10회씩 돌린다.

POINT TIP!
호흡을 멈추지 않는 것과 천천히 크게 돌리는 것이 중요하다. 익숙한 움직임이라고 해서 그저 돌리기만 하지 않도록 주의하자.

LESSON 198
[하체] 등 주변 풀어주기

목적 》》 등뼈를 따라 붙어 있는 근육을 풀어 준다.

누워서 무릎을 끌어안는다.
가능하다면 몸을 앞뒤로 굴린다.

실시 요령

1. 다리를 뻗고 눕는다.
2. 양 무릎을 굽히고 양손으로 끌어안는다.
3. 호흡을 멈추지 않고 20~30초 정도 같은 자세를 유지하거나 몸을 앞뒤로 굴린다.

POINT TIP!
호흡을 멈추지 않는 것이 중요하다. 자세를 그대로 유지하는 방법 외에 몸을 앞뒤로 굴리는 방법도 있다. 허리에 통증이 있는 선수는 상반신을 지면에 댄 채로 있어도 무방하다.

LESSON 199
[전신] 단체 달리기

목적 》》 팀이 하나가 됨으로써 훈련을 향한 일체감을 형성한다.

전원이 하나가 되는 시간을 만듦으로써
훈련에 대한 공동 의식이 싹튼다.

실시 요령

1. 전원이 하나가 된다.
2. 구령에 맞춰 뛴다.
3. 사전에 충분히 워밍업을 했다면 그라운드 한두 바퀴만 뛰어도 충분하다.

POINT TIP!
워밍업은 개인별로 할 수 있지만 이와 같이 전원이 구령에 맞춰 뜀으로써 '하나가 되자.' 라는 일체감을 형성할 수 있다.

LESSON 200
피지컬 트레이닝

목적 »» 근력과 근지구력, 유연성의 강화와 유지를 위해 실시한다. 강화 기간은 1주일에 3회 정도, 경기가 자주 열리는 시기에는 1주일에 1회 정도가 기준이다.

[어깨 주변 강화] 프론트 레이즈

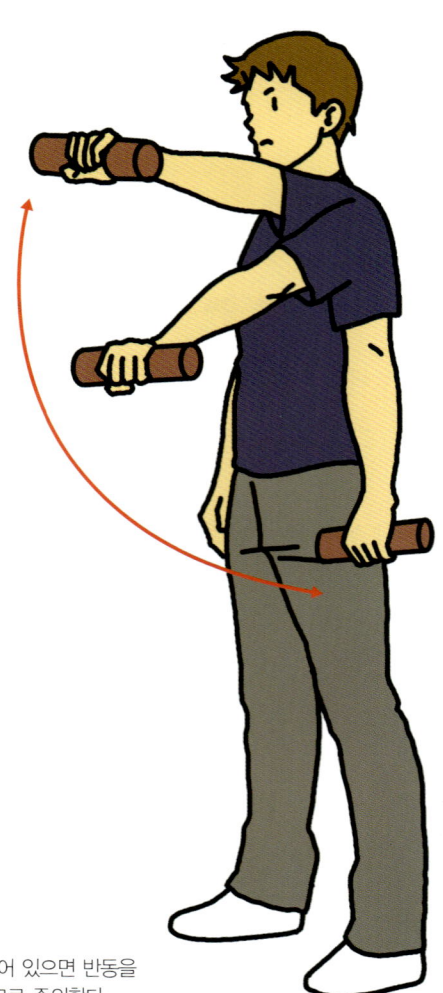

실시 요령

1. 양발을 어깨너비로 벌리고 서서 손등을 앞으로 향한다. 등 근육을 곧게 뻗는다.
2. 팔꿈치를 편 채로 반동을 이용하지 않고 들어올린다.
3. 내릴 때도 반동을 이용하지 않는다.
4. 10회 3세트 정도 반복한다.

등 근육이 굽어 있으면 반동을 이용하게 되므로 주의한다.

[어깨 주변 강화] 사이드 레이즈

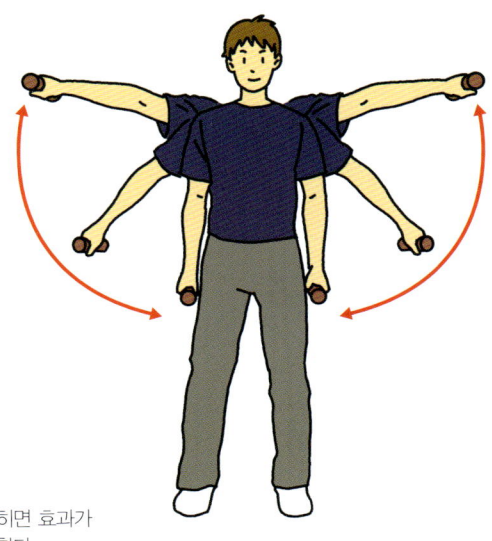

팔꿈치를 굽히면 효과가 없으니 주의한다.

실시 요령

1. 양발을 어깨너비 정도로 벌리고 선다.
2. 팔꿈치를 편 채 덤벨을 몸의 수평 방향으로 어깨보다 높이 올린다.
3. 덤벨을 천천히 내린다.
4. 10회 3세트 정도 반복한다.

[어깨 주변 강화] 벤드 오버 사이드 레이즈

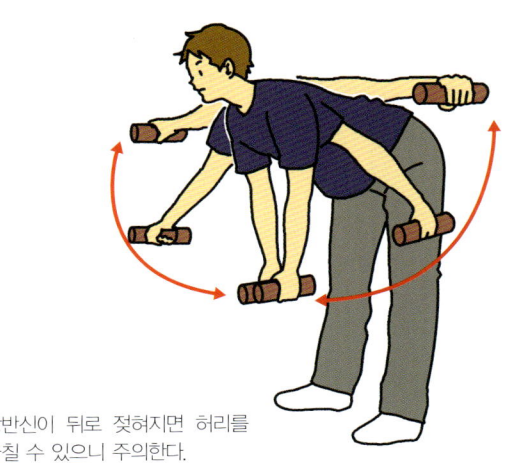

상반신이 뒤로 젖혀지면 허리를 다칠 수 있으니 주의한다.

실시 요령

1. 상반신을 앞으로 기울인다.
2. 등을 곧게 뻗는다.
3. 팔꿈치를 가볍게 굽히고 덤벨을 등 높이까지 천천히 올린다.
4. 덤벨을 천천히 내린다.
5. 10회 3세트 정도 반복한다.

[손목 강화] 리스트 컬

바벨이 너무 무거우면 손목의 가동 범위가 좁아진다. 그 결과 근육이 붙는 범위도 좁아지니 주의한다

실시 요령

1. 의자에 앉아 손바닥을 위로 향하고 바벨이나 덤벨을 든다.
2. 아래팔을 허벅지에 올려놓고 손목을 편다.
3. 그 상태에서 손목을 감아올리듯이 바벨을 올린다.
4. 10회 3세트 정도 반복하고 반대쪽도 실시한다.

[손목 강화] 리버스 리스트 컬

재빠른 움직임은 필요 없다. 천천히 가동 범위 전역을 움직이는 편이 더욱 광범위하게 근육이 붙는다.

실시 요령

1. 손등을 위로 하고 바벨을 잡는다.
2. 아래팔을 허벅지에 올려놓고 손목을 내린다.
3. 아래팔을 허벅다리에 올려놓은 채 손목을 끌어올리듯이 바벨을 올린다.
4. 10회 3세트 정도 반복하고 반대쪽도 실시한다.

[팔 강화] 바이셉스 컬

어깨가 앞으로 나오면 반동을 이용하게 되므로 주의한다.

실시 요령

1. 손바닥을 정면으로 향하고 덤벨을 잡는다.
2. 등 근육을 곧게 펴고 다리는 어깨너비 정도로 벌린다.
3. 반동을 주지 않고 팔꿈치를 한계까지 굽힌다. 팔꿈치의 위치는 움직이지 않는다.
4. 팔꿈치의 위치를 움직이지 않은 채 천천히 원래 위치로 되돌아간다.
5. 10회 3세트 정도 반복하고 반대쪽도 실시한다.

[팔 강화] 콘센트레이션 컬

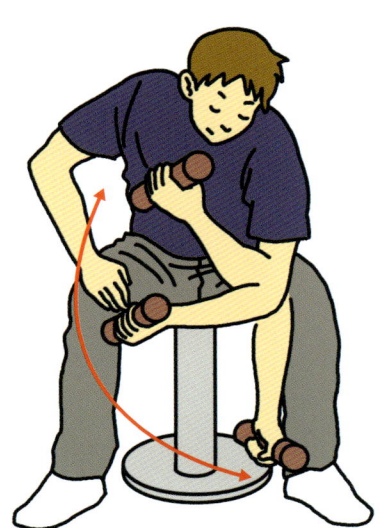

다른 피지컬 트레이닝과 마찬가지로 동작이 빠르면 효과가 없으니 주의한다.

실시 요령

1. 의자에 앉아 두 다리를 벌린다.
2. 팔꿈치를 무릎 가까이 대고 반대쪽 손은 허벅지에 올려놓는다.
3. 팔꿈치를 떼지 않고 아래팔과 위팔이 닿을 때까지 천천히 올린다.
4. 천천히 원래 위치로 내린다.
5. 10회 3세트 정도 반복하고 반대쪽도 실시한다.

[목 강화] 넥 익스텐션

머리를 들 때 등이 뒤로 젖혀지면 효과가 없으므로 주의한다.

실시 요령

1. 의자에 앉아 상체를 숙인다.
2. 머리 위로 깍지를 끼고 아래 방향으로 힘을 준다.
3. 머리 위의 손을 밀면서 목을 든다.
4. 10회 3세트 정도 반복한다.

[목 강화] 넥 사이드 플렉션

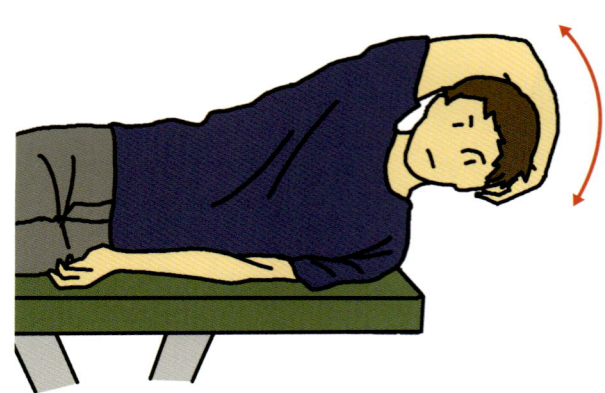

상반신이 움직이면 효과가 없거나 목을 다칠 수 있으니 주의한다.

실시 요령

1. 한 쪽으로 누워 머리를 내린다.
2. 위쪽 손으로 머리 옆을 아래로 누른다.
3. 상반신을 움직이지 않고 머리를 천천히 올린다.
4. 목이 굽어지는 범위까지 최대한 올렸다가 천천히 내린다.
5. 10회 3세트 정도 반복하고 반대쪽도 실시한다.

[엉덩이 주변 강화] 킥백

얼굴을 아래로 향하거나 팔꿈치를 굽히면 효과가 없으니 주의한다.

실시 요령

1. 양손과 무릎으로 바닥을 짚고 엎드려 등을 곧게 뻗는다.
2. 얼굴을 정면으로 향한다. 한쪽 다리를 뒤로 뻗은 채 위로 천천히 올린다.
3. 등 근육을 뻗은 채 천천히 내린다.
4. 10회 3세트 정도 반복하고 다리를 바꾼다.

[엉덩이 주변 강화] 런지

빠르게 실시하면 효과가 없을 뿐만 아니라 무릎을 다칠 가능성이 있으니 주의한다.

실시 요령

1. 양발을 어깨너비로 벌리고 바벨을 어깨에 짊어진다.
2. 한쪽 다리를 앞으로 크게 내딛고 반대쪽 무릎이 바닥에 닿을 때까지 굽힌다.
3. 체중을 뒷발에 싣고 무릎을 뻗으면서 천천히 원래 자세로 돌아간다.
4. 10회 3세트 정도 반복하고 발을 바꾼다.

[엉덩이 주변 강화] 컬 레이즈

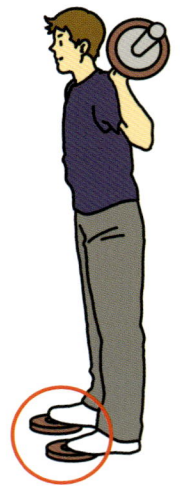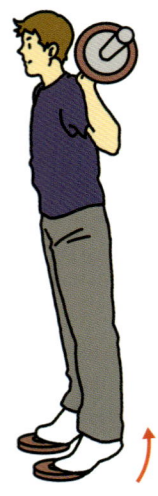

실시 요령

1. 양발을 어깨너비로 벌리고 바벨을 어깨에 짊어진다.
2. 발끝을 높은 곳에 올려놓는다.
3. 발뒤꿈치를 서서히 최대한 높게 올린다.
4. 다시 발뒤꿈치를 천천히 내린다.
5. 10회 3세트 정도 반복한다.

발끝을 올려놓은 장소를 높일수록 부담이 커진다.
처음에는 평평한 곳이어도 무방하다

[다리 강화] 레그 컬

실시 요령

1. 고무줄을 발목보다 조금 위에 묶고 다리를 모은 상태로 선다.
2. 머리 뒤에 깍지를 끼고 무릎을 기점으로 다리를 천천히 올리며 무릎을 한계까지 굽힌다.
3. 무릎을 천천히 뻗어 원래 자세로 돌아간다.
4. 10회 3세트 정도 반복하고 다리를 바꾼다.

특히 다리를 내릴 때 밴드의 신축력에 저항하면서 내린다.

Baseball Column

미국과 일본 트레이너의 차이

일본에서는 유명한 컨디셔닝 코치라는 직종이 미국에는 없다. 일본의 트레이너 중에는 마사지나 침, 뜸 자격 보유자가 많으며, 그들은 통증에 대한 대처법을 알고 있기 때문에 대처 요법이 특기였다.

한편 미국은 부상에 대한 사고방식이 다르다. 통증을 없애는 것이 아니라 근본적으로 치료해 회복시킴으로써 재발하지 않도록 하는 것이 트레이너의 역할이다. 즉, 일본의 트레이너는 대체로 대처 요법에 능하며, 미국의 트레이너는 근본 요법에 능하다.

현재 일본에서는 대처 요법뿐만 아니라 근본적인 치료와 재활에 관한 지식도 필요해지고 있다. 그래서 대처 요법은 트레이너에게, 근본 요법이나 재활은 컨디셔닝 코치에게 맡긴다는 생각에서 컨디셔닝 코치라는 직종이 탄생했다.

CHAPTER 12
코칭 기술
COACHING SKILL

코치도 기능과 기량이 필요하다. 그중에서도 코치로서
최소한 몸에 익혀야 할 테크닉을 소개한다.

코치를 위한 어드바이스

▌좋은 팀을 만들기 위한 3요소

각종 야구 강습회에 가면 많은 코치들이 "이런 선수가 있는데 어떻게 바로잡아 줘야 할까요?"라는 질문을 자주 한다. 분명히 코치들도 자신만의 목표를 가지고 열심히 공부하고 있을 것이다. 그런데 무엇을 비교의 대상으로 삼고 있는 것일까? 또 비교 대상에 다다르기 위한 코치로서의 역량은 지니고 있는 것일까?

최고의 기량을 보유한 프로야구 선수들조차도 코치에 따라 기술이 성장하기도 하고 정체하기도 한다. 그만큼 코치의 힘은 크다. 이런 관점에서 보면 현재 팀에 없는 무기를 만들기보다는 이미 팀이 가지고 있는 무기를 활용하는 편이 팀을 빠르게 성장시킬 수 있을 것이다. 선수의 결점을 고치기보다 장점을 발전시키는 편이 강한 팀으로 성장할 수 있는 지름길인 것이다.

지금부터 내가 실천하고 있는 선수와 팀의 육성법을 소개하려 한다. 자세한 내용을 소개하기에 앞서, 내가 주로 염두에 두는 요소는 다음의 3가지다.

좋은 팀을 만들기 위한 3요소

1. 선수 개개인의 결점보다 장점을 찾아내 발전시킨다.

2. 그룹별로 상대방의 능력을 이해하고 배려하도록 지도한다.

3. 잘하는 선수에게 의존하지 않고 모두의 힘을 합친다.

개인 평가

내가 가장 중요하게 여기는 일은 선수 개인의 장점을 찾아내는 것이다. 반대로 주의해야 할 점은 결점을 고치는 데만 열중해서는 안 된다는 것이다. 투수의 투구법, 타자의 스윙, 야수의 수비를 볼 때 결점이 아닌 장점을 발견하도록 한다. 장점을 계속 칭찬해주고 발전시키면 그 선수는 야구를 더욱 좋아하게 되고 실력을 키워 나가게 된다.

선수 개개인의 장점 찾아내기

선수의 나이에 맞는 지도를 한다

코치는 선수의 나이에 맞춰 기준을 세우는 것이 중요하다. 중학생과 사회인을 똑같은 기준으로 지도한다면 선수는 성장하지 못한다. 개개인의 나이에 맞춰 진로와 목표를 장기적으로 생각하는 것이 중요하다.

지도는 장기적인 안목으로 한다

선수 지도를 단기간에 끝낼 수 있다고 생각하는 코치가 많다는 데 의문을 느낀 적이 있다. 장기적으로 생각하고 계획성을 가지기 위해 코치는 선수 개인의 장기적인 스케줄을 작성해야 한다. 그리고 훈련 스케줄에 개별 훈련을 많이 포함시키도록 하자.

개개인에 맞춘 훈련 스케줄을 소화시킨다

팀 훈련을 보고 있으면 모두가 똑같은 스케줄을 온종일 소화하는 풍경이 종종 눈에 띈다. 모두가 똑같은 스케줄을 소화하기만 해서는 개성을 발전시킬 수 있는 훈련이 되지 못한다. 오전에 팀 훈련을 했다면 오후에는 개인 스케줄을 포함한 훈련을 하자. 선수 개개인을 꼼꼼히 지켜봐 주는 것이 중요하다.

진도표를 이용해 성장도를 확인한다

훈련 중에 측정한 수치를 정기적으로 기록해 놓은 표가 진도표다. 2주에 한 번 또는 한 달에 한 번 등 정기적으로 기록해 나가면 기술이나 체력의 향상, 훈련 성과가 수치화된다. 이를 통해 선수의 성장도뿐만 아니라 훈련 성과도 확인할 수 있다.

그룹 평가

배터리나 내야, 외야 등 그룹이 능력을 발휘하려면 서로의 호흡이 맞아야 한다. 이를 위해서는 서로의 능력을 이해하고 배려하며 상대방에 맞춰 플레이할 수 있어야 한다.

평소의 개인 훈련이 중요하다

대회 등을 대비해 훈련 스케줄을 짜고 그 안에서 그룹 단위의 훈련을 하게 되는데, 사회인 등은 시간적인 제약이 있을 것이다. 그럴 때는 개인이 자발적으로 얼마나 훈련을 하느냐가 중요해진다. 그룹의 실력을 높이기 위해서는 개인의 노력도 중요함을 코치가 알려 줄 필요가 있다.

팀 전체 평가

내가 목표로 하는 팀은 공격력, 수비력, 주력, 투수력이 모두 80포인트(P) 이상인 팀이다. 타격력이 100P라도 주력이 30P인 팀은 승리하지 못한다. 자신들에게 무엇이 부족한지 알고 그것을 약 80퍼센트의 성공률로 높이는 것이 중요하다.

또 약한 항목(현재 상태를 100P라고 가정했을 때)에 대해 선수 한 사람 한 사람이 5~6P 정도의 수준만 향상시켜도 팀 전체의 전력은 5~6P×9명이 되어 약 1.5배나 강해진다.

팀 전체의 강점은 무엇이고 어떤 부분이 약한지를 명확히 하기 위해 진도표를 자세히 작성하고, 모든 항목에서 80P를 넘을 수 있는 팀을 만들어 나가자.

진도표 샘플(야수1)

여기에 소개한 진도표는 실제로 프로야구에서 사용하던 것이다. 항목수와 내용은 팀에 맞춰 조정하기 바란다.

성명				투 타	/	/	/	/	키 체중			나이 경력			
		월	일	/	/	/	/	월		일	/	/	/	/	
타력	패스트 볼	안쪽						그립 위치							
		바깥쪽						어퍼컷 스윙							
		높은 쪽						중심 이동							
		낮은 쪽						앞쪽 어깨가 빨리 열린다							
	커브	안쪽						회복력		정신					
		바깥쪽								기술					
		높은 쪽								체력					
		낮은 쪽						수비 종합 능력							
배팅 종합 능력								1루 2루 3루 유격							
파워								전체적인 움직임(내야수)		정확성					
비거리										빠르기					
타구의 속도										타구에 대한 집중력					
히팅 능력								스텝		오른쪽					
선구안										왼쪽					
타이밍										전방					
손목 힘										폭					
배트 스피드										크로스오버 스텝					
확실성								포구 동작 (글러브질)		전진					
배트 컨트롤										오른쪽					
적극성										왼쪽					
히트앤드런										정면					
희생 번트								포구 자세							
드래그 번트								타구에 대한 집념							
페이크 번트								팝 플라이에 강하다							
주자 뒤쪽으로 때리기								플레이를 포기하지 않는다							
상황 판단력								커버 플레이를 잊지 않는다							
스트라이크 존 파악								더블 플레이		던지는 선수					
첫 타석에서 힘을 낸다										키 플레이어					
작전 수행 능력															
사인 판독 능력								런다운 플레이		던지는 선수					
클러치 능력										타하는 선수					
타석에서의 투지										판단					
상대 수비진형에 대한 관찰력															
기억력								견제 플레이							
연구하는 자세								작전 수행							
생각이 너무 많다								커트맨의 위치							
스트라이드								어드바이저의 목소리							

진도표 샘플(야수2)

여기에 소개한 진도표는 실제로 프로야구에서 사용하던 것이다. 항목수와 내용은 팀에 맞춰 조정하기 바란다.

성명												
월 일			/	/	/	/	월 일		/	/	/	/
커트맨의 송구 정확도							베이스러닝 종합 능력					
손목으로 던지기							스피드	스피드				
러닝 스로								1루까지				
역동작 송구								2루까지				
두 야수 사이의 타구 판단	1루수						베이스 일주	도루				
	2루수							리드				
	3루수							스타트				
	유격수						슬라이딩					
수비 종합 능력							타구 판단력					
우익 중견 좌익							송구에 대한 주자의 판단력					
전체적인 움직임 (외야수)	정확성						적극 주루(판단력)					
	빠르기						1사 3루에서 땅볼에 대한 스타트					
스텝	타구에 대한 집중력						희생 플라이 때 3루 주자의 주루					
	오른쪽						상대 수비에 대한 관찰력					
	왼쪽						번타를 쳤을 때의 1루 질주					
	전방						히트앤드런 시 1루 주자의 시선					
	후방						상황 판단력					
	폭						훈련 의욕					
	크로스오버 스텝						실력 향상에 대한 의지					
플라이 볼 포구	오른쪽						이해도					
	왼쪽						습관성(내구력)					
	전진						실행성					
	후방						독립심					
땅볼 전진 포구							협조성					
타구에 대한 집념							체력	하체 힘					
펜스 플레이(포구)								상체 힘					
펜스 플레이(리바운드 처리)								근력	복근				
외야수간의 콜 플레이									배근				
슬라이딩 캐치									어깨				
바람이 불 때의 플라이 볼 판단력									팔				
타자에 따른 시프트								손목 힘					
다음 플레이를 생각한다								유연성					
상황 판단력								스태미나					
판단력								스피드					
백업 플레이								반사 신경					

진도표 샘플(투수)

여기에 소개한 진도표는 실제로 프로야구에서 사용하던 것이다. 항목 수와 내용은 팀에 맞춰 조정하기 바란다.

성명			투 타	키 체중	나이 경력			성격			
피칭 종합 능력			/	/	/	적극성			/	/	/	/
패스트볼	볼 스피드					마운드에서의 배짱						
	예리함					회복력	정신					
	제구						기술					
	각도						체력					
커브	예리함					구질						
	볼 스피드					밸런스						
	제구					스텝의 방향						
슈트	예리함					무릎의 상태						
	볼 스피드					팔 스윙						
	제구					팔꿈치와 손목 사용						
슬라이더	예리함						하체 힘					
	볼 스피드						상체 힘					
	제구							복근				
기타	예리함						근력	배근				
	제구							어깨				
피칭의 교묘함						체력		팔				
체인지업						손목 힘						
퀵모션 피칭						유연성						
주자가 있을 때의 피칭						스태미나						
투수 수비	투수 땅볼					스피드						
	번트 수비					반사 신경						
	판단력					컨디션						
풋워크						훈련 의욕						
각 루에 대한 송구						실력 향상에 대한 의지						
1루 견제						이해도						
2루 견제						습관성(내구력)						
커버 플레이						실행성						
백업						독립심						
작전 수행						협조성						
볼 배합						타력						
타자에 대한 통찰력						번트						
상황 판단력						베이스러닝						
판단력						페이크 번트						
기억력						주루						

진도표 샘플(포수)

여기에 소개한 진도표는 실제로 프로야구에서 사용하던 것이다. 항목 수와 내용은 팀에 맞춰 조정하기 바란다.

성명			투			키			나이			성격				
			타			체중			경력							
	월	일	/	/	/		월	일	/	/	/		/	/	/	/
타력	패스트볼	안쪽				연구하는 자세										
		바깥쪽				생각이 너무 많다										
		높은 쪽				스트라이드										
		낮은 쪽				그립 위치										
	커브	안쪽				어퍼컷 스윙										
		바깥쪽				중심 이동										
		높은 쪽				앞쪽 어깨가 빨리 열린다										
		낮은 쪽				회복력	정신									
배팅 종합 능력							기술									
파워							체력									
비거리						수비 종합 능력										
타구의 속도						캐칭 포지션										
히팅 능력						캐칭	패스트볼									
선구안							변화구									
타이밍							바깥쪽 공									
손목 힘							몸쪽 공									
배트 스피드							높은 공									
확실성							낮은 공									
배트 컨트롤							원바운드									
적극성						풋워크										
히트앤드런						터치 플레이										
희생 번트						블로킹										
드래그 번트						커버 플레이										
밀어치기						뜬공										
주자 뒷쪽으로 때리기						번트 처리										
상황 판단력						작전 지시	견제									
스트라이크 존 파악							픽오프									
첫 타석에서 힘을 낸다							번트 시프트									
작전 수행 능력						번트 수비 시 야수에 지시										
사인 판독 능력						송구할 루에 지시										
클러치 능력						커트맨에 대한 지시										
타석에서의 투지						런다운 플레이										
상대 수비진형에 대한 관찰력						1,3루 주자의 더블 스틸 저지										
기억력						타자에 따른 시프트(지시)										

프로의 훈련 스케줄

시기	항목	내용
11월	추계 캠프	철저히 단련해 체력과 기술을 향상시킨다. 체력의 한계까지 훈련을 한다.
12월~1월	휴식	선수 개개인의 프로 의식에 맡기는 기간. 프로 의식이 높은 선수는 일찌감치 개인 훈련을 시작한다.
2월	스프링 캠프	3월을 대비한 준비 기간. 선수의 신체가 망가지지 않을 정도의 격렬한 훈련으로 체력과 기술을 강화한다.
3월	시범 경기	선수 개개인의 체력과 기술을 조정한다. 다음 달부터 시작될 공식전에 대비해 경기 감각을 되찾는 시기다.
4월~10(11월)	정규 시즌	신체 컨디션의 기복이나 슬럼프에 빠지지 않도록 주의하며 일정 수준을 유지하기 위한 훈련을 계속하는 시기다.

시기별 코치의 마음가짐

11월
11월은 집중 강화의 시기. 신체와 기술을 철저히 단련한다. 작년의 체력과 기술을 능가하기 위해 신체를 극한에 몰아넣을 만큼 훈련한다.

2월
2월은 강화와 조정의 시기. 11월에 단련한 신체와 기술을 자신의 것으로 만든다. 위기의식이나 프로 의식이 높은 선수는 이전 단계에서 개별적으로 조정을 마치고 이 시기에는 훈련에 임한다.

3월
3월은 시범 경기가 시작되어 몸에 익힌 기술을 실전용으로 미세 조정하는 시기다. 개개인의 기술뿐만 아니라 팀 전체의 종합적인 전력까지 이 시기에 갈고닦는다.

4월
4월부터는 공식전이 시작된다. 내 경험으로 보자면 5월에는 팀 대부분이 흔들리기 시작한다. 기대했던 선수가 부상을 당하거나 팀 또는 그룹의 전력에 불협화음이 나타나는 것도 이 시기다. 코치는 이런 사태를 어느 정도 예측하고 그럴 경우의 대처법을 평소에 생각해 두거나 차분하게 대응하는 것이 중요하다.

바이오리듬으로 선수를 파악한다

코치는 평소에 선수의 바이오리듬을 표로 정리해 놓는 것이 좋다. 바이오리듬이 상승하고 있는 선수를 경기에 기용하면 결과도 좋아진다. 이는 선수 자신이 자각을 하기 위해서도 중요하다. 시즌 중의 몸 상태나 정신, 기술적인 바이오리듬을 표로 만들어 기록하는 습관을 들이도록 하자.

아마추어팀은

여기에서 소개한 프로의 훈련과 경기 흐름은 어느 위치에 있는 팀이라도 응용할 수 있다. 어떤 팀이든 목표로 삼는 대회가 있을 것이다. 그 대회를 대비해 ①열심히 훈련하는 강화 시기, ②연습 경기를 반복하며 조정하는 시기, ③실력을 기복 없이 발휘할 수 있도록 유지하는 시기의 3단계로 나눠 생각하기 바란다. 그러면 지금 무엇을 해야 할지 보일 것이다.

필패법에서 배우는 승리 전략

한 프로야구 강팀이 만든 매뉴얼에는 74항목에 걸친 '야구 필패법'이 적혀 있다.

세상에는 수많은 '필승법'이 있다. 그러나 대부분은 실천하기 어려운 내용이거나 뜬구름 잡는 듯한 이상론일 경우가 허다하다. 한편 이 필패법은 모두 '이런 식으로 하면 절대로 이길 수 없다.'라는 내용이다. 그런 당연한 원리를 당연하게 의식하며 실천할 수 있는 팀이야말로 진정 강한 팀이 아닐까?

그런 생각에서 이 '필패법' 중 몇 가지 항목을 소개하려 한다.

마음가짐 편

1. 몸만들기를 게을리하고 최상의 컨디션을 유지하지 않는다.
2. 선수들이 자신의 약점을 극복하기 위한 훈련을 하지 않는다.
3. 사인을 놓친다.
4. 야구 규칙을 숙지하지 않는다.
5. 각 이닝마다 점수 차와 바람의 방향을 확인하지 않는다.
6. 매사에 변명을 한다.
7. 후보 선수가 언제라도 경기에 나설 수 있도록 준비하지 않는다.
8. 글러브나 스파이크 등 도구의 손질을 게을리한다.
9. 상대팀의 플레이를 관찰하지 않는다.
10. 벤치가 적절한 조언을 해주지 않는다.

POINT TIP!
선수 한 사람 한 사람이 자신이 할 수 있는 일을 하지 않고 하지 못하는 일을 해내려고 노력하지 않는다. 이러한 팀은 코치나 베테랑들이 게을러졌다는 증거다. 코치는 솔선수범해서 움직이고 행동으로 보여주는 것을 게을리해서는 안 된다.

투수 편

1. 퀵 모션에서 던지지 못한다.
2. 수비가 서툴다(기본에 충실하지 않다.).
3. 상대 투수에게 4구를 허용한다.
4. 우리 팀이 크게 앞서고 있는데도 지나치게 신중하게 던진다.
5. 수비 때 백업을 제대로 들어가지 않는다.
6. 뒤에 강타자가 버티고 있는데도 약한 타자에게 쉽게 4구를 내준다.
7. 카운트 2-0에서 대충 던진다.
8. 무사 또는 1사에 주자 3루인 상황에서 내야가 전진 수비를 하고 있는데 높게 던진다.
9. 자신의 부상을 감독이나 코치에게 보고하지 않는다.

POINT TIP!

이론을 무시하거나 야수로서 해야 할 플레이를 게을리한다면 좋은 선수라고 할 수 없다. 그러나 사실 투수는 가장 압박을 많이 받는 포지션이다. 주위의 선수들이 얼마나 적극적으로 격려해주고 도와주느냐가 중요하다.

타자 편

1. 번트를 대지 못한다.
2. 희생 플라이를 치지 못한다.
3. 상대방 투수가 제구에 난조를 보여 4구를 허용한 직후에 초구 스트라이크를 노린다.
4. 투 스트라이크 이후 타자가 투수의 투구에 대해 예측 타격을 한다.
5. 무사 1루나 2루, 혹은 1, 2루에서 좌타자가 끌어당겨 치지 않는다.
6. 그저 타구를 띄우기만 하면 되는 상황에서 큰 스윙을 한다.
7. 스퀴즈 번트를 할 때 타구를 파울 라인 가까이 붙이려 한다.
8. 히트앤드런 작전이 떨어졌을 때 크게 휘두른다.
9. 주자가 도루를 할 때 스윙을 해주지 않는다.
10. 다른 선수와 연계 플레이를 하지 않는다.

POINT TIP!

기동력을 활용할 때는 단순히 때리는 것뿐만 아니라 상황 파악과 판단이 필요하다. 좋은 공이니까 치고 어려운 공이니까 가만히 있는 식으로 자신의 처지만을 생각해서는 안 된다. 주자가 진루하기 좋은 코스로 치거나 도루를 돕기 위해 헛스윙을 하는 등 주변 상황을 감안한 플레이야말로 득점으로 이어지는 지름길이다.

수비 편

1. 외야수가 내야수의 수비 범위를 넘어선 플라이 볼을 쫓아가지 않고 콜도 하지 않는다.
2. 외야수가 잘못된 루로 송구해 주자를 스코어링 포지션에 진루시킨다.
3. 폭투에 대해 포수가 몸으로 공을 막으려 하지 않는다.
4. 외야수가 컷오프맨의 머리 위로 송구한다.
5. 외야수가 땅볼 타구를 처리하러 달려오지 않고 기다린다.
6. 자신의 팀이 앞서고 있을 때 병살성 타구 처리 시 '먼저 아웃카운트 하나는 확실히 잡는다.' 는 원칙을 지키지 않는다.
7. 외야수가 다른 외야수의 백업을 게을리한다.
8. 상대팀 주자가 2루로 도루할 때 중견수가 2루를 백업하지 않는다.
9. 희생 번트 때 투수가 일단 주자를 잡으려 하는 의욕도 보이지 않으며 번트를 대기 쉬운 공을 던진다.
10. 땅볼을 처리하려는 내야수의 실책 가능성을 생각하지 않고 외야수가 백업하지 않는다.
11. 내야수가 내야 땅볼을 전진해서 잡지 않는다.

12. 번트 혹은 빗맞은 땅볼 때 포수가 야수에게 지시를 하지 않는다.
13. 타구가 자기 쪽으로 왔을 때 자신이 해야 할 플레이를 미리 생각해 놓지 않는다.
14. 글러브를 베이스 앞에 위치시켜 주자가 자연 태그가 되도록 하지 않고 글러브로 주자를 쫓는다.
15. 타구를 놓쳤을 때 일단 공을 쫓지 않고 주자를 눈으로 쫓으면서 잡으려 한다.
16. 팝플라이에 대해 내야수가 큰 목소리나 태도로 의사를 표현하지 않는다.
17. 펜스 근처로 날아온 높은 타구를 처리할 때 먼저 펜스 가까이 달려간 뒤 펜스에서 떨어져 쿠션 처리를 한다는 수비의 기본을 무시한다.
18. 투수 땅볼 때 포수나 2루 커버를 들어온 야수가 콜을 하지 않는다.

POINT TIP!
점수를 주지만 않는다면 경기에 지지 않는다. 점수를 주지 않으려면 이와 같은 플레이 하나하나를 게을리하지 말아야 한다. 특히 투수가 투구에 들어가기 전에 자신이 해야 할 플레이를 미리 생각해 놓는 것이 중요하다. 이 준비만으로도 실수를 저지를 가능성이 많이 줄어든다.

주루 편

1. 주자가 스코어에 무관심하다.
2. 진루하기 전에 선행 주자에 주의하지 않는다.
3. 외야로 단타를 쳤을 때 1루로 전력 질주하지 않으며 1루에서 턴도 하지 않는다.
4. 병살을 막기 위한 슬라이딩을 하지 않는다.
5. 2사 3루에서 주자가 견제에 잡힌다.
6. 지고 있을 때 견제로 아웃을 당한다.
7. 크로스 플레이 때 슬라이딩을 하지 않고 그대로 루로 돌진한다.
8. 2루 주자일 때 타구가 자신의 오른쪽으로 향하는데도 3루로 진루하려고 뛰어간다.
9. 태그업 기회인데 달리지 않는다.
10. 불필요한 수비 방해를 하거나 타구에 맞는다.

POINT TIP!
주자는 자기 팀에게 스코어 기회를 주는 동시에 상대 팀에게 더블아웃을 당할 수 있는 처지이기도 하다. 이와 같은 리스크를 고려하지 않으면 안이한 실수로 아웃을 당하게 된다. 주자에게는 신중하고 대담한 플레이가 요구된다.

무엇보다 중요한 펑고 기술

주요 펑고 기술

1. 목표로 한 곳으로 친다.
2. 아슬아슬한 타구를 재현한다.
3. 비거리를 조절한다.
4. 포수 플라이를 친다.

펑고 기술은 반드시 익혀야 한다. 코치는 선수가 연습하는 것 이상으로 노력하고 연습하기 바란다. 홈플레이트에서 펑고볼을 쳐서 각 베이스를 맞힐 수 있을 정도의 기술이 필요하다. 나아가서는 1루와 3루 베이스에 맞고 바깥쪽으로 흐르는 공을 칠 수 있을 정도로까지 연습하자. 아메리칸 펑고를 할 때도 외야의 목표 지점에 떨어뜨릴 수 있어야 한다.

　코치의 펑고 기술이 좋아지면 선수의 기술도 반드시 향상되고 훈련도 활기를 띤다. 기술, 내용 모두 훌륭한 훈련을 목표로 펑고 연습을 하자.

펑고 연습법

먼저 목표로 한 장소를 맞힐 수 있도록 연습한다. 목표는 각 루의 베이스다. 선수보다 빨리 그라운드에 와서 연습해 보자.
1. 배트를 짧게 잡고 타구를 보내고자 하는 방향으로 발끝을 향한다.
2. 스윙은 간결하게 하며, 임팩트 후에는 시선을 목표 지점으로 향한다.

Baseball Column

이상적이었던 팀 강화 체험

1995년에 지바 롯데 마린스의 감독이 된 발렌타인 감독의 이상적인 훈련은 내게 충격을 줬다. 나는 1980년부터 15년 동안 요미우리 자이언츠의 코치를 맡은 후, 그가 지바 롯데 마린스의 감독으로 부임해 왔을 때 그 팀의 코치가 되었다.

그때까지 타성에 빠진 훈련을 하고 있던 지바 롯데는 성적이 최하위로 떨어진 상태였는데, 새로 부임한 발렌타인 감독은 메이저리그의 훈련 방법을 도입해 단숨에 선수들의 의식 개혁에 돌입했다.

먼저 일본 야구팀으로는 처음으로 미국 애리조나 주 피오리아에 캠프를 열었다. 이곳에는 그라운드 네 개가 모여 있으며, 한가운데에 사령탑이라고 하는 건물이 세워져 있다. 네 팀이 동시에 훈련을 할 수 있으며, 코칭스태프는 사령탑에서 훈련 상황을 꼼꼼히 지켜볼 수 있다. 이곳에서는 효율적인 훈련이 가능하다고 생각한 것이다.

또 일본에서는 보통 1군과 2군을 분리한다. 그라운드도 따로 사용하며 훈련 스케줄도 별도이고 경기에서 사용하는 사인도 다르다. 물론 훈련도 따로 한다. 그러나 발렌타인 감독은 1군, 2군에 관계없이 좋은 플레이를 하는 선수 순으로 팀을 세 그룹으로 나눴다. 그리고 그라운드 세 곳을 사용해 동시에 훈련을 시켰다. 그러자 훈련의 효율이 높아졌을 뿐만 아니라 선수들이 긴장감을 느껴 훈련에 열중한다는 이점이 있었다. 좋은 플레이를 펼치면 즉시 상위 그룹으로 승격되기 때문이다.

이렇게 시즌 전부터 선수 자신의 동기 의식을 높인 결과, 그 해에는 10년 만에 2위라는 좋은 성적을 남겼다.

어떻게 훈련을 하느냐에 따라 팀이 강해지기도 하고 약해지기도 한다. 선수의 의욕을 이끌어내는 훈련 내용을 궁리하는 것이 감독과 코치가 해야 할 커다란 임무임을 몸소 체험한 캠프였다.

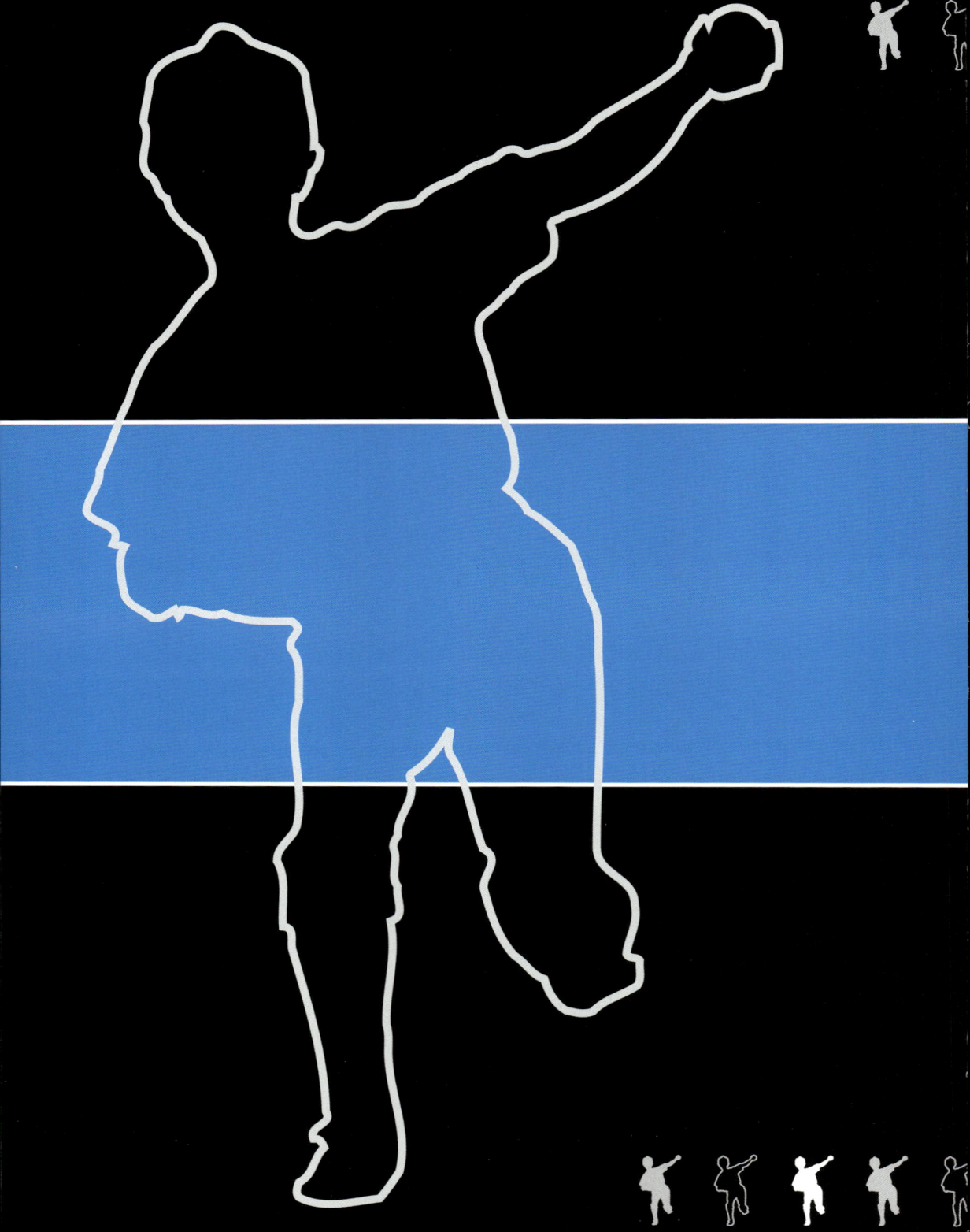

CHAPTER 13
부록
APPENDIX

장비 소개
타석 및 포수석 규격
각 베이스 규격
파울 볼
투구자세

구장 규격
투수 마운드 규격
페어 볼
스트라이크 존
야구용어

장비 소개 EQUIPMENTS

공 BALL

공은 코르크, 고무 또는 이와 비슷한 재료로 만든 작은 심에 실을 감고, 흰색의 말가죽 또는 쇠가죽 두 쪽으로 이를 싸서 단단하게 만든다. 중량은 5~5.25온스(141.77~148.8g), 둘레는 9~9.25인치(22.9~23.5cm)로 한다.

아마추어 연식야구공은 바깥면은 고무제로써 L호, A호, B호, C호의 4종류가 있다. L호는 속이 빈공, B호는 속을 메워 만든 것으로 일반용이며, A호, C호는 소년용으로 속이 빈공이다. 공의 표준 규격은 다음과 같다(반발은 150cm 높이에서 대리석판에 떨어뜨려서 측정한다.).

	직경	중량	반발
L호	71.5~72.5mm	134.2~137.8g	80.0~100.0cm
A호	69.5~70.5mm	133.2~136.8g	80.0~100.0cm
B호	71.5~72.5mm	140.7~144.3g	50.0~70.0cm
C호	67.5~68.5mm	125.7~129.3g	65.0~85.0cm

방망이
BAT

방망이는 겉면이 고른 둥근 나무로 만들어져야 하며 굵기는 가장 굵은 부분의 지름이 2.75인치(7cm) 이하, 길이는 42인치(106.7cm) 이하여야 한다. 방망이는 하나의 목재로 만들어져야 한다.

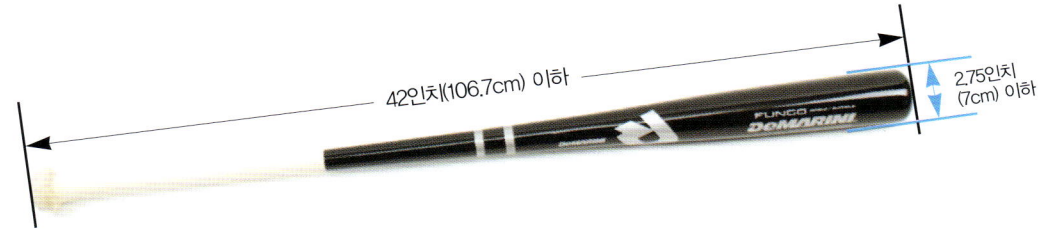

커프트 배트(Cupped Bat. 끝부분을 움푹하게 도려낸 방망이) 방망이의 끝부분을 도려낼 때는 깊이 1인치(2.5cm) 이하, 지름 1~2인치(2.5~5.1cm) 이내로 해야 하며, 움푹하게 파낸 단면은 둥글어야 한다. 또 이때 이물질을 붙여 둥글게 해서는 안 되며, 방망이의 소재를 도려내는 것으로 그쳐야 한다.

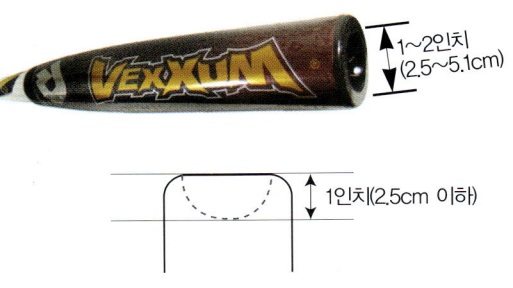

방망이의 손잡이 부분에는 단단히 잡는데 도움이 되도록 어떠한 물질을 붙이거나 어떤 물질로 처리하는 것은 허용된다. 그러나 그 범위가 끝에서 18인치(45.7cm)를 넘어선 방망이는 경기용으로 사용할 수 없다.

프로에서 사용할 수 있는 유색배트는 담황색, 다갈색, 검정색에 한하여 허용된다.

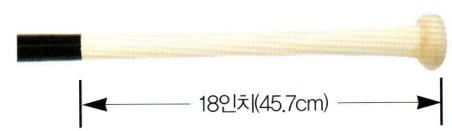

포수 미트
CATCHER'S MITT

포수의 미트는 중량 제한이 없다. 크기는 조여 매는 끈과 부속물을 포함해서 바깥둘레가 38인치(96.5cm) 이내, 미트의 위아래 길이는 15.5인치(39.4cm) 이내여야 한다. 미트의 엄지와 검지 사이의 공간은 위쪽이 6인치(15.2cm) 이내, 아래쪽이 4인치(10.2cm) 이내여야 한다. 엄지와 검지 사이의 웹은 위쪽이 7인치(17.8cm) 이내, 아래쪽이 6인치(15.2cm) 이내여야 한다. 웹은 가죽 또는 가죽끈으로 엮은 것이든 상관이 없고 손바닥 부분으로 이어지도록 가죽끈으로 미트에 잡아매도 좋으나 앞서의 치수를 넘어서는 안 된다.

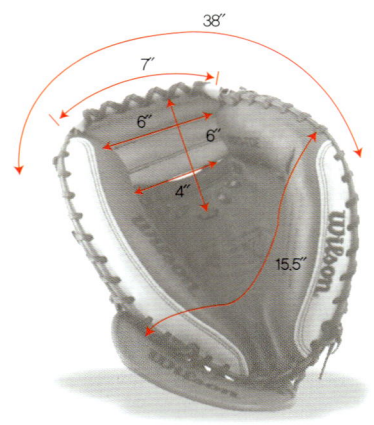

1루수 미트
FIRST BASEMAN'S MITT

1루수가 사용하는 미트도 중량 제한이 없다. 미트의 크기는 위에서 아래까지 12인치(30.5cm) 이내, 엄지의 V자 부분으로부터 미트의 외면 끝까지가 8인치(20.3cm) 이내이어야 한다.

엄지와 검지 사이의 공간은 위쪽이 4인치(10.2cm) 이내, 아래쪽이 3.5인치(8.9cm) 이내여야 한다. 이 공간은 엄격히 고정되어 있으므로 어떤 방법을 동원하거나 물체를 이용하여 넓어지거나 깊어지게 해서는 안 된다. 엄지와 검지 사이의 올가미는 맨 위에서부터 맨 밑까지의 길이가 5인치(12.7cm) 이내여야 한다.

웹은 가죽 또는 가죽끈으로 엮은 것이든 상관이 없고 손바닥 부분으로 이어지도록 가죽끈으로 미트에 잡아매도 좋으나 앞서의 치수를 넘어서는 안 된다. 그리고 웹은 끈을 꼬거나 끈에 가죽 이외의 것을 감거나 하여 그물과 같은 형태가 되도록 만들어서는 안 된다.

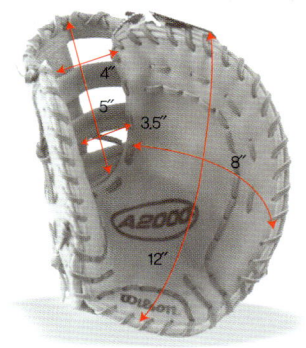

야수 글러브
FIELDER'S GLOVE

야수의 가죽 글러브도 중량 제한이 없다. 길이는 네 손가락의 어느 끝에서부터이건 상관없이 공을 잡는 포켓 부분을 지나 글러브의 하단까지 12인치(30.5cm) 이내여야 한다. 손바닥의 넓이는 검지의 하단 안쪽에서부터 각 손가락을 지나 새끼손가락 바깥 끝까지 7.75인치(19.7cm) 이내이어야 한다.

엄지와 검지 사이 V자형 부분(크로치, crotch)에는 가죽 웹 또는 평면 가죽제품을 부착해도 된다. 웹은 크로치를 꽉 메울 수 있도록 두 겹의 보통 가죽으로 만들거나 터널형 또는 직사각형의 가죽을 연결하여 만들거나 가죽끈을 엮은 것으로 만들어도 괜찮다. 그러나 그물과 같은 형태가 되도록 가죽이 아닌 것을 감든지 가죽이 아닌 것으로 싸서는 안 된다.

웹이 크로치를 빈틈없이 메웠을 때 웹에 유연성이 있도록 조치해도 괜찮으나 여러 개의 부품을 이어서 웹을 만들 때는 그것을 빈틈없이 서로 붙여서 만들어야 한다. 그러나 부품을 활모양으로 구부려서 웅덩이를 크게 해서는 안 된다.

웹은 크로치의 크기를 언제나 제어할 수 있도록 만들어야 한다. 크로치의 크기는 맨 위쪽의 길이가 4.5인치(11.4cm) 이내, 깊이가 5.75인치(14.6cm) 이내 그리고 맨 아래쪽 길이는 3.5인치(8.9cm) 이내여야 한다.

웹은 크로치의 상하좌우 어느 부분에서도 빈틈없이 꽉 메워져 있어야 한다. 가죽끈으로 묶어서 만들어진 것은 분명히 연결하고, 늘어지거나 풀어질 때는 정상적인 상태로 고쳐야 된다.

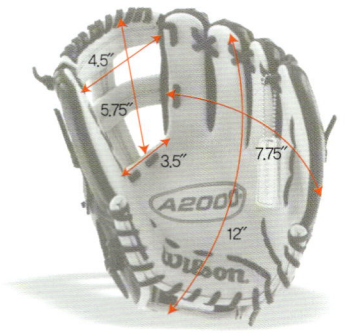

투수 글러브
PITCHER'S GLOVE

투수용 글러브는 꿰맨 부분, 매는 끈, 웹 전체가 같은 색이어야 하고, 흰색 또는 회색은 사용할 수 없다. 투수는 글러브와 다른 색깔을 띤 이물질을 글러브에 붙여서는 안 된다. 치수는 야구 글러브와 동일하다.

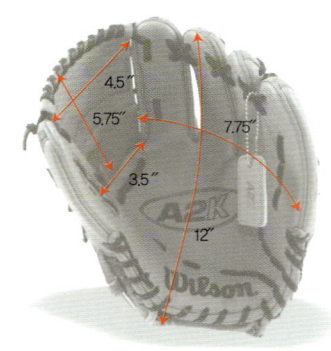

헬멧
HELMETS

프로야구는 안전모(헬멧) 사용에 다음과 같은 규칙을 적용한다.
① 선수는 타격 중 반드시 보호용 안전모를 써야 한다.
② 신인 선수는 타격에 임할 때 양쪽 귀 덮개가 달린 안전모를 착용하지 않으면 안 된다.
③ 〈참고〉 1973년 시즌 및 그 이후에 메이저리그에 진입한 선수는 반드시 한쪽 귀 덮개가 달린 안전모를 착용하여야 한다. 그러나 선수 의향에 따라 양쪽 귀 덮개가 달린 것을 착용하여도 무방하다. 단, 1982년 시즌 중 메이저리그에 있으면서 한쪽 귀 덮개가 달린 안전모 착용을 거부한 기록이 있는 선수는 예외다.
④ 포수가 수비하고 있을 동안에는 포수용 안전모를 착용하여야 한다.

⑤ 배트보이, 볼보이 또는 배트걸, 볼걸은 직무를 수행하는 동안 안전모를 착용하는 것이 바람직하다.

[헬멧]

[포수 안전모]

유니폼
UNIFORMS

① 한 팀의 모든 선수는 같은 색깔, 형태, 디자인의 유니폼을 입어야 한다. 그리고 모든 선수의 유니폼에는 6인치(15cm) 크기 이상의 등번호를 붙여야 한다.
② 바깥쪽으로 노출된 언더셔츠의 색깔은 모두 같아야 한다. 투수를 제외한 각 선수는 언더셔츠의 소매에 번호, 문자, 기장 등을 표시할 수 있다.
③ 자기 팀과 다른 유니폼을 입은 선수는 경기에 나올 수 없다.
④ 각 팀은 항상 고유의 유니폼을 입어야 한다.
⑤ 각 팀은 본거지 경기용으로 흰색, 방문경기용으로 유색 유니폼을 별도로 준비하여야 한다.
⑥ 각 선수의 유니폼 소매 길이는 개개인마다 달라도 괜찮으나 각자의 양쪽 소매길이는 거의 같아야 한다.
⑦ 각 선수는 소매가 지나치게 헐었거나 찢어진 유니폼 및 언더셔츠를 입어서는 안 된다.
⑧ 각 선수는 유니폼과 다른 색깔을 띤 테이프나 이물질을 유니폼에 붙여서는 안 된다.
⑨ 유니폼의 어떤 부분에도 야구공을 모방하거나 연상시키는 모양이 있어서는 안 된다.
⑩ 유리 단추나 번쩍거리는 금속을 유니폼에 달아서는 안 된다.
⑪ 신발의 코와 뒤꿈치에는 흔히 쓰이고 있는 스파이크 보호대 이외의 것을 붙여서는 안 된다. 골프화 또는 육상경기용 스파이크처럼 뾰족한 징이 달린 스파이크는 신을 수 없다.
⑫ 유니폼의 어떤 부분에도 상업광고에 관련된 휘장이나 도안물을 붙여서는 안 된다. 단, 유니폼의 상의 소매 양쪽에 한해 60cm² 이내의 광고를 허용한다.
⑬ 리그는 소속한 팀의 유니폼 등에 선수의 이름을 붙이도록 규정할 수 있다. 본명이 아닌 별명을 쓰려면 총재의 승인을 받아야 한다. 이름을 붙이기로 확정하면 팀 전원이 예외 없이 유니폼에 붙여야 한다.

구장 규격 FIELD

경기장은 다음 요령에 따라 설정한다. 먼저 본루(홈플레이트)의 위치를 정하고, 그 지점부터 2루를 설정하려는 쪽으로 철강제 줄자로 127피트 3.375인치(38.795m) 거리를 재서 2루의 위치를 정한다. 그 다음 본루와 2루를 기점으로 각각 90피트(27.431m)를 재서 본루로부터 오른쪽의 교차점을 1루로 하고 왼쪽의 교차점을 3루로 한다. 따라서 1루로부터 3루까지의 거리는 127피트 3.375인치(38.795m)가 된다.

본루로부터의 거리는 항상 1루선과 3루선의 교차점을 기점으로 측정한다. 본루로부터 투수판을 지나 2루를 향한 선은 동북동을 향하도록 하는 것이 바람직하다. 90피트(27.431m) 평방의 내야를 만들려면 먼저 각 베이스 라인 및 홈플레이트를 동일 수평면상에 설정하고 이어서 내야의 중앙 부근에 본루로부터 10인치(25.4cm) 이내의 높이가 되도록 흙을 쌓아 올려 그곳에 투수판을 설치하고 투수판 앞 6인치(15.2cm) 되는 지점으로부터 본루를 향해 6피트(

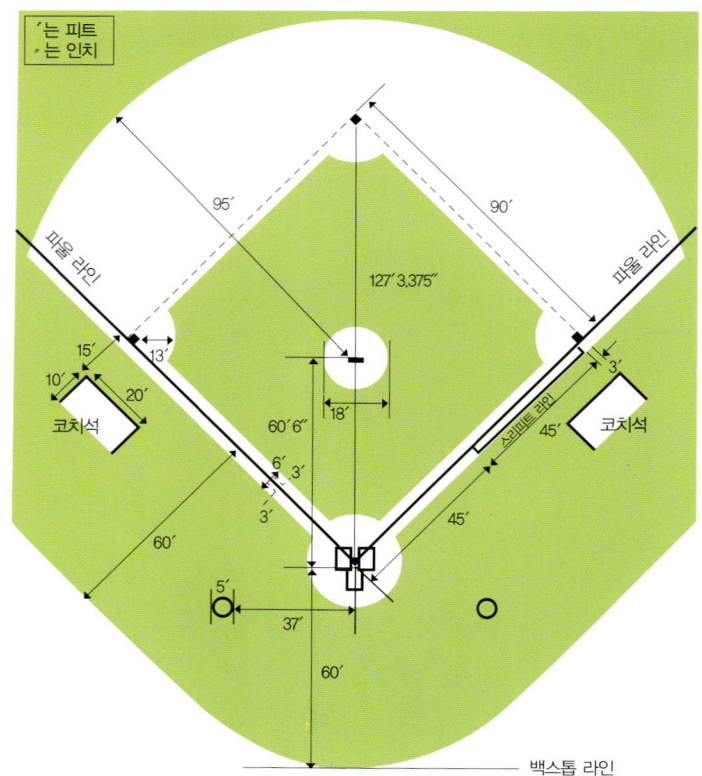

182.8cm) 되는 지점까지 완만한 경사가 지도록 해야 하며, 기울기는 1피트(30.5cm) 당 1인치(2.54cm)로 일정해야 한다.

본루로부터 백스톱까지의 거리 및 베이스 라인에서부터 파울 지역에 있는 펜스, 스탠드 또는 정상적인 플레이를 못하게 하는 시설까지의 거리는 60피트(18.288m) 이상이 되어야 한다.

외야는 1루선과 3루선을 연장한 파울 라인 안쪽 지역이다.

본루부터 페어 지역에 있는 펜스, 스탠드 또는 정상적인 플레이를 못하게 하는 시설까지의 거리는 250피트(76.199m) 이상을 필요로 하지만 양쪽 파울 라인은 320피트(97.534m), 중앙은 400피트(121.918m) 이상이 되어야 이상적이다.

파울 라인을 포함한 내야 및 외야는 페어 지역이고 그 밖의 지역은 파울 지역이다.

포수석, 타자석, 코치석, 1루쪽 스리피트 라인 및 대기타석은 파울 라인 및 굵은 선으로 표시된 모든 선을 습기 있는 석회 또는 기타 흰색 재료로 그린다. 잔디선 및 잔디의 넓이는 여러 구장에서 사용되고 있는 규격을 표시한 것이나, 그 규격은 반드시 강요되는 것은 아니고, 각 구장의 사정에 따라 잔디 및 잔디 없는 지면의 넓이나 모양을 정할 수 있다.

타석 및 포수석 규격 BATTER'S BOX

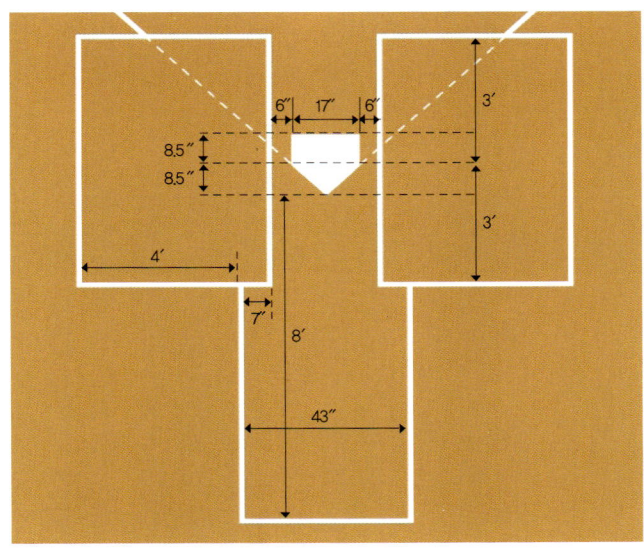

투수 마운드 규격 PITCHER'S MOUND

투수판은 가로 24인치(61cm), 세로 6인치(15.2cm)의 직사각형 흰색 고무 평판으로 만든다. 투수판은 앞쪽 중앙으로부터 본루의 5각형 뒤 꼭짓점까지의 거리가 60피트 5인치(18.44m)가 되는 지점에 고정시킨다.

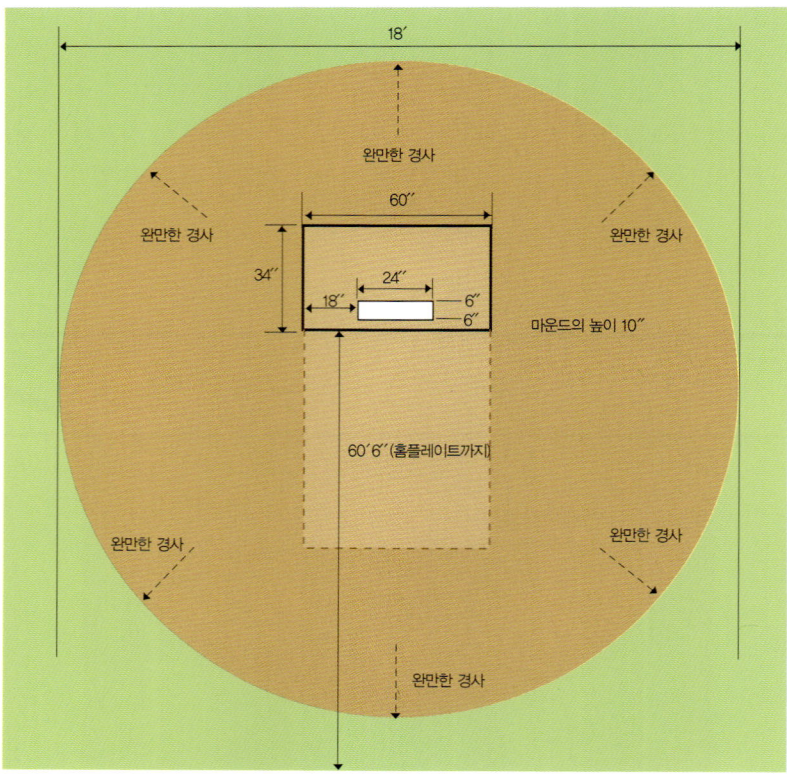

각 베이스 규격 BASES

본루는 5각형의 흰색 고무판으로 표시한다. 홈플레이트를 만들고 설치하는 요령은 다음과 같다.

①먼저 한 변의 길이가 17인치(43.2cm)인 정사각형의 모양을 만들고, ②한 변을 골라 그 변과 직각을 이룬 양쪽 변에 길이 8.5인치(21.6cm)인 지점을 정한 다음, ③그 지점에서 밑변의 중심점까지 연결하는 12인치(30.5cm)의 변을 만든 후, ④이로써 이등변삼각형의 두 귀퉁이를 잘라내면 5각형의 홈플레이트가 완성된다.

12인치(30.5cm)의 두 변이 만나는 꼭짓점을 본루와 1루선, 본루와 3루선의 교차점과 일치시키고, 17인치(43.2cm)의 변은 투수판과 평행이 되게 하고, 12인치(30.5cm)짜리 두 변은 1루선 및 3루선에 일치시킨다. 이렇게 자리를 잡고 나서 홈플레이트의 표면이 지면과 수평이 되도록 고정시킨다.

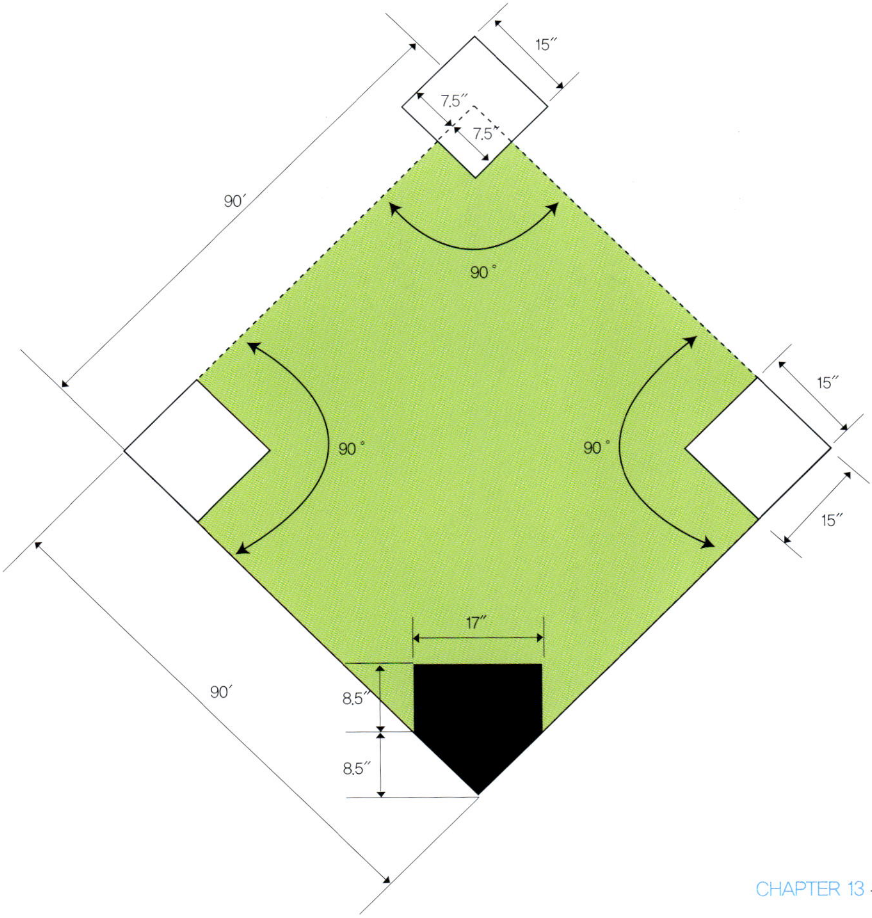

1, 2, 3루는 흰색 캔버스 백으로 표시하고 땅에 올바르게 고정시킨다. 1루와 3루의 캔버스 백은 완전히 내야 안쪽으로 들어가도록 설치하고, 2루의 캔버스 백은 2루 교차점에 중심이 놓이도록 설치한다. 캔버스 백은 속에 부드러운 재료를 넣어서 만들고 크기는 사방 15인치(38.1cm), 두께는 3인치(7.6cm)~5인치(12.7cm)이다.

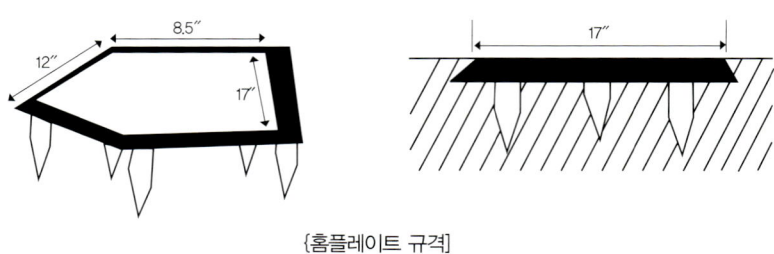

〔홈플레이트 규격〕

페어 볼 FAIR BALLS

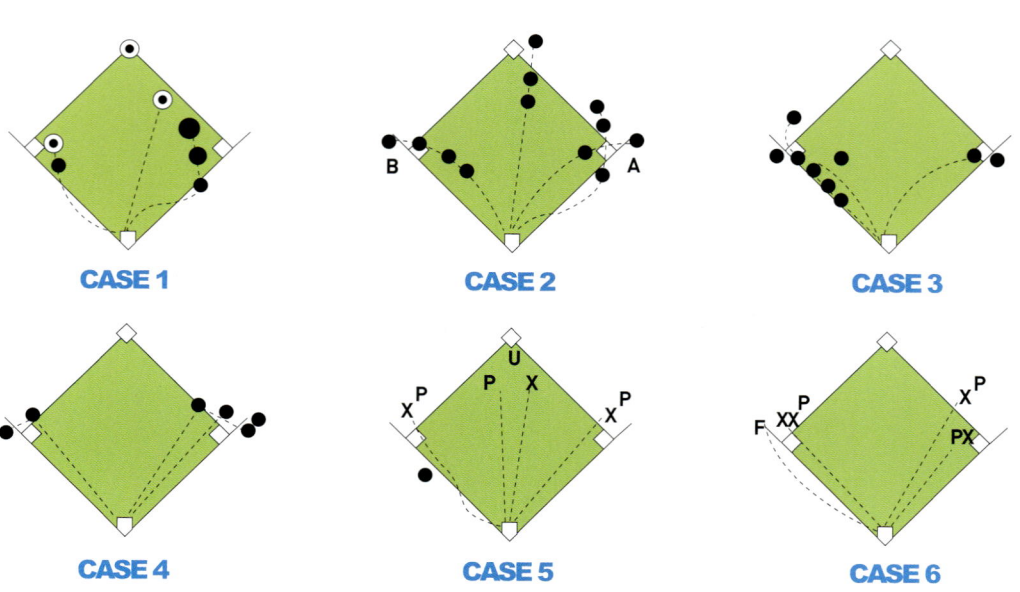

그림 중 ●은 공이 땅에 닿은 지점이고, ⊙은 공이 정지한 지점이다.
…은 공간을 통과한 경로이고 P는 선수, U는 심판원을 가리킨다.

CASE 1 일단 파울 지역에 나가더라도 또다시 내야에서 정지하였을 때에는 페어 볼이다.

CASE 2 바운드하면서 내야에서 외야로 넘어가는 경우 A, B 두 점을 기준으로 하여 판단하여야 하며, A, B 두 점을 지나갈 때 페어 지역 내 또는 그 위쪽 공간이었을 경우는 그 후 파울 지역으로 나가더라도 페어 볼이다.

CASE 3 베이스에 닿으면 그 뒤 어느 방향으로 굴러가도 모두 페어 볼이다.

CASE 4 처음에 떨어진 지점이 내야와 외야의 페어 지역이면 그 후 파울 지역으로 나가더라도 페어 볼이다.

CASE 5 페어 지역 안 또는 그 위쪽 공간에서 심판원 또는 야수에게 닿았을 경우는 모두 페어 볼이다(X표는 지상에 닿은 곳).

CASE 6 공이 처음에 야수에게 닿은 위치가 페어 지역 안의 위쪽 공간이면 페어 볼이다. 이 때 비록 그 야수의 몸의 대부분, 즉 발이나 몸통 등이 파울 지역에 있더라도 관계없다(P는 야수의 몸의 대부분, X표는 공이 처음에 야수에게 닿은 위치를 표시한다. 심판원에게 닿았을 경우에도 이 예와 동일하다.).

파울 볼 FOUL BALLS

CASE 1   **CASE 2**   **CASE 3**

CASE 4   **CASE 5**   **CASE 6**

그림 중 ●은 공이 땅에 닿은 지점이고, ⊙은 공이 정지한 지점이다.
…은 공간을 통과한 경로이고 P는 선수, U는 심판원을 가리킨다.

CASE 1 타구가 처음에 내야의 페어 지역에 닿았더라도 결국 본루와 1루 간, 본루와 3루 간의 파울 지역에서 정지한 것은 파울 볼이다.

CASE 2 바운드하면서 내야에서 외야로 넘어가는 경우 A, B 두 점을 기준으로 하여 판단하여야 하며 A, B 두 점을 지나칠 때에 파울 지역 안 또는 그 위쪽 공간이었을 경우는 파울 볼이다.

CASE 3 처음에 낙하한 지점이 외야의 파울 지역이면 그 후 페어 지역으로 굴러나가더라도 파울 볼이다.

CASE 4 공이 야수에게 닿지 않은 채 투수판에 맞고 튀어 포수의 머리 위를 넘거나 1루와 본루 간, 또는 3루와 본루 간의 파울 지역으로 나가 정지할 경우는 파울 볼이다.

CASE 5 공이 야수에게 닿은 위치가 파울 지역 안의 위쪽 공간이면 파울 볼이다. 야수의 몸의 대부분, 즉 발이나 몸통 등이 페어 지역 안에 있더라도 관계없다(P는 야수의 몸의 대부분, X표는 공이 처음에 야수에게 닿은 위치를 표시한다. 심판원에게 닿은 경우도 동일하다.).

CASE 6 파울 지역 안 또는 그 위쪽 공간에서 야수 또는 심판원의 몸에 닿았을 때는 파울 볼이다.

스트라이크 존 STRIKE ZONE

유니폼의 어깨 윗부분과 바지 윗부분 중간의 수평선을 상한선으로 하고, 무릎 아랫부분을 하한선으로 하는 홈 베이스 상공을 말한다. 스트라이크 존은 투구를 치려는 타자의 스탠스에 따라 결정된다. [주]투구를 기다리는 타자가 스트라이크 존이 좁아 보이게 하려고 평소와 달리 지나치게 웅크리거나 구부리더라도 주심은 이를 무시하고 그 타자가 평소 취하는 타격자세에 따라서 스트라이크 존을 정한다.

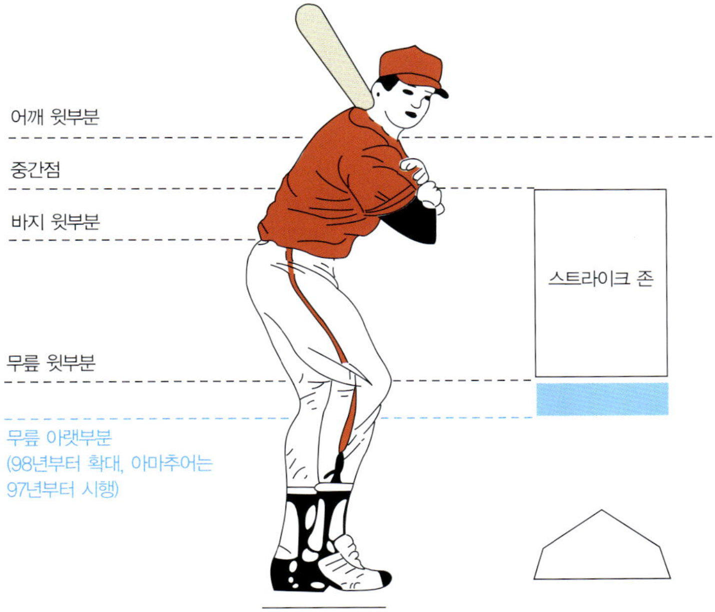

어깨 윗부분
중간점
바지 윗부분

스트라이크 존

무릎 윗부분

무릎 아랫부분
(98년부터 확대, 아마추어는 97년부터 시행)

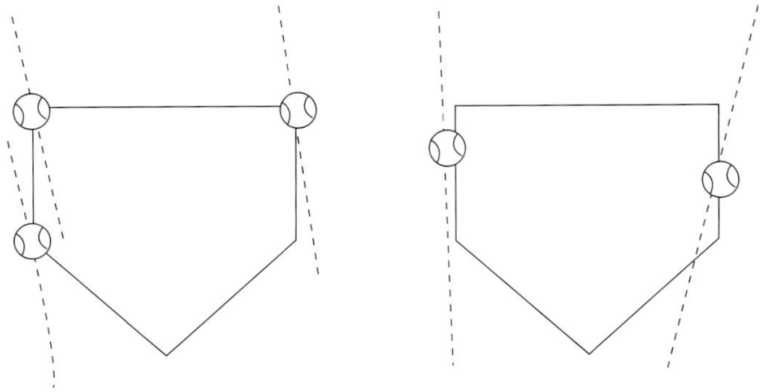

CHAPTER 13 부록

투구자세 PITCHING POSITION

와인드업 포지션
(오른손 투수)
중심발은 오른쪽

[좋은 예]

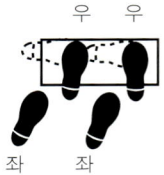  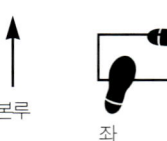 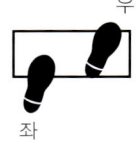

[나쁜 예]

 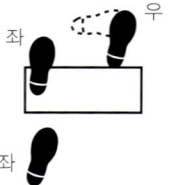 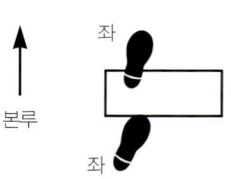 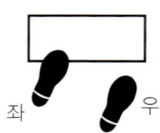

중심발이 투수판에 닿고는 있으나 뒤에 있으므로 안 된다.

처음에는 중심발이 투수판에 닿아 있으나 투구할 때 투수판에서 떨어지므로 안 된다.

중심발은 투수판 위에 있지 않으면 안 된다.

중심발이 투수판에서 떨어져 있으므로 안 된다.

세트 포지션
(오른손 투수)
중심발은 오른쪽

[좋은 예]

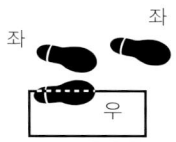 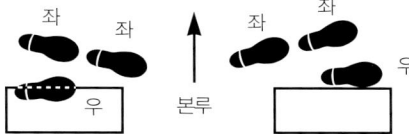 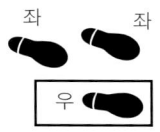

[나쁜 예]

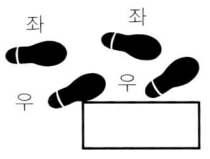 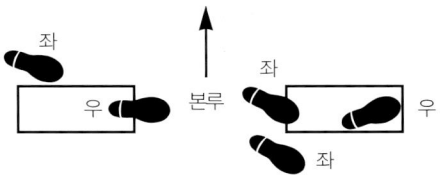 

중심발은 투수판의 전면에 닿아 있으나 투수판의 옆으로 나와 있으므로 안 된다.

중심발은 투수판 위에 놓여 있으나 투수판의 옆으로 나가 있으므로 안 된다.

중심발은 투수판 위에 올바르게 놓여 있으나 왼발이 투수판의 전면 뒤에 있으므로 안 된다.

중심발이 투수판 위에서 떨어져 있고 왼발도 투수판의 앞에 있지 않으므로 안 된다.

야구용어 BASEBALL WORD

그라운드 볼(Ground Ball) 땅을 구르거나 또는 낮게 바운드하며 굴러가는 타구.

더블 플레이[병살](Double Play) 수비팀이 연결된 동작으로 2명의 공격팀 선수를 아웃시킨 플레이를 말한다. 그러나 2명을 아웃시키는 사이에 실책이 끼어 있으면 더블 플레이가 아니다.

더블 헤더(Double Header) 두 경기를 잇달아 펼치는 것을 말한다. 이런 대전은 미리 일정에 짜여 있을 때도 있고 일정 변경에 따른 때도 있다.

데드 볼[경기제외구](Dead Ball) 규칙에 따라 플레이가 일시 정지된 까닭에 플레이에서 제외된 공을 말한다.

드로[송구](Throw) 목표한 지점을 향해 손과 팔로 공을 보내는 행위를 말한다. 항상 투구와는 구분되어야 한다.

디펜스 또는 디펜시브[수비측](Defense or Defensive) 경기장 안의 수비팀 또는 그 선수를 말한다.

라이브 볼(Live Ball) 인 플레이(in play) 상태의 공.

라인 드라이브(Line Drive) 타자가 방망이로 가격한 타구가 지면에 닿지 않고 날카롭게 직접 야수에게 날아가는 것.

런 다운[협살](Run Down) 두 베이스 사이에서 주자를 아웃시키려는 수비 행위.

런 또는 스코어[득점](Run or Score) 공격팀의 선수가 타자에서 주자가 되어 1루, 2루, 3루, 본루를 차례로 거쳤을 때 주어지는 점수.

런너[주자](Runner) 베이스 사이에서 진루하거나 돌아가거나 점유하는 주루활동을 하는 공격팀 선수.

리그(League) 이 규칙에 따라 선수권을 차지하기 위해 미리 짜인 일정대로 경기를 치르는 팀들을 총괄하는 기구.

리그 프레지던트[리그 회장](League President) 이 규칙을 시행하고, 이 규칙에 관련된 분쟁을 해결하고, 제소(提訴)경기를 재정(裁定)하여야 한다. 또 규칙을 위반한 선수, 코치, 감독 또는 심판원에게 제재금, 출장정지를 재량껏 부과할 수 있다.

리터치[귀루](Retouch) 주자가 규칙이 정한 베이스로 돌아가는 행위를 말한다. [주]리터치는 진루하거나 역주(逆走)할 때에 타격행위 이전의 베이스로 돌아가는 것을 말한다. 또 타자가 플라이 볼을 쳤을 때 주자가 야수의 포구 이후 다음 베이스에 가려고 베이스를 밟고 있는 것도 리터치라고 한다. 포구보다 먼저 베이스를 떠났을 때에는 정당한 리터치를 하지 않은 것이 된다.

매니저[감독](Manager) 팀의 경기장 내 활동을 책임지고, 심판원 또는 상대팀과의 관계에서 팀을 대표하도록 구단이 지명한 사람을 말한다. 선수가 감독에 지명되는 것도 허용된다.

배터 런너[타자주자](Batter Runner)　타격을 마친 타자가 아웃되거나 주자로서의 플레이가 종료될 때까지의 상태를 가리키는 말이다.

배터[타자](Batter)　타자석에 들어서서 공격을 하는 선수.

배터리[투포수](Battery)　투수와 포수를 함께 묶어 부르는 용어.

배터스 박스[타자석](Batter's Box)　타자가 타격을 할 때에 서 있는 곳.

번트(Bunt)　내야에 공이 천천히 구르도록 배트를 스윙하지 않고 의식적으로 갖다 댄 타구를 말한다.

베이스 온 볼스[사구](Base on Balls)　타자가 4개의 볼을 골라 1루에 진루하는 것을 말한다.

베이스 코치(Base Coach)　1루 또는 3루의 코치 박스(coach box)안에서 타자 또는 주자를 지휘하는, 같은 유니폼을 입은 팀의 일원을 말한다.

베이스[루](Base)　주자가 득점하기 위해서 닿아야 하는 4개의 지점을 말한다. 이 용어는 그 지점에 놓인 캔버스 백과 고무 재질의 평판(홈플레이트)을 가리키는 말로 쓰일 경우가 더 많다.

벤치 또는 덕아웃(Bench or Dugout)　경기장에서 실제적으로 활동하고 있지 않는 선수들과 그 밖의 팀 멤버들이 앉을 수 있도록 만든 시설.

보크(Balk)　주자가 베이스에 있을 때 투수의 반칙투구 행위이다. 이때 모든 주자는 한 베이스씩 진루한다.

볼(Ball)　투구가 떠있는 상태로 스트라이크 존(strike zone)을 통과하지 못한 투구로서 타자가 치지 않은 공이다.

서스펜디드 게임[일시정지경기](Suspended Game)　추후 일정을 정해 끝마치기로 하고 주심이 종료를 선고한 경기를 말한다.

세이프(Safe)　주자가 갖고자 하는 베이스의 점유권을 인정한다는 심판원의 선고.

세트 포지션(Set Position)　두 종류의 정규 투구자세 가운데 하나다.

스퀴즈 플레이[짜내기](Squeeze Play)　공격팀이 3루에 주자가 있을 때 번트로 득점하려는 플레이를 말한다.

스트라이크(Strike)　투수의 정규 투구로서 심판원이 '스트라이크'라고 선언한 것을 말한다. (a)타자가 쳤으나(번트 포함) 투구가 방망이에 맞지 않은 것, (b)타자가 치지 않은 투구 가운데 공의 전부 또는 일부분이 스트라이크 존을 통과한 것, (c)노 스트라이크(no strike) 또는 1스트라이크일 때 타자가 친 것이 파울 볼이 된 것, (d)번트한 것이 파울 볼이 된 것, (e)타자가 친 공이 타자의 몸이나 옷에 닿은 것, (f)스트라이크 존에서 타자에 닿은 것, (g)파울 팁이 된 것.

스트라이크 존(Strike Zone)　유니폼의 어깨 윗부분과 바지 윗부분 중간의 수평선을 상한선으로 하고, 무릎 아랫부분을 하한선으로 하는 홈 베이스 상공을 말한다. 스트라이크 존은 투구를 치려는 타자의 스탠스에 따라 결정된다. [주]투구를 기다리는 타자가 스트라이크 존이 좁아 보이게 하려고 평소와 달리 지나치게 웅크리거나 구부리더라도 주심은 이를 무시하고 그 타자가 평소 취하는 타격자세에 따라서 스트라이크 존을 정한다.

아웃(Out) 수비팀이 공격팀을 물러나게 하는 데 필요한 3개의 아웃 처리 중의 하나다.

아웃 필더[외야수](Out Fielder) 경기장에서 본루로부터 가장 먼 외야에 수비위치가 있는 야수다.

어드저지드[판정](Adjudged) 심판원의 판단으로 내리는 재정(裁定)이다.

어필(Appeal) 수비팀이 공격팀의 규칙 위반 행위를 지적하여 심판원에게 아웃을 요청하는 행위이다.

업스트럭션[주루방해](Obstruction) 공을 갖고 있지 않거나 공을 처리하고 있지 않은 야수가 주자의 주루를 방해하는 행위이다.

오버 슬라이드 또는 오버 슬라이딩(Overslide or Oversliding) 공격팀 선수가 1루를 제외한 다른 베이스를 향해 슬라이딩하다가 그 여세로 베이스에서 떨어지는 것을 말한다. 단, 본루에서 1루에 갈 경우 곧바로 되돌아오는 것을 전제로 슬라이딩하다가 그 여세로 베이스에서 떨어지는 것은 오버슬라이딩이 아니다.

오펜스[공격측](Offense) 공격하고 있는 팀 또는 그 선수를 말한다.

와인드 업 포지션(Wind-up Position) 두 가지 정규투구 자세 중의 하나다.

와일드 피치[폭투](Wild Pitch) 포수가 보통 수비로는 처리할 수 없을 정도로 높거나 낮거나 옆으로 빠진 투수의 정규투구를 말한다.

이닝[회](Inning) 각 팀이 3아웃이 될 때까지 공격과 수비를 한 차례씩 치르는 경기진행상의 단위를 말한다. 한 팀의 공격은 2분의 1이닝이 된다. [주]방문구단(선공팀)이 공격하는 동안을 초(初)라고 하고, 본거지구단(후공팀)이 공격하는 동안을 말(末)이라 한다.

인 제퍼디(In Jeopardy) 볼 인 플레이 때 공격팀 선수가 아웃될 위험이 있는 상태를 말한다.

인터피어런스[방해](Interference) (a)공격측의 방해-공격팀 선수가 플레이를 하려는 야수를 방해하거나 가로막거나 저지하거나 혼란시키는 행위이다. 심판원이 타자, 타자주자 또는 주자에게 수비방해에 의한 아웃을 선고했을 때는 다른 주자들은 방해 발생 순간에 이미 점유하고 있었다고 심판원이 판단하는 베이스로 돌아가야 한다. (b)수비측의 방해-투구를 치려는 타자를 방해하는 야수의 행위를 말한다. (c)심판원의 방해-(1)도루를 저지하려는 포수의 송구 동작을 주심이 방해하였을 경우, (2)타구가 야수(투수 제외)를 통과하기 전에 페어지역에서 심판원에게 닿았을 경우, (d)관중의 방해-관중이 경기장 안으로 몸을 내밀거나 경기장 안으로 들어와 인플레이의 공에 닿았을 경우. 어떠한 방해든지 볼 데드가 된다.

인플라이트[볼이 떠있는 상태](Inflight) 타구, 송구 또는 타구가 땅 또는 야수 이외의 어떤 물건에 닿기 전에 공중에 떠 있는 상태를 말한다.

인필더[내야수](Infielder) 내야에 수비 위치를 갖는 야수를 말한다.

인필드 플라이(Infield Fly) 무사 또는 1사에 주자 1, 2루 또는 만루일 때 타자가 친 타구가 플라이 볼(라인 드라이브 또는 번트를 하려다가 플라이 볼이 된 것은 제외)이 되어 내야수가 보통 수비로 포구할 수 있는 것을 말한다. 이 경우 투수, 포수는 물론 내야에 자리잡은 외야수는 이 규칙의 취지에 따라 모두 내야수로 간주한다. 심판원은 타구가 명백히 인필드 플라이라고 판단했을 경우는 주자를 보호하기 위해 바로 '인필드 플라이'를 선언해야 한다. 그리고 타구가 베이스 라인 부근으로 뜬 플라이 볼일 때에는 '인필드 플라이 이프 페어(infield fly if fair)'를 선언해야 한다. 인필드 플라이가 선언되어도 볼 인 플레이이므로 주자는 플라이 볼이 잡힐 위험을 무릅쓰고 진루할 수 있고, 플라이 볼이 잡힐 경우 리터치한 후 다음 베이스를 향해 뛸 수도 있다. 그리고 타구가 파울 볼이 되면 다른 파울 볼과 같이 취급된다. 인필드 플라이로 선언된 타구가 내야에 떨어진 후 아무에게도 닿지 않은 채 바운드를 일으켜 파울 볼이 되면 인필드 플라이가 성립되지 않는다. 반면 최초에 베이스 라인 밖에 떨어진 타구가 아무에게도 닿지 않은 채 바운드를 일으켜 페어지역으로 들어와 페어 볼이 되면 인필드 플라이가 성립된다."

일리걸 또는 일리걸리[규칙위반](Illegal or Illegally) 규칙에 위반하는 것을 말한다.

일리걸 피치[반칙투구](Illegal Pitch) "(1)투수가 투수판에 중심발을 대지 않고 타자에게 던진 투구, (2)타자가 타격준비를 갖추기 전에 던지는 퀵 리턴 피치(quick return pitch). 베이스에 주자가 있을 때 반칙 투구를 하면 보크다.

캐처[포수](Catcher) 본루의 뒤쪽에 자리잡은 야수.

캐처스 박스[포수석](Catcher's Box) 투수가 투구할 때까지 포수가 있어야 할 장소.

캐치[포구](Catch) 야수가 날아가는 타구나 송구를 손 또는 글러브로 확실하게 잡는 행위를 가리킨다. 모자나 프로텍터(protector), 주머니 또는 유니폼의 기타 부분으로 잡은 것은 포구가 아니다. 또 공을 잡는 동시나 그 직후에 다른 선수나 펜스에 부딪치거나 넘어져서 공을 떨어뜨렸을 때는 포구가 아니다. 야수에게 일단 닿은 플라이 볼이 튀어나가 공격팀의 선수 또는 심판원에게 맞았을 때는 어느 야수가 잡더라도 포구가 아니다. 그러나 야수가 공을 잡은 뒤 송구동작으로 이어진 다음에 공을 떨어뜨렸을 때는 포구로 인정된다. 포구를 분명히 하기 위하여 야수들은 그가 분명히 공을 잡고 있다는 사실이 인정될 만큼 충분히 오랫동안 공을 잡고 있어야 하며, 공을 손이나 글러브에서 떼는 것은 자발적이고 분명한 의도를 가진 것이어야 한다.

코치(Coach) 유니폼을 입은 일원으로서 베이스 코치로서의 임무뿐만 아니라 감독이 지시하는 직무를 수행하기 위해 감독이 지정한 사람이다.

콜드게임[중도종료경기](Called Game) 어떤 이유로든 주심이 종료를 선언한 게임이다.

퀵 리턴 피치(Quick Return Pitch) 타자가 타격준비를 갖추기 전에 던지는 투구를 말한다. 이것은 반칙투구다.

클럽(Club) 팀을 구성하고 경기장과 관련 시설을 준비하는 책임을 가진 개인이나 단체를 가리킨다. 야구 조직체 안에서는 그 팀을 대표한다.

타이 게임(Tie Game) 양 팀의 동점을 이룬 채 정식 경기로 종료가 선언된 경기.

타임(Time) 정규의 플레이를 멈추려는 심판원의 선고다. 이 선고로 볼 데드가 된다.

태그(Tag) 야수가 손이나 글러브로 확실하게 공을 잡고 자신의 신체를 베이스에 대는 행위, 또는 공으로 주자에 대는 행위, 또는 확실하게 공을 쥔 손이나 글러브로 주자에 대는 행위를 말한다.

터치(Touch) 선수 또는 심판원의 신체, 옷, 용구의 어느 부분에라도 닿은 것을 말한다.

트리플 플레이[삼중살](Triple Play) 수비팀이 연속된 동작으로 3명의 공격팀 선수를 아웃시킨 플레이다. 그러나 풋아웃 사이에 실책이 끼어 있는 것은 트리플 플레이가 아니다.

파울 볼(Foul Ball) 타자가 정규로 친 공으로서 다음에 해당한 것을 말한다. (a)본루와 1루 사이 또는 본루와 3루 사이의 파울 지역에 멈춘 것, (b)1루 또는 3루를 굴러서 외야 쪽으로 넘어갈 경우, 파울 지역에 닿으면서 통과하거나 또는 파울 지역의 상공을 통과한 것, (c)1루 또는 3루를 넘은 파울 지역에 최초로 떨어진 것, (d)파울 지역과 그 상공에서 심판원이나 선수의 신체, 그 밖에 지면 이외의 것에 닿은 것.

파울 테러토리[파울 지역](Foul Territory) 본루로부터 1루 또는 3루를 지나 경기장의 펜스 밑까지 그은 파울 라인, 그리고 그 선과 수직이 되는 위쪽 공간의 바깥쪽 부분을 말한다. 파울 라인은 파울 지역에 포함되지 않는다.

파울 팁(Foul Tip) 타자가 친 공이 날카롭게 방망이에 스친 뒤 직접 포수의 미트 쪽으로 가서 정규로 포구된 것을 말한다. 포구하지 못한 것은 파울 팁이 아니다. 파울 팁은 스트라이크이며 볼 인 플레이다. 앞의 타구가 최초에 포수의 미트나 손에 닿은 뒤 튀어나간 것은 포수가 땅에 닿기 전에 잡더라도 정규의 포구가 아니다.

패널티(Penalty) 반칙 행위에 대하여 적용하는 규칙을 말한다.

펑고(Fungo) 야구에서 야수들의 수비 연습을 위하여 코치들이 공을 쳐주는 일.

퍼슨[신체](Person) 선수나 심판원의 몸, 옷 또는 그 장비를 말한다.

페어 볼(Fair Ball) 타자가 정규로 친 공으로서 다음에 해당하는 것을 말한다. (a)본루와 1루 사이 또는 본루와 3루 사이의 페어 지역 안에 멈춘 것, (b)1루 또는 3루에 바운드하면서 외야쪽으로 넘어갈 때 페어 지역에 닿거나 또는 그 위의 공간을 통과한 것, (c)1루, 2루, 3루에 닿은 것, (d)최초에 떨어진 곳이 1루 및 3루 뒤의 페어 지역이었을 경우, (e)페어 지역 안 또는 페어 지역 위의 공간에서 심판원 또는 선수의 몸에 닿은 것, (f)떠있는 상태로 경기장을 넘어갈 때 페어 지역의 상공을 통과한 것.

페어 테리터리[페어 지역](Fair Territory) 본루로부터 1루 또는 3루를 지나 경기장의 펜스 밑까지 그은 직선, 그리고 그 선과 수직이 되는 윗쪽 공간의 안쪽 부분을 말한다. 각 파울라인은 페어 지역에 속한다.

포스 플레이(Force Play) 타자가 주자가 됨에 따라 기존의 주자가 그 베이스에 대한 점유권을 빼앗긴 데서 생기는 플레이다.

포피티드 게임[몰수경기](Forfeited Game) 규칙 위반으로 주심이 경기 종료를 선언하고 잘못이 없는 팀에 9–0 승리가 주어지는 게임이다.

플라이 볼[뜬공, 비구](Fly Ball) 공중에 높이 뜬 타구.

플레이(Play) 주심이 경기를 시작할 때 또는 데드 볼 상태에서 경기를 재개할 때 심판원의 선언.

피처[투수](Pitcher) 타자에게 투구하도록 지명된 야수.

피처스 피봇 풋[투수의 중심발](Pitcher's Pivot Foot) 투수가 투구할 때 투수판에 대고 있는 발.

피치[투구](Pitch) 투수가 타자에게 던진 공. 투수가 타자에게 던지는 투구를 제외하고 선수가 다른 선수에게 던지는 것은 모두 송구다.

필더[야수](Fielder) 수비팀 선수.

필더스 초이스[야수선택](Fielder's Choice)   페어 땅볼을 잡은 야수가 1루에서 타자주자를 아웃시키는 대신, 앞의 주자를 아웃시키려고 다른 베이스에 송구하는 행위를 말한다. 또 ⒜안타를 친 타자주자가 선행주자를 아웃시키려는 야수의 다른 베이스로의 송구를 틈타 1개 또는 그 이상의 진루를 한 경우, ⒝어느 주자가 도루나 실책에 의하지 않고 다른 주자를 아웃시키려는 야수의 다른 베이스로의 송구를 틈타 진루하였을 경우, ⒞도루를 노린 주자가 수비팀이 무관심한 탓으로 아무런 수비 행위를 하지 않은 사이에 진루하였을 경우 등. 이러한 타자주자 및 주자의 진루를 기록상으로 야수선택에 의한 진루라고 한다.

홈팀(Home Team)   자기 구장에서 경기를 하는 팀. 중립 구장에서 경기를 치를 때는 서로 협의에 따라서 홈팀을 정한다.

옮긴이 김정환
건국대학교를 졸업하고 동경외국어전문학교 일한통역과를 수료하였다. imbcsports.com에 1년 간 '오모시로야큐'라는 제목으로 야구에 대한 칼럼을 기고했으며, 현재 (주)엔터스코리아 출판기획 및 일본어 전문 번역가로 활동 중이다. 옮긴 책으로는「야구로 배우는 영어」「닌텐도, 놀라움을 낳는 방정식」「스티브 잡스의 수퍼 업무력」「1퍼센트 부자의 법칙」외 다수가 있다.

야구 마스터 가이드

초판 1쇄 발행 2010년 9월 30일
초판 17쇄 발행 2024년 8월 19일

지은이 에토 쇼조
옮긴이 김정환
감수자 김인식
펴낸이 김영조
편집 김시연 | **디자인** 정지연 | **마케팅** 김민수, 조애리 | **제작** 김경묵 | **경영지원** 정은진
일러스트 김혜원 | **외주디자인** 김영심, ALL design group
펴낸곳 싸이프레스 | **주소** 서울시 마포구 양화로7길 44, 3층
전화 (02)335-0385 | **팩스** (02)335-0397
이메일 cypressbook1@naver.com | **홈페이지** www.cypressbook.co.kr
블로그 blog.naver.com/cypressbook1 | **포스트** post.naver.com/cypressbook1
인스타그램 싸이프레스 @cypress_book | **싸이클** @cycle_book
출판등록 2009년 11월 3일 제2010-000105호

ISBN 979-89-963757-2-2   13690

· 이 책은 저작권법에 따라 보호를 받는 저작물이므로 무단 전재 및 무단 복제를 금합니다.
· 책값은 뒤표지에 있습니다.
· 파본은 구입하신 곳에서 교환해 드립니다.
· 싸이프레스는 여러분의 소중한 원고를 기다립니다.